公路膨胀土地基与基础

章为民 王年香 著

中国建筑工业出版社

图书在版编目（CIP）数据

公路膨胀土地基与基础/章为民，王年香著．—北京：中国建筑工业出版社，2015.11
ISBN 978-7-112-18524-5

Ⅰ.①公… Ⅱ.①章…②王… Ⅲ.①公路路基-膨胀土地基-研究 Ⅳ.①U416.1

中国版本图书馆 CIP 数据核字（2015）第 234044 号

本书介绍了国内外公路膨胀土地基与基础研究现状和作者近 10 年的研究成果，论述了公路膨胀土地基与基础性状和技术对策，全面系统地反映了我国公路膨胀土地基与基础理论和技术的最新研究成果。全书共分 6 章，内容主要包括中国公路膨胀土概况与病害处治、膨胀土变形和强度特性试验研究、公路膨胀土地基与基础大型模型试验研究、公路膨胀土地基与基础离心模型试验研究、公路膨胀土地基与基础非饱和土理论分析、公路膨胀土地基与基础现场试验研究。

全书内容丰富，理论性、先进性、实用性和可操作性强，可供从事膨胀土公路、铁路、水利及其他土建工程科研、设计、施工、监理、建设的工程与管理技术人员参考，也可作为高等院校相关专业的教师、研究生学习参考。

责任编辑：王　梅　辛海丽
责任设计：董建平
责任校对：李美娜　党　蕾

公路膨胀土地基与基础
章为民　王年香　著

*

中国建筑工业出版社出版、发行（北京西郊百万庄）
各地新华书店、建筑书店经销
北京红光制版公司制版
北京盈盛恒通印刷有限公司印刷

*

开本：787×1092 毫米　1/16　印张：15¾　字数：392 千字
2015 年 11 月第一版　2015 年 11 月第一次印刷
定价：49.00 元
ISBN 978-7-112-18524-5
（27702）

版权所有　翻印必究
如有印装质量问题，可寄本社退换
（邮政编码 100037）

前　言

膨胀土是一种富含亲水矿物成分、具有显著的吸水膨胀和失水收缩两种变形特性的非饱和特殊土，分布十分广泛。膨胀土对气候环境变化特别敏感，在干湿循环作用下，体积反复胀缩，强度急剧衰减，土体极易崩析，对各类工程的浅表层轻型结构具有极大的危害。膨胀土地区的公路工程几乎是"逢堑必崩，无堤不塌"，且这种破坏作用往往具有多发性和反复性，长期潜在地威胁着公路工程的安全。

全书共分六章。第一章阐述了膨胀土的判别与分类方法，着重介绍了中国主要省区公路膨胀土概况与病害处治技术。第二章介绍了膨胀土变形和强度特性试验研究所取得的系列成果，揭示了膨胀土的胀缩机理和强度衰减规律以及改良膨胀土的改良效果、时间效应和长期水稳定性，提出了膨胀土膨胀模型。第三章介绍了公路膨胀土地基与基础大型模型试验研究所取得的系列成果，揭示了膨胀土浸水膨胀变形、挡墙膨胀压力、地基和桩基础承载特性的变化规律，提出了膨胀土地基膨胀变形、挡墙膨胀压力和桩基的计算方法。第四章介绍了公路膨胀土地基与基础离心模型试验研究所取得的系列成果，阐述了雨水入渗条件下膨胀土路基边坡的变形和破坏性状，以及桥涵地基的变形和受力性状，分析了膨胀土挡墙土压力的变化规律。第五章介绍了非饱和土简化固结理论与有效应力折减吸力理论在公路膨胀土地基与基础中的应用，阐述了雨水入渗条件下膨胀土边坡裂缝开展和破坏过程，揭示了膨胀土路基稳定、变形与老化的变化规律，提出了非饱和土压力的变化规律。第六章介绍了公路膨胀土地基与基础现场试验研究成果，完善了膨胀土路堤改良和处治的施工工艺和质量标准检测方法，获得了桥台、灌注桩、涵洞、挡土结构等地基基础的受力和变形实测结果。

本书第一章由王年香、章为民编写，第二章由章为民、王芳编写，第三章由王年香、章为民编写，第四章由任国峰、顾行文编写，第五章由陈铁林、米占宽编写，第六章由朱群峰、苏冬林编写，全书由王年香统稿。参与本书研究工作的还有研究团队的许多同志，凝聚了他们的心血与智慧，同时参考和引用了国内外许多专家学者的研究成果和资料，在此表示诚挚的谢意。

本书针对公路膨胀土地基与基础的特点，既突出了理论性和先进性，又有实用性和可操作性，注重理论与实践相结合，以满足有关教学、科研、设计、施工、监理、建设的工程与管理技术人员的需要。

本书得到南京水利科学研究院出版基金的资助，中国建筑工业出版社的王梅、辛海丽两位策划编辑为本书的出版做了大量艰辛、细致的工作，在此作者非常感激，并向支持该书出版的各位领导表示衷心的感谢。

膨胀土的基础理论、试验方法和工程技术发展很快，加之作者水平有限，书中定有不足甚至谬误之处，敬请各位专家和广大读者批评指正。

目 录

第一章 中国公路膨胀土概况与病害处治 1
第一节 概述 1
第二节 膨胀土的判别与分类 3
第三节 广西公路膨胀土概况与病害 11
第四节 云南公路膨胀土概况与病害 19
第五节 河南膨胀土概况 23
第六节 四川公路膨胀土概况 25
第七节 陕西膨胀土概况与病害 32
第八节 湖南公路膨胀土概况与病害 35
第九节 湖北公路膨胀土概况 39
第十节 江苏公路膨胀土概况 41
第十一节 公路膨胀土地基与基础病害处治实例 41

第二章 膨胀土变形和强度特性试验研究 52
第一节 膨胀土胀缩变形特性试验研究 52
第二节 膨胀土强度特性试验研究 59
第三节 膨胀土的胀缩机理与膨胀模型 67
第四节 膨胀土改良试验研究 75

第三章 公路膨胀土地基与基础大型模型试验研究 86
第一节 大型模型试验方法 86
第二节 膨胀土地基浸水膨胀变形规律 90
第三节 膨胀土挡墙膨胀压力规律 100
第四节 膨胀土地基承载变形特性 107
第五节 膨胀土中的桩基础 110

第四章 公路膨胀土地基与基础离心模型试验研究 123
第一节 土工离心模型试验技术 123
第二节 膨胀土路基离心模型试验研究 129
第三节 膨胀土地基桥涵离心模型试验研究 140
第四节 膨胀土挡墙土压力离心模型试验研究 147

第五章　公路膨胀土地基与基础非饱和土理论分析　157

第一节　引言　157
第二节　非饱和土固结理论　158
第三节　非饱和土简化固结理论　164
第四节　非饱和膨胀土土压力计算　170
第五节　非饱和土边坡简化固结理论数值分析　176
第六节　膨胀土路基边坡变形与稳定计算分析　188

第六章　公路膨胀土地基与基础现场试验研究　198

第一节　宁淮路膨胀土路基改良现场试验研究　198
第二节　宁淮路膨胀土地基桥台现场试验研究　204
第三节　南友路膨胀土路堤改良和处治试验研究　216
第四节　南友路膨胀土地基构造物现场试验研究　224
第五节　呼集路膨胀土边坡治理现场试验研究　229

参考文献　235

第一章　中国公路膨胀土概况与病害处治

第一节　概　　述

　　膨胀土是现代工程地质和土力学中出现的较新的专业技术名词，指"土中矿物成分主要由亲水矿物组成，同时具有显著的吸水膨胀和失水收缩两种变形特性的黏性土"。膨胀土是一种具有特殊膨胀结构的黏性土，黏粒含量较多，主要矿物成分为次生黏土矿物蒙脱石和伊利石，外观多呈褐色、棕色、红色、黄色、灰白色和灰绿色，液限、塑限和塑性指数均较大。天然状态下膨胀土一般处于硬塑的非饱和状态，强度很高，土质细腻、有滑感，含钙质结核或铁锰结核，斜交裂隙和光滑面发育，呈碎粒状或鳞片状。遇水则迅速吸水膨胀软化，强度降低，失水收缩开裂。具有较大的往复胀缩性，常给工程建设带来严重灾害。

　　膨胀土是一种区域性土，通常位于干旱或半干旱地区，在世界上分布十分广泛，世界六大洲中的 40 多个国家都有分布。我国是世界上膨胀土分布最广、面积最大的国家之一，自 20 世纪 50 年代以来，我国各地先后发现膨胀土危害的地区，已达 20 余个省、市、自治区，遍及西南、中南、华东、以及华北、西北和东北的一部分，广泛分布在从黄海之滨到川西平原，从雷州半岛到华北平原之间的狭长地带。根据各地资料和国内历次有关膨胀土会议的文件记载，我国已陆续发现有膨胀土的省区主要有：云南、贵州、四川、陕西、广西、广东、湖北、河南、安徽、江苏、山东、山西、河北、吉林、黑龙江、新疆、湖南、江西、北京、辽宁、甘肃、宁夏及海南等。

　　膨胀土的工程问题是 1938 年美国垦务局在俄勒冈的一座钢制倒虹吸管基础工程中首先认识并报道的，此后，随着人类活动的不断扩展，越来越多和膨胀土有关的问题进入了工程人员的视野，全球数十个国家相继报道了膨胀土造成危害的相关报告。据 Nelson 和 Miller 以及 Steinberg 等人统计，众多报道过膨胀土工程事故的国家中，以美国、澳大利亚、南非、印度、加拿大、中国和以色列等国尤为突出。美国工程界称膨胀土是"隐藏的灾害"，日本称膨胀土是"难对付的土"、"问题多的土"，我国也曾将膨胀土看作"坏土"。以我国为例，诸多工程中都出现过因膨胀土问题引起的事故。铁路工程中，南昆线、京九线、西南线、石长线、襄渝线等铁路干线都出现过不同程度的膨胀土地基边坡病害，穿越膨胀土的铁路素有"逢堑必崩，无堤不塌"之说。公路工程中，云南楚大路、湖北孝感襄樊高速公路、山东曲荷高速公路等都遇到过膨胀土问题，国道上海—瑞丽、衡阳—昆明、二连浩特—河口等公路都有数百公里里程将穿越膨胀土分布地区。水利工程中，澄碧河水库溢洪道进水渠、那板水库北干渠、新疆引额济克工程总干渠、鄂北岗地 11 条主渠道等都出现过多处膨胀土坡滑坡现象；南水北调中线工程，经过膨胀土地区的渠段累计长达 387km，其中强膨胀土段长约 21km，中等膨胀土段长约 126km，弱膨胀土段长约 240km，挖方渠段长约 180km，最大挖深达到 49m，有相当部分填方高度超过 10m，为保证工程建设的顺利进行，已投入大量人力、物力、财力对渠道沿线膨胀土进行专门研究并已取得一批成果。工业与民用建筑工程中，湖北郧县新城、汉中盆地某厂、广东茂名等都出现过房屋、厂房变形开裂甚至倒塌等问题，据不完全统计，在膨胀土地区修建的各类工业与民用建筑物因胀缩变形而损坏或破坏的有 1000 万 m^2。总而言之，膨胀土给我国的铁路、交通、水利、工民建等工程都带来了严重的灾害，造成的经济损失也非常巨大。如南昆铁路运营以来，每年的膨胀土路堤、边坡灾害处治及维修费用达 3000 万元左右；襄渝铁路由于膨胀土灾害，每公里造价提高 91.64 万元；焦枝铁路 212km 的膨胀土路基，1972～1978 年间，仅防洪工程费一项就支出 6.5 亿元；云南楚大高速公路一处 353m 长的膨胀土路堑整治耗资 1000 余万元；湖北郧县为避丹江口水库淹没而迁城于汉江的二级阶地，六年后新城由于膨胀土地基的危害，30 万 m^2 的房屋中有 90% 以上变形开裂，无法使用；汉中盆地某厂，因连续几年发生膨胀土滑坡，使建筑物变形开裂及倒塌多次。据统计，我国有 3 亿以上人口生活在膨胀土分布地区，每年因膨胀土造成的经济损失估计在 150 亿美元以上。在美国，1998 年据 Steinberg 统计，膨胀土每年给美国带来的经济损失约 100 亿美元，比洪水、地震、飓风和龙卷风造成损失总和的两倍还多，是美国最严重的自然灾害。在苏丹，1983 年据 Osman M A 以及 Charlie W A 等人统计，全国 260 万平方公里国土面积中，三分之一以上区域内分布有膨胀土，每年为膨胀土灾害所花的费用保守估计超过 16 亿苏丹第纳尔。

由于膨胀土带来的巨大危害，膨胀土工程问题已成为一个世界性的研究难题，各国科技人员和工程人员都高度重视膨胀土问题。美国于 1959 年在科罗拉多州召开首次膨胀性黏土全国性学术会议，自 1959～1977 年，英国、美国、罗马尼亚、苏联和日本都先后组织力量专门研究膨胀土工程性质，并相继在正式颁布的土工规范和铁路规范等文件中，增列了有关膨胀土的条文内容，由此在国际上形成了一个膨胀土研究的热潮。首届国际膨胀土会议也在此期间于 1965 年在美国召开，此后每四年召开一次，一共召开了七次，此后随着非饱和土力学的兴起和成熟而被国际非饱和土会议代替，国际工程地质大会、国际土力学及基础工程大会以及许多地区性的国际会议都将膨胀土工程问题列为重要的议题。这一阶段主要是针对工程中出现的膨胀土工程问题研究膨胀土的工程性质。20 世纪 70 年代中后期起，国际上兴起研究非饱和土特性的热潮，1993 年，Fredlund D G 和 Rahardjo H 合作发表出版了《非饱和土土力学》一书，是非饱和土力学研究史上的里程碑，标志着非饱和土力学基本理论框架的建立。人们开始在非饱和土力学理论的指导下来研究膨胀土问题，为膨胀土研究提供了一条新的途径。

我国最早遇到膨胀土是在 20 世纪 50 年代初，最初是在修建成渝铁路工程中遇到成都膨胀黏土的危害，后来又出现很多膨胀土地区房屋开裂和倒塌事故，一些用膨胀土筑坝的工程出现了裂缝、漏水以及滑坡等危害，这些问题当时就引起了我国工程科技人员的注意并对膨胀土展开了研究。当时的研究主要集中于膨胀土的分类判别、试验方法、变形特性以及膨胀土筑坝标准等，在膨胀量和膨胀力及其影响因素方面有不少成果，后来还发展到将膨胀力和吸力联系起来。20 世纪 70～80 年代，我国开展了大规模的膨胀土普查工作，选择了若干科学研究试验基地，建立了长期观测网，积累了丰富的资料，取得了一批成果。铁路部门针对我国中西部地区数量众多的新建铁路膨胀土边坡失稳问题,将"裂土的工程性质及其在铁路工程中的应用技术条件研究"项目列为重点科研项目,对裂土(膨胀土)的基本性质、测试方法、判别标准、填筑条件和处理措施等进行了多方面的试验研究。水电部门于1978年修订的《土工试验规程》和铁道部门于1980年制订的《铁路路基工程技术暂行规定》都增列了膨胀土项目,《膨胀土地区建筑技术规范》GBJ 112—87 和《膨胀土地区营房建筑技术规定》也在20世纪80年代制定并实施。建工部门于1975在南宁召开了第一次全国膨胀土会议,随后于1977年在泰安又召开了一次,铁路系统也连续三次组织召开了全国膨胀土(裂土)工程学术会议。20世纪90年代以来,在我国掀起一个膨胀土研究的新热潮,无论在研究广度还是在深度上都是空前的。非饱和土理论被引入到膨胀土研究当中,我国学者在本构关系、吸力、土水特征曲线以及固结理论等方面作出了贡献。1994年,在武汉召开了"中加非饱和土学术研讨会",截止到2005年4月,我国相继召开了两届全国非饱和土学术研讨会。

由于其不良工程特性导致的工程问题和地质灾害的频繁发生,膨胀土问题一直是岩土工程、地质工程领域中世界性的重大工程问题之一。岩土工程科学工作者们和工程师们从不同的角度、通过不同的途径进行了大量关于膨胀土的成因、分布、物理化学性质等方面的研究和探讨,采用不同的理论和方法来解释和论证膨胀土的工程特性,并针对不同的工程问题提出了各种病害的防治措施。但对膨胀土的认识、分析和处理涉及一系列的理论和工程技术,从研究的深度和工程应用的角度而言,至今仍有许多问题没有解决。例如:非饱和土理论解决工程实际问题还有大量的工作要做,如何准确地评价各种膨胀土的力学性质及公路构造物工程特性,公路构造物与膨胀土地基的相互作用特性,构造物地基与基础的变形、应力状态以及构造物膨胀土地基基础的稳定特性,膨胀土地基设计计算方法与工程处理处理技术等。

第二节　膨胀土的判别与分类

一、膨胀土的判别方法

工程中,把膨胀土误认为非膨胀土,等于给工程建筑物埋下祸根,为建筑物产生病害埋下隐患;反之,如果把非膨胀土错划为膨胀土,则需要采取措施进行处理,必将加大工程投资。前者造成重大工程事故,后者造成不必要的人、财、物的极大浪费,都会造成巨大损失。膨胀土判别的目的是正确合理划分膨胀土与非膨胀土的界限,将膨胀土与非膨胀土区别开。膨胀土的判别标准国内外尚不统一,各行业亦不统一,一般采用现场定性和室内试验指标相结合的判别方法。

(一) 膨胀土胀缩性评判指标

研究表明,膨胀土的矿物成分、交换阳离子成分和微观结构特性是造成膨胀土胀缩的必要条件。但测定这些指标需要特殊的试验方法和设备,对试验技术人员的要求也很高,所以不适用于工程上对膨胀土的判别和分类。工程上通常用直接或间接反映膨胀特性的指标来进行评判。直接反映胀缩性的指标有自由膨胀率、胀缩总率等,间接反映胀缩性的包括界限含水率、塑性指数、黏粒含量等。这些指标与膨胀土的胀缩潜势都有一定的相关性。

（1）自由膨胀率：反映黏性土在无结构力影响下的膨胀情况，其值取决于土的物质组成，但不能反映土的天然结构。该指标可初步评价黏性土的膨胀性。

（2）胀缩总率：采用原状土进行试验，可以反映膨胀土的黏土矿物组成和结构特征。在一定条件下，它是膨胀土比较稳定的属性指标，同时也是在工程中有实用价值的重要指标。

（3）界限含水率：反映土粒与水相互作用的灵敏指标之一，在一定程度上反映了土的亲水性能。它与土的颗粒组成、黏土矿物成分、阳离子交换性能、土的分散度和比表面积，以及水溶液的性质等有着十分密切的关系。对于工程具有实用意义的通常有液限、塑限和缩限三个定量指标。一般来说，膨胀土是具有高塑性、高收缩性的黏性土，液限愈高，缩限愈低，则土的胀缩潜势就愈大。

（4）塑性指数：土的胀缩性能是由于土粒与水作用所形成的结合水变化的结果。影响土的膨胀与收缩性能的主要是浓差渗透吸附结合水，而浓差渗透吸附结合水的数量大致可近似地用塑性指数来表示，其变化幅度主要取决于液限的高低。

（5）粒度成分：反映膨胀土物质组成的基本特性指标，土中的黏粒与胶粒成分的含量愈高，一般表明蒙脱石成分较多，分散性较好，比表面积大，亲水性强，膨胀性愈大。所以，采用土中黏粒和胶粒含量指标，也可以用来区分膨胀土与非膨胀土。

（二）现有判别方法总结

1. 现有规范、规定、条例中采用的方法

（1）《广西膨胀土地区工业与民用建筑勘察、设计、施工和维护条例》（1985 试行）中，根据成因类型把广西膨胀土主要分为三类，再按岩性对每一类又分为两个亚类，采用液限和自由膨胀率两个判别指标对六类膨胀土分别给出下限值（见表 1-1）。

《广西膨胀土地区工业与民用建筑勘察、设计、施工和维护条例》
各类膨胀土判别指标界限值　　　　　　　　　　表 1-1

指标＼土类	Ⅰ₁	Ⅰ₂	Ⅱ₁	Ⅱ₂	Ⅲ₁	Ⅲ₂
液限（%）	>46	>29	>63	>63	>45	>46
自由膨胀率（%）	>47	>41	>27	>45	>34	>41

（2）《膨胀土地区建筑技术规范》GBJ 112—87 中，对膨胀土采用综合判别法，即将具有膨胀土工程地质特征且自由膨胀率 $\delta_{ef} \geqslant 40\%$ 的土，判定为膨胀土。

（3）《云南省膨胀土地区建筑技术规定》（1989 试行）与《膨胀土地区建筑技术规范》相似，选取自由膨胀率作为判别的唯一指标，不同的是，依据土的类别把膨胀土分为两大类，分别给出它们下限值：

Ⅰ类：黏土　　　　　　　　　$\delta_{ef} \geqslant 40\%$

Ⅱ类：亚黏土、红黏土　　　　$\delta_{ef} \geqslant 35\%$

（4）交通部《公路土工试验规程》JTJ 051—93 中采用塑性图进行判别，膨胀土为高液限黏土（CHE），分布范围为 $w_L > 50\%$，A 线以上 $I_P = 0.73(w_L - 20)$。

(5)《膨胀土地区营房建筑技术规范》GJB 2129—1994 对膨胀土的判别的方法是根据判别指标，结合工程地质、环境地质特征综合判定。把膨胀土分为两大类，以自由膨胀率为主要判别指标，最大体缩率作为补充指标，规范对膨胀土的判别规定如下：

Ⅰ类：黏土的判别：1) 自由膨胀率大于或等于 40%，并具有膨胀土工程地质特征或环境地质特征之一的黏土，应判定为膨胀土；2) 自由膨胀率小于 40%，大于 35%，并具有膨胀土工程地质特征或环境地质特征之一，同时最大体缩率大于或等于 8% 的黏土，应判定为膨胀土。

Ⅱ类：红黏土、粉质黏土的判别：1) 自由膨胀率大于或等于 35%，并具有膨胀土工程地质特征或环境地质特征之一的红黏土、粉质黏土，应判定为膨胀土；2) 自由膨胀率小于 35%，大于 30%，并具有膨胀土工程地质特征或环境地质特征之一，同时最大体缩率大于或等于 8% 的红黏土、粉质黏土，应判定为膨胀土。

(6) 建筑、水电等系统提出的临界判别值为：自由膨胀率 $\geqslant 40\%$，液限 $\geqslant 40\%$。

(7) 铁路系统提出的临界判别值为：自由膨胀率 $\geqslant 30\%$，液限 $\geqslant 40\%$。

2. 国内外的其他判别方法

国内外提出了膨胀土的许多判别标准，可以归纳为两类：

(1) 反映土体天然结构和状态的指标：①压实性指标 $K_d = \dfrac{e_L - e}{e_L - e_P} > 1.0$ (e_L, e_P, e 分别为液限、塑限和实际状态的孔隙比)；②膨胀性指标 $K_e = \dfrac{e_L - e}{1 + e} > 0.4$ ($e_L = w_L G_s / G_w$, G_s、G_w 分别为土、水的相对密度，e 为实际状态的孔隙比)；③吸水性指标 $K_e = \dfrac{w_L - w_s}{w_s} > 0.4$ (w_L, w_s 分别为液限和饱和状态的含水率)。

(2) 反映土的物质组成成分与水的相互作用的指标：①自由膨胀率 $\delta_{ef} > 40\%$；②液限 $w_L > 40\%$；③塑性指数 $I_P > 18$；④活动性指数 $K_A = I_P / A > 1.25$ (A 为粒径小于 $2\mu m$ 颗粒的百分含量)。

前一类指标要求采用原状土样确定，后一类指标反映土粒的基本特性，用扰动土即可测定，测定方法简便、易行。除此之外，还有按膨胀力、膨胀率、胀缩总率和胀缩总量等指标进行评判的。

(三) 建议采用的判别指标

1. 自由膨胀率 δ_{ef}

选用自由膨胀率 δ_{ef} 作为判别首要指标，主要是据于以下几点考虑：

(1) δ_{ef} 能反映膨胀土的膨胀特性：不同黏土矿物成分的土粒具有不同的亲水性能，其膨胀性也有显著的差异。当膨胀土的结构相似时，土中黏土矿物成分蒙脱石含量愈多，自由膨胀率愈大；若高岭石含量愈多，自由膨胀率愈小。而石英即便是碾成粉末，其亲水性能也很弱，因此膨胀性也不明显。

(2) δ_{ef} 试验简单，便于操作：自由膨胀率试验要求的试验仪器简单，一般的土工实验室都具备，该试验操作也非常简单，一般试验人员均可操作，这就为用该指标进行膨胀土判别广泛推广应用奠定了基础。

(3) δ_{ef} 使用多年，积累了丰富的经验：在现有的规范、规定和条例中都采用了自由膨胀率作为膨胀土的判别指标，已积累了近几十年的经验，可以说用该指标进行膨胀土判别已深入人心，广为接受。

但是必须指出的是，自由膨胀率只是土粒膨胀特性的量度指标，反映了黏土颗粒的矿物成分，由于试验时破坏了土的天然结构，因此不能反映土体的结构特性。此外，对以收缩变形为主的膨胀土也不适用。所以，在工程实际中最好采用自由膨胀率和其他能弥补其缺陷的指标相配合的综合判别和分类方法，建议采用最大体缩率（又称最大胀缩总率）δ'_v 作为膨胀土判别的补充指标。

2. 最大体缩率 δ'_v

选用最大体缩率 δ'_v 作为判别补充指标，主要是据于以下几点考虑：

(1) δ'_v 能准确地评定土的胀缩性：最大体缩率 δ'_v 是指原状土从胀限到缩限时的体积收缩率。由于测试过程中土的结构没有被扰动，δ'_v 能全面反映土的成分和结构的影响；在一定的含水率下，同一土的吸水能力是一定的，它在任意胀前起始含水率，浸水到膨胀稳定后的胀后含水率和孔隙比都为一定值，即不受土的天然湿度密度的影响，所以 δ'_v 具备准确评定膨胀土胀缩性的两个基本条件。

(2) δ'_v 能表征天然状态下胀缩性红黏土的胀缩特性：自由膨胀率 δ_{ef} 作为膨胀土的评判指标最大的缺陷是没能顾及胀缩性红黏土的特性。胀缩性红黏土在天然状态下以收缩变形为主，主要造成收缩破坏，且破坏程度随土的收缩性的增大而增大。因此，要准确评定胀缩性红黏土的胀缩性，必须充分考虑其天然状态下的胀缩特性，即要求所选定的判别和分类指标应当能衡量土的收缩性能。δ'_v 这一原状土的收缩性指标符合这一要求。

(3) δ'_v 反映了地基土在自然条件下可能达到的最不利工作状态：在距地表一定深度处的膨胀土地基，其含水率在某种气候条件下从胀限变化至缩限是可能的，此时属最不利工作状态。所以，在胀限到缩限的含水率变化范围内，由原状土测定的 δ'_v 是符合地基土的实际工作状态的。因而在实际工程中，将它作为补充指标，可以有效地弥补用自由膨胀率来判别胀缩性红黏土造成的漏判情况。

(4) δ'_v 可直接用于工程设计：最大体缩率 δ'_v，除了可以用作膨胀土判别指标，并对其胀缩潜势分级，还可作为地基胀缩性变形计算的参数，从而达到判别、分类和计算使用同一指标的目的，与使用多项指标相比，可节省野外勘探取土和室内试验的工作量。

(5) δ'_v 的测试方法，一般的勘察设计单位都能掌握：按定义，最大体缩率 δ'_v 可用天然状态土样，先进行三向膨胀至稳定后，再进行收缩试验直接测得。δ'_v 的直接测定值固然准确，但由于其试验复杂且所需时间较长，一般难以在生产部门中推广。为促进这一问题的解决，根据理论推导可行公式：

$$\delta'_v = \frac{100}{100+\delta_P}(\delta_P + \delta_s) \tag{1-1}$$

用式 (1-1) 计算只需用同一土样切取两个湿密状态相同的试样，一个进行三向膨胀试验测的体积膨胀率 δ_P，一个进行收缩试验测得体积收缩率 δ_s，与直接测定法确定相比，试验简便省时，而且两者测出的结果，误差<5%。由于三向膨胀试验不属于一般的常规试验，设想用单项膨胀试验测得的 δ_P 值代替三向试验测得的 δ_P 值。该设想的出发点主要

是基于胀缩性红黏土的特性考虑的。如前所述,胀缩性红黏土的天然含水率接近胀限,饱和度高达95%以上,吸水量一般在5%以内,膨胀量较小,无荷膨胀率多数小于1%,不超过2%。由此可以推测,单项膨胀试验和三向膨胀试验所测得的值应很接近。此推测正确与否及对其他成因类型的膨胀土是否适用,有待于试验结果和实践的验证。

3. 判别指标下限值的确定

(1) 自由膨胀率下限值的确定

1) 对于黏土采用《膨胀土地区建筑技术规范》中规定的下限值:$\delta_{ef} \geqslant 40\%$,但为了减少漏判的可能,对自由膨胀率介于35%与40%之间的,如果满足最大体缩率$\delta'_v \geqslant 8\%$的条件,也判定为膨胀土。

2) 对于胀缩性较低的粉质黏土和以收缩变性为主的胀缩性红黏土,在上条规定的基础上,进一步降低标准。当$\delta_{ef} \geqslant 35\%$,判定为膨胀土;同样,为了减少漏判的可能,对于自由膨胀率介于30%与35%的情况,如果满足最大体缩率$\delta'_v \geqslant 8\%$的条件,也判定为膨胀土。

(2) 最大体缩率下限值的确定

根据对全国膨胀土主要省区和胀缩性红黏土地区进行的一些调查和试验成果(见表1-2、表1-3),凡确因胀缩性红黏土原因而发生破坏的建筑物,其下地基土的最大体缩率都大于8%。因此,建议采用以$\delta'_v \geqslant 8\%$作为补充指标的下限。

全国膨胀土主要省区 $\delta'_v = 8\%$ 与 δ_{ef} 对应值　　　　　　表1-2

省(区)	广西	云南	四川	湖北	河南	河北	陕西	山东	安徽	江苏
与$\delta'_v=8\%$相对应的$\delta_{ef}(\%)$	40	46	48	44	52	48	41	52	46	40

广西、云南、贵州红黏土地区 $\delta_{sm} = 8\%$ 与 δ_{ef} 对应值　　　　　　表1-3

省(区)	广西	云南	贵州	综合
与$\delta'_v=8\%$相对应的$\delta_{ef}(\%)$	37	32	30	37

值得指出的是,采用上述指标进行判别时要结合工程地质和环境地质条件来综合评判。工程地质和环境地质条件主要根据膨胀土野外鉴别方法来确定。

(四) 建议的判别方法

膨胀土的判别应在工程地质调查的基础上,采用自由膨胀率和最大体缩率指标进行综合判别。

1. 黏土的判别

(1) 自由膨胀率大于或等于40%,并具有膨胀土工程地质特征或环境地质特征之一的黏土,应判定为膨胀土;

(2) 自由膨胀率小于40%,大于35%,并具有膨胀土工程地质特征或环境地质特征之一,同时最大体缩率大于或等于8%的黏土,应判定为膨胀土。

2. 红黏土、粉质黏土的判别

(1) 自由膨胀率大于或等于35%,并具有膨胀土工程地质特征或环境地质特征之一的红黏土、粉质黏土,应判定为膨胀土;

(2) 自由膨胀率小于35%,大于30%,并具有膨胀土工程地质特征或环境地质特征之一，同时最大体缩率大于或等于8%的红黏土、粉质黏土，应判定为膨胀土。

二、膨胀土的分类方法

（一）现有分类方法总结

1. 现有规范、规定、条例中采用的方法

现有规范、规定、条例一般采用自由膨胀率、胀缩总率、膨胀率、地基分级变形量、小于0.002mm黏粒含量等指标对膨胀土胀缩等级进行分类（见表1-4）。

膨胀土胀缩等级的分类方法　　　　表1-4

规范、规定、条例	分类指标		强膨胀土	中膨胀土	弱膨胀土
《广西膨胀土地区工业与民用建筑勘察、设计、施工和维护条例》（1985试行）	胀缩总率 e_{ps}（%）		≥4.5	2.5～4.5	1.0～2.5
	膨胀率 e_{p50}（%）		>0.5	0.0～0.7	0.0～0.7
	注：1. 指标值为同一土质单元的平均值，确定等级时要两个指标值同时符合表中的规定。如两个指标值中，一个符合较低的等级，另一个符合较高的等级，则判属较低的一个级别； 2. e_{ps}为线收缩率e_{sL}与膨胀率e_{p50}之和。e_{p50}为50kPa压力下的膨胀率。计算膨胀率时，以压缩稳定后的高度作为初始高度				
《膨胀土地区建筑技术规范》GBJ 112—87	自由膨胀率 δ_{ef}（%）		≥90	65～90	40～65
	地基分级变形量 s_c（mm）		≥70	35～70	15～35
《公路路基设计规范》JTJ 013—95	<0.002mm黏粒含量（%）		>50	35～50	<35
	自由膨胀率 δ_{ef}（%）		≥90	65～90	40～65
	膨胀总率 e_{ps}（%）		>4	2～4	0.7～2
《云南省膨胀土地区建筑技术规定》（1989试行）	自由膨胀率 δ_{ef}（%）	黏土	≥90	60～90	40～60
		粉质黏土、红黏土		55～80	35～55
	注：当土的δ_{ef}低于各类土的下限值5%以内，但野外调查具有显著特征仍应判为膨胀土				
《膨胀土地区营房建筑技术规范》GJB 2129—1994	自由膨胀率 δ_{ef}（%）	黏土	≥90	65～90	35～65
		粉质黏土、红黏土	≥55		30～55

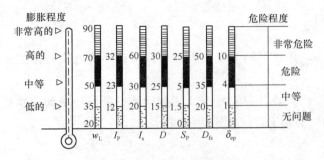

图1-1 印度的判别分类标准
I_s—收缩指数；D—胶粒含量；S_P—膨胀势；
δ_{ep}—膨胀率；D_{fs}—差分自由膨胀率

2. 国内外的其他分类方法

（1）印度对膨胀土分类，其判别与分类方法如图1-1所示，采用液限、塑性指数、收缩指数、胶粒含量、膨胀势、膨胀率、差分自由膨胀率等多种指标将膨胀土的膨胀程度和危险程度分成了四个等级，即非常高的与非常危险的、高的与危险的、中等的与中等危险的、低的与无问题的。

（2）威廉姆斯（Wileiams）图法：南非威廉姆斯提出联合使用塑性指数及小于 $2\mu m$ 颗粒的成分含量作图对膨胀土进行判别分类，分为很高、高、中等、低等四个等级（如图 1-2 所示）。

（3）根据塑性图分类：塑性图系由卡萨格兰首先提出，后来李生林教授作了深入的研究，它是以塑性指数为纵轴，以液限为横轴的直角坐标，如图 1-3 所示。因此，运用塑性图联合使用塑性指数与液限来判别膨胀土，不仅能反映直接影响胀缩性能的物质组成成分，而且也能在一定程度上反映控制形成胀缩性能的浓差渗透吸附结合水的发育程度。

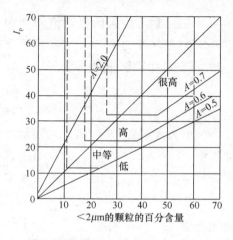 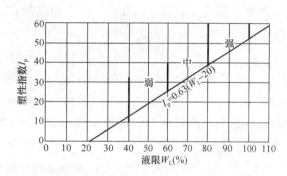

图 1-2　威廉姆斯的判别与分类标准　　　图 1-3　膨胀土在塑性图上的分类

（4）美国对膨胀土分类，美国垦务局荷尔兹（Holtz W G）提出了如表 1-5 的分类法。在加利福尼亚中部河谷的费里思特—克思、圣路易斯等渠道的膨胀土都采用此法估算膨胀体变。表 1-5 中按膨胀体变百分数 δ_P 分类标准与我国按体缩率 δ_V 分类比较接近。

美国膨胀土的分类标准　　　　　　　　　　　　　表 1-5

指标＼级别	特强膨胀土	强膨胀土	中膨胀土	弱膨胀土
＜0.001mm 胶粒含量（%）	＞28	20～31	13～23	＜15
塑性指数（I_P）	＞35	25～41	15～28	＜18
缩限 w_s（%）	＜11	7～12	10～16	＞15
膨胀体变 δ_p（%）	＞30	20～30	10～20	＜10

（5）最大胀缩性指标分类法

主张这种分类的研究者柯尊敬认为，一个适合的胀缩性评价指标必须全面反映土的粒度成分和矿物化学成分，以及宏观与微观结构特征的影响，同时能消除土的湿度和密度状态的影响，即不随土的湿度和密度状态的变化而变化。而且，还要适应胀缩土各向异性的特点。因此，推荐用直接指标，即最大线缩率 δ'_{sv}、最大体缩率 δ'_v、最大膨胀率 δ'_{ep} 等指标作为分类的标准，如表 1-6 所示。这里的最大线缩率与最大体缩率是天然状态的土样膨胀后的收缩率与体缩率，最大膨胀率是天然状态土样在一定条件下风干后的膨胀率。

最大胀缩性指标分类法 表1-6

指标 \ 等级	特强膨胀土	强膨胀土	中膨胀土	弱膨胀土
最大线缩率 δ'_{sv}（%）	≥11	8～11	5～8	2～5
最大体缩率 δ'_v（%）	≥30	23～30	16～23	8～16
最大膨胀率 δ'_{ep}（%）	≥10	7～10	4～7	2～4

(6) 自由膨胀率与胀缩总率分类法

根据室内直接测得胀缩性指标，综合国内有关专家提出划分类别的界限值归纳如表1-7。表中对于地基土按线胀缩总率（δ_{es}）进行评价时，其膨胀率是在50kPa荷载下获得的，因此，膨胀等级划分标准也不一，即强膨胀土 δ_{es} > 5%，中膨胀土 δ_{es} = 5%～2%，弱膨胀土 δ_{es} < 2%。关于胀缩总率的计算公式如下：

$$\delta_{es} = \delta_{ep} + \lambda_s(w - w_{\min}) \tag{1-2}$$

式中，δ_{es} 为线胀缩总率；δ_{ep} 为50kPa荷载下的膨胀率；w 为天然含水率；$w_{\min}$ 为建筑场地土的最小含水率，即旱季含水率平均值；λ_s 为收缩系数，$\lambda_s = \Delta\delta_s/\Delta w$；$\Delta\delta_s$ 为收缩过程中与两点含水率之差对应的竖向线缩率之差；Δw 为收缩过程中直线变化阶段两点含水率之差。

自由膨胀率与胀缩总率分类法 表1-7

指标 \ 类别	无荷载下体胀缩总率（%）	无荷载下线胀缩总率（%）	线胀缩率（%）	缩限含水率状态下的体缩率（%）	自由膨胀率（%）
强膨胀土	≥18	≥8	≥4	≥23	>80
中膨胀土	12～18	6～8	2～4	16～23	50～80
弱膨胀土	8～12	4～6	0.7～2	8～16	30～50

(7) 多元线性函数判别法

采用数学法进行主因子分析与逐步回归分析，提出综合指标的分类：

$$Z = 0.29w_L + 0.32w_s + 0.38\delta_{ef} + 0.12d_L - 0.33w_0 + 10.9e_0 \tag{1-3}$$

式中，w_L 为液限（%）；δ_{ef} 为自由膨胀率（%）；w_0 为天然含水率（%）；w_s 为缩限含水率（%）；d_L 为土中小于0.002mm颗粒含量百分数；e_0 为天然状态孔隙比。分类的临界值如表1-8所示。

多元线性函数判别法 表1-8

类别	强膨胀土	中膨胀土	弱膨胀土
综合指标 Z	≥36	26～36	22～26

(8) 胀缩性与表征胀缩性指标分类法

这里将这些指标综合归纳于表1-9。表中所列指标对土的膨胀性和强度特性都有重要的影响，特别是比表面积能反映土体的主要黏土矿物，比表面积增大，颗粒表面自由能亦增加，颗粒与介质溶液之间作用更强，使颗粒间水化膜厚度增大，从而降低了土体强度。应该指出，该分类法的比表面积与阳离子交换量的临界值与南阳各类膨胀土的界限值非常吻合。

胀缩性与表征胀缩性的指标分类法　　　　　表 1-9

指标 类别	<0.005mm 黏粒含量（%）	液限 w_L （%）	塑性指数 I_P	比表面积 （m²/g）	阳离子交换量 （me/100g）	零荷载线胀缩 总率（%）
强膨胀土	≥50	≥48	≥25	≥300	≥40	≥8
中膨胀土	35～50	40～48	18～25	150～300	30～40	6～8
弱膨胀土	<35	<40	<18	<150	<30	4～6

（二）建议分类方法

综合上面的分析，建议的分类方法如表 1-10 所示。

建议的膨胀土分类方法　　　　　表 1-10

土的类别 \ 级别	强膨胀土	中膨胀土	弱膨胀土
黏土	$\delta_{ef}≥90\%$	$65\%≤\delta_{ef}<90\%$	$40\%≤\delta_{ef}<65\%$ 或 $35\%≤\delta_{ef}<65\%$ 且 $\delta'_v≥8\%$
粉质黏土、红黏土		$\delta_{ef}≥55\%$	$35\%≤\delta_{ef}<55\%$ 或 $30\%≤\delta_{ef}<55\%$ 且 $\delta'_v≥8\%$

第三节　广西公路膨胀土概况与病害

一、广西膨胀土分布

广西膨胀土具有种类多与分布广的特点，主要分布于南宁盆地、宁明盆地、百色盆地和桂中岩溶平原等全区 7 个市、27 个县，按成因、地层和土（岩）性可分为三大类、六个亚类：Ⅰ类第三系湖相半成岩及其风化物，其中黏土质岩及其风化形成的黏土为Ⅰ₁亚类，粉砂质黏土岩及其风化形成的亚黏土为Ⅰ₂亚类。Ⅱ类碳酸盐岩风化形成的残坡积黏土，其中以红为基色的为Ⅱ₁亚类，以黄为基色的为Ⅱ₂亚类。Ⅲ类第四系河流冲积黏土，其中以红或黄为基色的为Ⅲ₁亚类，以白或灰为基色的为Ⅲ₂亚类。

南宁盆地位于广西西南部，大致呈北东向，略呈北东东至南西西的纺锤形，周围有低山丘陵环绕，盆地内地势基本平坦，邕江自西向东穿越盆地腹部，两岸发育有六级阶地。盆地内膨胀土分布的地区主要有南宁、武鸣、邕宁、横县等，上述三种成因均有出现。宁明盆地位于广西西南部，为东西向构造断陷盆地，明江自东向西流过，两岸发育有二级阶地。膨胀土主要分布在宁明、上思、大新、扶绥、崇左、凭祥等，为第三系始新统湖相沉积泥岩的风化残积—坡积土。百色盆地位于广西西部，呈北西—南东向长条形分布，右江横贯整个盆地。盆地内分布有膨胀土的地区主要有百色、平果、田东、田阳等，成因类型为第三系泥岩风化后形成。桂中岩溶平原的膨胀土分布于贵港（贵县）、柳州和桂林三个区域，由碳酸盐岩风化残积物演化而来，以胀缩性红黏土形式存在。在这些区域内膨胀土广泛分布于岩溶准平原、洼地、谷地，主要地区有贵港、平南、桂平、柳州、来宾、武宣、桂林等。

二、广西公路膨胀土工程特性

结合广西公路工程建设的实际,选择了贯穿膨胀土分布地区的多条高速公路为代表,对广西膨胀土的基本工程特性进行分析。这些高速公路为:南(宁)友(谊关)高速公路、南宁市快速环道、百(色)乐(业)高速公路、南(宁)坛(洛)高速公路、水(任)南(宁)高速公路、百(色)罗(村口)高速公路、南(宁)北(海)高速公路,它们均通过广西典型的膨胀土分布地区:宁明盆地、百色盆地和南宁盆地。

1. 物理性质

表 1-11 为收集到的广西膨胀土主要物性指标的统计成果。研究表明,我国陕西、湖北、河南、河北等膨胀土的干密度一般在 1.60~1.80g/cm³ 之间,具有较高的膨胀势。但根据收集的资料分析,广西膨胀土干密度在 1.08~1.57g/cm³ 之间,比国内其他地方偏低,这表明广西膨胀土具有较强的收缩性,这点可以从其高饱和度(平均 92.8%)得到验证。

广西公路膨胀土物理性指标　　　　　表 1-11

工程名称	统计项目	含水率(%)	密度(g/cm³)	孔隙比	饱和度(%)	液限(%)	塑性指数
南友路	个数	19	19	19	19	4	4
	平均值	32.8	1.91	0.92	96.6	73.2	29.4
	最大值	43.8	2.10	1.31	100.0	82.9	34.8
	最小值	25.2	1.76	0.70	86.9	67.5	25.1
水南路	个数	33	9	9	9	19	19
	平均值	26.4	1.86	1.03	98.5	57.6	33.8
	最大值	44.5	1.99	1.26	100.0	81.9	51.2
	最小值	6.2	1.78	0.84	91.4	40.5	21.5
百罗路	个数	5	5	5	5	34	34
	平均值	28.7	1.66	1.17	68.2	61.6	34.4
	最大值	39.7	1.75	1.65	69.1	82.0	47.2
	最小值	22.5	1.51	0.91	67.4	46.1	23.3
南坛路	个数	9				9	9
	平均值	19.0				44.7	24.4
	最大值	25.6				53.0	33.9
	最小值	14.2				27.8	12.3

通过对 85 个膨胀土样本统计,广西膨胀土的液限平均值为 58.8%,塑限平均值为 26.3%,塑性指数平均值为 32.5。按塑性图分类时,大部分膨胀土位于 A 线上方和 B 线右侧组成的区域内,为高液限黏土,部分落在 B 线左侧的低液限黏土区内,少数几个落在 A 线下方,仅有 3 个点位于直线 $w_L=40$ 的左侧,因此 $w_L=40$ 可作为广西膨胀土与一般黏性土的分界线。

2. 强度及压缩性

表 1-12 为广西膨胀土的快剪强度指标，即上述的土块强度，总的来看南友路和水南路的膨胀土具有较高的 c 值，平均值均超过 60kPa，但水南路的 φ 值远小于南友路的。压缩指数在 $0.12\sim0.45\text{MPa}^{-1}$ 之间，为低～中等压缩性。

从表 1-13 可见，经过排水反复大位移的直接剪切后，残余强度比峰值强度有了大幅度下降，其中 c 值的下降尤为显著。在南友路的不同地段，φ 有明显差异，表明土性分布的复杂性。

广西膨胀土力学指标　　　　　　　　　　　表 1-12

工程名称	统计项目	快剪强度指标		压缩性指标	
		c（kPa）	φ（°）	a_{1-2}（MPa^{-1}）	E_s（MPa）
南友路	个数	15	15	17	17
	平均值	69.88	16.92	0.18	12.01
	最大值	143.3	24.5	0.28	15.87
	最小值	53.75	5.0	0.13	7.04
水南路	个数	9	9	9	9
	平均值	82.72	6.6	0.23	10.88
	最大值	114.2	9.3	0.45	17.81
	最小值	32.16	3.7	0.12	5.05
汇总	个数	24	24	26	26
	平均值	74.70	13.1	0.20	11.62
	最大值	143.3	24.5	0.45	17.81
	最小值	32.16	3.7	0.12	5.05

广西膨胀土残余强度指标　　　　　　　　　　　表 1-13

指标	取样点	百乐路	南宁市快速环道		南友路	
		K56+480	K12+350	K12+900	K131+580	AK1+440
峰值	c_d（kPa）	24.4	16.0	24.1	28.4	43.4
	φ_d（°）	24.2	23.3	19.1	20.7	22.6
残余值	c_r（kPa）	2.4	0.0	7.7	7.2	14.6
	φ_r（°）	11.6	11.4	10.3	14.0	9.0

3. 胀缩性

从表 1-14 可见，广西各公路沿线的膨胀土自由膨胀率平均值在 43.9%～54.9% 之间，南友路个别地点最大值达到 81.5%，而根据工程病害的调查资料显示，自由膨胀率大于 80% 的土将对工程有严重危害。从南友路的其他指标分析，其试验点位于宁明境内，对比以往宁明膨胀土的指标，50kPa 有荷膨胀率 δ_{ep}（原值：1.16%）、体缩率 δ_v（原值：

20.0%）均有明显降低。

广西膨胀土胀缩性指标　　　　　　表 1-14

工程名称	南友路							水南路	百罗路	南坛路
统计项目	膨胀力(kPa)	50kPa荷载膨胀率(%)	自由膨胀率(%)	体缩率(%)	缩限(%)	线缩率(%)	收缩系数	自由膨胀率（%）		
个数	16	15	17	16	16	16	16	32	34	9
平均值	46.94	0.42	54.9	14.36	22.35	3.69	0.35	53.5	43.9	52.9
最大值	128.5	1.47	81.5	20.64	28.5	6.67	0.73	78.5	69	69
最小值	6.82	0.02	42.7	5.84	15.9	1.35	0.13	40.5	38	40

4. 矿物成分及微结构特征

通过分析扫描电镜图像，广西膨胀土微结构具有以下特征：（1）多数 SEM 照片中的土颗粒呈薄片状者占优势。有的片状颗粒宽大，并有些弯曲，主要为蒙脱石或伊利石/蒙脱石混层矿物；有的片状晶粒细小，边长一般小于 $10\mu m$，没有明显的弯曲，主要为伊利石，其中少数颗粒为六边形，系高岭石。（2）对于片状颗粒宽大者占优的情况，颗粒呈多层状排布，颗粒间多呈面—面接触，形成面—面叠聚体。这种情况在电镜观察中遇到最多，所以可以认为该种面—面叠聚体是广西膨胀土中占主导地位的基本组构单元。（3）对于片状晶粒细小者占优的情况，颗粒呈无规则排布，颗粒间多为点—点或点—面接触。（4）对于颗粒呈多层状排布的情况，孔隙多为狭缝状，孔隙间连通性较差。也有少数孔隙宽阔，形状不规则。（5）对于颗粒呈无规则排布的情况，孔隙形状无规则，连通性较好。（6）有少数试样的 SEM 照片显示颗粒形状及颗粒间的界限均不明显，颗粒排列和接触情况看不清楚。这意味着该试样颗粒间可能存在较多的胶结物。

三、广西公路膨胀土病害

1. 南友路膨胀土路堑破坏调查与分析

南宁至友谊关高速公路 K132～K142 段穿越宁明县城边缘，其地质、地貌为东西构造断陷盆地，地势平缓，植被稀少，属于典型的膨胀土分布区。工程于 2003 年 3 月开工，路堑边坡开挖于 2003 年 9 月开始，2004 年 3 月基本完成，至 2004 年 9 月，膨胀土（岩）路堑边坡普遍经历了一次干湿循环，几乎所有路堑边坡都不同程度地出现滑坍，并且有愈演愈烈之势。

（1）膨胀土工程特性

路线开挖揭露的边坡土体典型地质剖面可分为三层：顶部表土层为高液限黏土或耕植土，厚 0.5～1.5m；中部为灰白色膨胀土层，厚 2～6m，具中～强膨胀性；下部为灰绿色膨胀泥岩层，厚度在 0～12m 之间，具中等膨胀性。膨胀土的主要矿物成分为：伊利石 58%～61%，高岭石+绿泥石 29%～33%，蒙脱石 7%～13%，以伊利石为主。两层膨胀（岩）土的土性试验见表 1-15，化学成分见表 1-16，由此可知，宁明膨胀土既具有一般膨胀土的典型特征，即细粒含量多、天然含水率高、塑性指数大，又具有独特的区域地质特征和工程特性。其自由膨胀率低,但最大吸湿含水率大,若按最大吸湿含水率这一指标分类,该土可以归为强膨胀土。此外,边坡的成片滑坍说明该土对边坡的破坏性极强。

南友路膨胀土土性指标　　　　表1-15

膨胀土类型	含水率(%)	液限(%)	塑性指数	最大干密度(g/cm^3)	最优含水率(%)	最大吸湿含水率(%)	比表面积(m^2/g)	<0.074mm细粒土含量(%)	自由膨胀率(%)
灰白色膨胀土	31.6	71.2	39.8	1.74	16.3	7.2	264	94.9	57.5
灰绿色膨胀泥岩	25.0	57.3	26.3	1.82	14.5	6.8	226	93.7	42.0

注:膨胀、收缩试验采用的均为原状土样。

南友路膨胀土化学成分　　　　表1-16

SiO_2(%)	TiO_2(%)	Al_2O_3(%)	Fe_2O_3(%)	FeO(%)	MnO(%)	MgO(%)	CaO(%)	Na_2O(%)	K_2O(%)	P_2O_5(%)	H_2O(%)	$\dfrac{SiO_2}{Al_2O_3}$	$\dfrac{SiO_2}{R_2O_3}$
44.3~55.5	0.30~0.90	27.6~31.6	3.04~11.0	0.14~0.29	0.09~0.18	1.04~1.52	0.19~0.45	0.14~0.22	2.00~3.24	0.17~0.39	5.63~9.60	2.60~3.42	1.90~3.20

(2)膨胀土堑坡失稳特征

2004年9月,对全线膨胀土主要分布区(K132~K142路段)的23个滑坍边坡的破坏情况进行了现场实地调查和勘察,图1-4为典型滑坡。

(a)　　　　　　　　　　　　　　(b)

图1-4　典型滑坡
(a) K133+804~K134+100堑坡;(b) K138+420~K138+820堑坡

① 失稳堑坡特征。南友路膨胀土路段的路堑边坡具有如下特征:堑坡失稳往往成群分布,开挖深度无论深浅均有滑坍发生,在滑体上也经常发生两次以上的滑动,一个边坡上常常有几处滑坡,这些滑坡牵引发展连在一起。滑坡大多数分布在右边坡,并在膨胀土中牵引较为深远。

② 堑坡失稳的滑面、滑体形态特征。开挖边坡典型失稳破坏的滑动面形态表现为复合滑动面,滑动面的前缘、中部受各种软弱结构面控制形成倾斜平缓的近似直线或折线的形状,主滑面出现在强风化泥岩层或弱风化泥岩层中,且受充填有铁锰薄膜或灰白色次生黏土的单一结构面控制;滑动面后缘受上层膨胀土竖向裂隙的控制,形成陡直的后缘,后缘高度一般为1.0~3.0m,倾角为85°左右;在主滑面与滑动面后缘之间呈类似于其他膨

胀土地区常出现的长度不等的曲线连接。在雨季，由于滑体上大量分布的张裂缝使雨水灌入、软化、产生渗压，往往在滑体内又进一步形成多次滑动。

陡直的后缘滑壁一般分布在边坡上部靠近坡顶位置，出现在红色或灰白色的膨胀土中。边坡失稳破坏后，后缘滑壁会因牵引作用而产生多次滑移，从而形成台阶状滑坡或滑塌，并且右边边坡的牵引距离相对于左边边坡往往比较长，有的甚至牵引达70~80m。右边边坡的牵引式滑坡比左边发展的范围要广，与风化泥岩的风化成土过程中原生结构面的历史继承性有关。

路堑边坡的滑动大多数出现在右边，与路线右侧紧靠宁明盆地的边缘有关。主滑动面一般都平行于层理方向，而且倾角常常都比较小，一般介于2°~6°。边坡的滑坡规模和滑坡体厚度受膨胀泥岩内结构面分布的控制；边坡后缘的牵引式滑坡受风化软弱面（带）和裂隙软弱带以及土体的胀缩性控制，表现为浅层牵引式滑坡，其滑坡体厚度一般为2.0~3.0m。这种类型的滑坡发生后，如遇水冲刷，将使滑动面下部膨胀泥岩中的垂直结构面直接暴露，为大气降雨的直接渗入提供通道。

在路堑边坡的开挖过程中，坡脚上覆岩土层重量卸除，由于膨胀土（岩）的超固结性，易于引起土（岩）体结构松弛和应力状态的改变，而应力的重分布使得沿软弱结构面的剪应力增大，在地下水的作用下，一般首先沿结构面发生滑动。滑坡后缘在开挖卸荷或滑坡卸荷的作用下在坡顶的一定范围内出现松弛区，松弛区往往受土体中的垂直裂隙控制，由于开挖卸载和膨胀土的胀缩效应，在边坡上部靠近坡顶位置容易形成陡直的后缘，并可能受牵引作用进一步形成浅层牵引式滑坡或滑塌。

③ 滑坡区域含水率分布特征。对滑坡段滑体及滑动面上下土体的分析发现，滑动面（带）有的赋存有细腻、稀软的灰白色次生黏土，有的则是铁锰薄膜。在滑动面附近含水率高达38.3%，并且随离开滑动面的距离而减少，滑动面附近的膨胀泥岩吸水膨胀软化，密度减小。灰白色膨胀土中的含水率一般要高于膨胀泥岩内部。

(3) 膨胀土路堑边坡失稳原因分析

① 地质构造。南友路膨胀土堑坡滑坍，无论是浅层还是整体滑坡，主要集中在路线走向的右侧。左边坡则相对稳定，滑坍数量较少，未见大型滑坍。经勘察后发现，右边坡膨胀岩体的走向与路线交角很小，是顺坡开挖，堑坡滑动方向与下部岩体倾向基本一致（图1-5），这种状况对堑坡开挖的稳定极为不利。因此，地质构造是引起边坡滑坍的主导因素之一。

图1-5 膨胀泥岩顺坡开挖

② 土体结构。土的变形及强度主要受土的结构联结强度控制。宁明膨胀土为第三系那读组湖相黏土岩的风化残坡积物，用肉眼观察就可见均质隐层理及层理构造，黏土颗粒及其微集聚体沿层面紧密面对面地定向排列，形成层流状微结构；粒度成分和团粒成分分析表明，宁明膨胀土在自然状态下即处于稳定的分散状态，结构联结较弱，黏粒间不存在水稳结构联结。经浸水后，土的结构联结随含水率增加，粒间

公共水化膜增厚而迅速减弱。而其隐层理构造则往往成为土的剪切破坏面，致使其强度减弱（图1-6）。

在多次滑坡调查中发现，主滑面多数分布有数毫米～几厘米的灰白色富蒙脱石的次生黏土，含水率高于滑体和滑床岩体的含水率，强度极低，这些结构面在遇水并充分软化的条件下，强度衰减剧烈而成为开挖边坡失稳破坏的主滑面。

③ 不利的气候条件和土体极度发育的裂隙。宁明盆地处于亚热带湿热气候地区，旱湿两季明显。调查发现，几乎所有破坏了的边坡都是在雨季刚结束后开挖的，边坡土体处于高含水率状态，

图1-6　隐层理与剪切节理

土体侧向水平变形在施工开挖过程中递增迅速，坡腰及接近坡底部位水平变形最大，坡顶变形则相对较小，但网状裂隙极为发育，裂隙面呈油脂或蜡状光泽。由于边坡成形后没有及时防护，加上长时间干旱（从2003年9月～2004年5月几乎未下雨），所有边坡均在坡腰部位发生数条不连贯纵向裂纹。随后，裂隙不断向两端扩展连通并不断扩大，最大裂缝可达15cm。贯通裂隙的分布及走向基本与膨胀土边坡土体在成岩过程中的湖相分层沉积一致，且倾向与边坡相同，尤其在堑坡下部膨胀土泥岩开挖面上可以清楚地看到，原生节理与裂隙和次生节理与裂隙极度发育，有竖向、斜交和水平三种，分层明显，贯通裂隙与岩体分层一致；边坡上部以垂直裂隙为主，倾斜和水平裂隙在堑坡下部则比较发育，这种组合裂隙与边坡土体产生滑动的应力分布状态十分相似，水分一旦侵入就会成为边坡滑坍的一个潜在滑动面。

④ 施工工艺。多数施工单位对膨胀土地区路基施工的特殊性认识不够，施工中并没有采取相应的预防措施，而是按一般边坡施工。膨胀土堑坡开挖成形后，由于开挖卸荷、风化作用和湿胀干缩效应，表层裂隙逐渐发展贯通，抗剪强度降低。若不及时封闭，在大气降雨和地表径流作用下，土体极易吸水饱和，促使表层土体产生纵长式滑坡。而新暴露于大气的土体或滑床土体在风化营力作用下，又继续产生风化和胀缩变形，使得土体强度继续衰减。当新的不稳定因素作用达到一定程度时又产生第二次滑动，如此反复循环，形成多次牵引式滑坡（图1-7）。

⑤ 行车荷载。宁明盆地边缘的山坡上大量种植甘蔗，许多开挖边坡位于原有乡村公路或施工便道上。路基土方施工时，施工单位大吨位的运土车辆与当地来往村镇运甘蔗的车辆等都以路线两侧边坡顶部作为临时便道来回行驶，车辆荷载的反复作用无异于向坡顶加载，大大加快了边坡的破坏速度。

2. 322国道南（宁）梧（州）路病害调查

（1）膨胀土路堑边坡破坏情况。桩号K763+200至K766+600沿线两侧路堑边坡大面积开

图1-7　坡顶裂隙发展为牵引式滑坡

裂、塌陷、滑坡随处可见，如图1-8所示，滑坡大小规模不一，大的滑坡宽度可达30～40m，小的滑坡宽度仅有2～3m，边坡坡度一般在30°～40°之间；可见到有多处边坡水泥预制块砌面护坡被鼓起或破坏；有一处边坡已破坏3次，处理3次，第三次边坡处理后的坡度为20°，用水泥片石护坡。经现场勘查和分析，浆砌块石的水泥浆缝与块石剥离，天气的干湿循环，使下部膨胀土产生膨胀和收缩，从而引起护坡破坏。

(2) 膨胀土路堤破坏情况。在桩号K763+700左右，路堤1995年出现破坏，用膨胀土作为路堤填料的路段，路堤边坡出现错台、变形，路面纵向裂缝长达10多米，后经过两次维修，采用沥青路面才保持相对稳定。

3. 宾（阳）南（宁）路病害调查

膨胀土路堑边坡。桩号K719+600，属弱膨胀土边坡（坡比1∶1.5），坡高15m，分两个台阶，拱形骨架护坡，已滑塌两次，见图1-9，干土呈黄色、褐红色、浅红色，可见许多裂纹分布，滑坡面上出露很多石灰石孤石，属风化残积土成因。

图1-8 南梧路K763+200路堑边坡破坏

图1-9 宾南路K719+600路堑边坡破坏

4. 南坛路病害调查

中弱膨胀土（岩）路堑边坡护坡工程，桩号LK10+200，边坡在封闭施工前用DAH液喷洒处理，再在坡面覆盖土工布，片石封闭，拱形骨架护坡，见图1-10。未封闭的边坡在施工中出现反坡不垮、顺坡垮塌严重的现象，这说明地层的自然倾向也是影响路堑边坡的重要因素之一。

5. 南昆铁路百色段

图1-10 南坛路处理中膨胀土路堑边坡

南昆铁路百色段的膨胀土挖方边坡、填方路堤，位于百色盆地强膨胀土60km分布区。①南昆铁路林逢车站，桩号K136+350～950附近，道岔下方铁路路堤及浆砌片石挡墙被挤裂垮塌破坏，见图1-11，推其原因，应为铁轨弯道外推力及膨胀土填土路基联合所致。②南昆铁路新明村大桥路堤改旱桥解决路堤下沉问题，桩号K193+313～368，桥头路基40m范围下沉变形，先后曾采用了支撑渗沟、换砂封闭基床、打钢轨桩、渗沟脚设片石垛、设反压护道等工程处理措施，都未能解决路堤缓慢下沉问题，最后采用路堤改旱桥才得以解决。桥头墩台处片石垛的鼓起和裂缝（图1-12），已显示潜在的破坏性，据现测推测，应为膨胀土所致。

图 1-11 挡墙垮塌

图 1-12 桥台裂缝

第四节　云南公路膨胀土概况与病害

一、云南膨胀土野外鉴别特征

时代及成因类型与岩性特征：膨胀土层为 Q3 以前的湖相沉积物及第三系含煤段内的高塑性黏土，多具有较强的膨胀潜势。第四系残积、坡积、洪积及混合物类型的膨胀土在全省内部分地区也有分布。母岩多属泥灰岩、黏土岩、石灰岩、白云质灰岩、页岩、铝土岩、玄武岩等。一般为黄、褐红、灰白色黏土或黏土，在自然状态下呈坚硬或硬塑状态，土颗粒细腻，有滑感，裂隙发育，裂隙面光滑并常具有油脂光泽及擦痕，裂隙间局部有灰白色黏土充填。

地形地貌及分布规律：膨胀土多出露于盆地边缘低丘、山前缓坡、河流二级以上阶地和隐伏岩溶发育地带。在岩溶地区或岩相变化较大地段膨胀土常呈"鸡窝"状分布。膨胀土分布地区地形平缓，无明显的自然陡坎和深沟幽谷，河流阶段常被掩埋或夷平，丘陵酷似"馒头"状，丘顶浑圆，坡面舒缓。

不良地质现象：膨胀土地区浅层滑坡发育，在 5°左右的缓坡地带也常出现塑性滑坡。在旱季，沟壁、边坡的土体最易剥离坍塌。地裂是膨胀土分布地区的表现之一。此类地裂一般不似龟裂，其水平方向多为单向延伸，在斜坡地段常平行地形等高线发育，长可达数米至数十米，深可达数米，并有干张湿闭的可逆性变化。

植被影响与建筑物损坏情况：植被蒸腾作用引起建筑物损坏的现象，反映了地基土具有较强的膨胀潜势，也是鉴别膨胀土的依据之一。低层砖石结构浅基房屋的损坏率最高，多成群破坏，地坪、散水坡常最先形成开裂，山墙和转角也是较易开裂的部位。膨胀土地区的房屋一般在施工期间或建成数年后损坏，墙体裂缝有随季节性气候变化呈周期性往复张闭变化现象。

二、云南膨胀土分类

甲类：一般黏性土类膨胀土，亲水性矿物为伊利石、蒙脱石、高岭石。为 Q 时代形成，属残积、坡积及其他混合类型。岩性上，红褐、黄褐、浅灰等色的黏土、粉质黏土及黏土岩、泥灰岩残积层，坚硬到硬塑状态，光滑裂隙面发育。成土母岩多为泥灰岩、黏土岩、泥质页岩、石灰岩、白云质灰岩、粉砂岩、玄武岩等。主要分布于小龙潭、曲靖、昭通、蒙自、建水、昆明等地。

乙类：红土类膨胀土，亲水性矿物为伊利石为主。为 Q 时代形成。属碳酸盐类风化的残积、坡积层及铝土岩风化物。接近地表外的褐红、褐黄、灰白及杂色的黏土，孔隙比大、含水率高，坚硬到硬塑状态，多含铁锰质结核，其下褐黄及灰白色黏土，土颗粒细腻，光滑裂隙面发育，胀缩性强。分布于昆明、砚山等地。

丙类：超压密膨胀土，亲水性矿物为蒙脱石、伊利石、高岭石。为 N 时代形成，属湖积相。呈褐、黄、灰白等色，黏土为主，湖盆边缘沉积者多夹粉质黏土层，坚硬到硬塑状态，含铁锰质结核，光滑裂隙面发育，土的孔隙比低，强度高，胀缩性强。鸡街、小龙潭、建水为代表。

丁类：高孔隙比膨胀土，亲水性矿物为蒙脱石、伊利石。为 N—$Q_{1\sim3}$ 形成，属湖积相。黄褐及灰白色为主，一般为高孔隙比、高含水率、高塑性黏土，硬塑到坚硬状态，含铁锰质结核，裂隙发育，裂隙面常具有油脂光泽并带擦痕，土的胀缩可逆性变形幅度大，浸水后强度衰减显著。昭通、蒙自、曲靖、昆明皆有分布。

三、云南公路膨胀土病害

1. 楚雄大理高速公路

五合同 K239+400～650 王家村膨胀土滑坡。

（1）地形地貌及地质条件

滑坡区位于南华与祥云两县交界附近山区地带，东西两侧为缓坡，南北两侧为两个山梁，地形横坡 5°～20°，属山区低山地貌。出露地层为侏罗系妥甸组（J_3t）的紫红、灰白、褐黄色泥岩、泥灰岩、粉细砂岩互层，上部深 15m 为残坡积的粉质黏土、黏土组成。天然含水率 15%～28%，呈硬塑到半坚硬状，凝聚力 29.9～88.5kPa，内摩擦角 19.9°～39.2°，膨胀力 37～76kPa，地基土的收缩系数 0.34～0.46。其胀缩变形量 S_c 算术平均值为 82.89mm，据规范判定其胀缩变形等级为Ⅲ级。水文地质条件，地下水贫乏，仅雨季有上层滞水，降雨时斜坡有地表降水流向路槽。

（2）滑坡成因规模及处治措施

滑坡成因规模：该路段 20m 深度范围均为膨胀土夹粉土。土层倾角大于 20°，路槽挖深 16m，旱季开挖后数月，未对边坡采取排水、封闭防护措施。坡面上膨胀土暴露于地表，在外部气候条件下经历了反复膨胀过程，又因边缘开挖后应力释放，侧向压力消失，在水和土体自重压力下，雨水的下渗及干湿循环交替作用，使裂缝日趋扩大、延伸，促使膨胀变形的土体区域沿侧向压力薄弱的方向产生了滑动或崩塌。王家村滑坡有四处崩塌，一处中型滑坡及九条地裂缝。滑坡体长 170m，宽 30m，滑体厚 3～5.5m，属浅层滑坡；

崩塌体最大 $60\times15m^2$，最小 $25\times10m^2$；地裂缝最长的 140m，宽 0.1~0.5m，最小的长 10m，宽 1~10cm，深 1.2~2.0m，最深达 3.5m。

滑坡处治措施：滑坡区膨胀土的湿度系数为 0.62，大气影响深度 4.8m，大气急剧影响深度 2.16m，结合其膨胀潜势与地层产状，采取的措施如下：①排水，南北两坡顶设截水沟两道，路基边沟与坡脚挡墙砌成一体，可增大挡墙的抗滑，抗倾覆稳定性，铺设格网回填土坡面，植草以防止雨水直接冲刷边坡及下渗。②防护与加固工程，坡脚设抗滑挡墙，坡面表层全部用土工格网分层铺设防护，阻止边坡溜坍和膨胀变形，同时在分层铺网的回填土中掺入 5%~7% 的石灰以改良土性。经过处治后，边坡已经稳定，道路通行条件良好。

2. 通海建水一级公路

通建一级公路，起于通海县城，止于鸡石公一级公路建水立交附近，全长 62.5km。通建路膨胀土地基主要展布于曲江 K24+300~K26+200 段、东山段 K31+700~K32+800、冷水沟 K51+265~K53+600、羊角街 K53+600~K58+945 及 K59+680~K61+750 四个合同段，合计总长度在 12.75km，占通建公路总长的 20.38%。

(1) 地质构造条件

曲溪盆地为曲江断裂与通海弧弧顶复合交汇而成的断坳盆地。盆地呈北西南东延伸，长约 15km，宽 4~6km，面积 $76km^2$，盆地一、二级阶地以下为上第三系湖相沉积层，北翼为砂砾岩与黏土互层，南翼为泥岩夹砂岩、砂砾岩层，厚度大于 400m。上述软弱岩组的半胶结黏土岩及泥岩、页岩风化残坡积层，遇水易崩解，胀缩现象严重，构成了通建一级公路部分路段的特殊地质环境。

(2) 膨胀土特征

膨胀土成因于第三系湖积地层，呈灰白、灰黄、褐红色，一般为硬塑至半坚硬状，厚度大于 27m，膨胀力 10.1~58.3kPa，自由膨胀率 30%~40%，具弱膨胀潜势。而建水盆地的膨胀土为粉质黏土及灰岩残坡积的黏土，厚度大于 15m，具有弱膨胀特性。土的湿度系数 0.65~0.75，干燥度小于等于 0.90，大气影响深度为 4.0m，急剧层深度 1.80m，土的收缩系数 0.23~0.40，地基土的分级变形量为 4.90cm。

3. 昆明曲靖高速公路

昆明嵩明段膨胀土段落：位于昆明盆地东北微丘区，桩号 K1+700~K5+200，地形平缓，地层为冲积湖积物质，上部 0~4m 为硬塑至半坚硬黏土、砂土，具弱膨胀性，4m 以下为灰白、灰黄色中至强膨胀土，夹煤层。天然露头由于失水，土体裂隙极发育，并有光滑挤压擦产痕。大气影响深度为 4.0~4.5m，大气急剧层深度 1.80~2.00m。土的湿度系数为 0.65~0.75，干燥度小于等于 0.90。

4. 平远镇至文山二级公路，文山至麻栗坡公路

(1) 构造及地形地貌条件

受文山盆地所控制，文山盆地主要受文山—麻栗坡深大断裂所形成，其地貌属断陷堆积盆地，呈长条形，北向南，宽 2.5~5km，长约 20km，面积为 $75km^2$，盆地高程为 1250m。基底以碳酸盐岩为主，上覆上第三系 Nh 灰色、灰白色泥灰岩及深灰、紫灰色粉细砂岩、砂砾岩层，厚度 500m。盆地底面低于周围岩溶峰 150m，北西侧断层壁高 100 余

米，形成断层崖，延伸数公里。中部与南部 Nh 地层被剥蚀成缓丘地貌出露于盆地边缘。泥灰岩为隔水层，透水性极差。

(2) 膨胀岩土的特征

文山盆地的膨胀土系泥灰岩风化而成，以残坡积层的膨胀潜势为最大。分布于盆地四周以缓丘微地貌展布。多呈褐黄、灰白色，硬塑状黏土，裂隙发育有光滑面及擦痕，遇水极易崩解，具中至强膨胀性。土的湿度系数为 0.75～0.85，干燥度小于等于 0.90，大气影响深度在 3.50～4.00m，急剧层深度在 1.60～1.80m 之间。

5. 砚山平远镇高速公路等

砚山至平远镇高速公路、平远镇至砚山老公路、平远镇至文山二级公路三条公路都穿越砚山盆地，其中砚山至平远镇高速公路全长 68.7km，在 K37+100～K71+463 分布两段膨胀土，从 K37+100 至平远镇段膨胀潜势较高，属中弱膨胀土，对公路危害较大。

(1) 地形地貌及构造控制特征

砚山盆地的形成受文山至干河北东向活动断裂的制约，盆地宽 2～7km，长 22km，面积 128km²。在湿润多雨的亚热带气候条件下，岩溶地貌广泛发育，属构造溶蚀堆积盆地。盆地内第三系地层厚 897m。新第三系 Nh 隔水层分布于砚山城南面窑上至白井一带，上部以中厚层黏土为主（膨胀土），下部以凝灰质角砾岩为主，厚度大于 274m，岩层倾角 10°～25°。砚山至平远一线，地貌形态为丘峰谷地、残丘坡地及溶蚀洼地，地形相对平坦，岩溶十分发育。

(2) 膨胀岩土特征及分布

砚山盆地的膨胀土主要分布于砚山城南至盘龙一带，泥灰岩风化所形成的残坡积中厚层黏土，颜色为褐黄、黄、灰白夹红色，多呈硬塑状，裂隙发育具光滑面及擦痕，遇水极易崩解。砚山至平远镇公路地层岩性则主要为三叠系中统灰岩、白云质灰岩，其风化残积黏土具膨胀性，自由膨胀率 10%～128%，具弱～强膨胀性。砚山至平远镇高速公路平远段，桩号 K37+100～K71+463，膨胀土层厚 3.5～18.5m，膨胀土潜势以中弱膨胀土为主，砚山段，桩号 K0+000～K35+000，膨胀土的温度系数为 0.7，大气影响深度为 4.0m，急剧层深度为 2.0m，分级胀缩量为 1.14～8.92cm。砚平高速路所经过的膨胀土地区，其成因为第四系碳酸盐岩类风化的残坡积层及铝土岩风化物，褐黄、灰白及杂色的硬塑至半坚硬黏土，多含铁锰质结核，土颗粒细腻，光滑且裂隙发育，胀缩性强。膨胀土类型为红土类膨胀土，亲水性矿物以伊利石为主。

(3) 砚平路膨胀土路段处理

对于强膨胀土，采取换填碎石处理，其深度不小于 1.00m，在重要工点，如桥基础埋置深度不小于大气影响急剧层深度，同时设置碎石缓冲层。对于中弱膨胀土，地形平坦的填方路段，填高均不大时，可采取换填 30～50cm 的碎石处理。不管是强、中、弱膨胀土地段，都要根据实际情况，决定是否加强排水设计。

6. 鸡街石屏一级公路

(1) 构造控制特征

新建鸡石公路起于个旧市鸡街，止于石屏县，全长 98.3km，由鸡街至望城坡（K0～K61+400）段，大部分路线均布设于上第三系湖泊堆积及构造侵蚀剥蚀地貌区，包括呈北东向延伸，长22km，宽8～12km，面积220km²的建水盆地。建水盆地处于建水弧、石屏弧与纬向他布依—石屏断裂交汇的复合部位，属断陷溶蚀湖积盆地。第三系湖积泥岩，黏土层厚度巨大，构成了鸡石一级公路大面积展布的膨胀土特殊地质条件。

(2) 膨胀土特征

在鸡街至建水段公路长61km范围内，膨胀土地基路段总长23.98km，占该总路段的39.3%。决定了鸡石公路特殊的地质环境。膨胀土的类型属一般黏土类膨胀土和超压密膨胀土，其亲水性矿物主要为伊利石、蒙脱石、高岭石，颜色以浅黄、灰白、黄为主夹杂色，硬塑至半硬塑状，由湖积黏土及泥岩、泥灰岩残坡积形成。光滑裂隙面发育，土的孔隙比较小，强度高且胀缩性强。自由膨胀率在38%～92%之间，50kPa压力下，土的线膨胀率在1.5%～2.55%之间，地基土的收缩系数为0.26～0.75，湿度系数为0.6～0.7，年干燥度为0.95～1.22，大气影响深度为4.0～5.0m，急剧层深度为1.8～2.4m，分级胀缩量为4.90～6.09cm。

第五节 河南膨胀土概况

一、平顶山膨胀土

1. 成因和分类

本地区广泛分布有膨胀土，在市区中西部一带埋深小于3m，局部出露地表，对工程建筑危害极大，市区南部平原地带埋深大于20m。平顶山膨胀土以下更新统湖积为主。岩性灰白、灰绿及棕红色黏土，其形成的母岩材料为泥页岩和安山岩，两者均含有丰富的蒙脱石等黏土矿物，这些母岩的风化物质经流水搬运沉积至山前或洼地后形成膨胀土。随颜色不同岩性特征有所差异，据此分为三种类型（见表1-17）：(1) 白色钙质黏土，较松散，颗粒细腻具滑感，含大量钙质及钙核，膨胀性弱，在压力不浸水易沉陷，透水性好，呈透镜体分布，厚度在0.2～1.5m。(2) 黄夹灰绿色黏土，致密硬塑，常含钙质及钙核，裂隙发育，裂隙面呈腊状具油脂光泽，常含铁锰质薄腊及结核，胀缩性强，不透水或不裂隙水，厚度在2～10m，此土危害性大。(3) 棕红色黏土，硬可塑，常含豆状铁锰质结核，裂隙发育，隙间常被灰绿色黏土充填。胀缩性中等，透水性弱，厚度大于50m。所述三种膨胀土，在空间分布上，灰绿色土多位于棕红色土顶部，白色钙质黏土混杂于其间。

平顶山膨胀土物理力学指标表　　　　表1-17

类型	含水率（%）	液限（%）	缩限（%）	自由膨胀率（%）	膨胀力（kPa）	天然状态		饱和状态		容许承载力（kPa）
						c（kPa）	φ（°）	c（kPa）	φ（°）	
白色钙质黏土	16～20	38～40.5		100	12					
黄夹灰绿色黏土	18～24	43～54	8～11	60～84	50～250	57～69	16～17	11	6	200～438
棕红色黏土	19～26	36～50	9～12	44～79	30～120					

2. 物质成分及其性质

矿物成分及物理化学性质。矿物成分包括各种黏土矿物和碎屑矿物，黏土矿物以蒙脱石为主，次为伊利石和高岭石。化学成分以 SiO_2、Al_2O_3 为主，次为 Fe_2O_3、MgO、CaO 等。阳离子交换以 Mg^{2+} 为主，含量在 28.4%～45.7%，占交换性盐基总量的 51%～87%，比表面积为 491.8～687.9m^2/g。高的阳离子交换量与巨大的表面积和土中含大量蒙脱石密切相关。Mg^{2+} 虽为二价金属离子，但其离子半径极小，故锰质黏土的物理化学活性比钙质黏土高得多。

颗粒组成。灰绿色膨胀土的黏粒含量高于棕红色膨胀土，两者分别为 37.4%、19.2%，灰白色膨胀土较松散，颗粒细腻具滑感，含大量钙质及结核。

膨胀土中的结核，黏土中钙核体积含量大于 25% 时，土的强度近于碎石层。可见钙核能提高膨胀土强度，使其胀缩性大大减弱。

3. 微结构特征

组成该土结构的物质基础主要为细小的黏土颗粒，而粉粒和砂粒则很少。黏粒的形状大多为片状，而颗粒间彼此相互集聚形成集粒，以集聚体形式赋存于膨胀土中，成为膨胀土微结构的基本结构单元。

黏粒集聚体有的以连续状非定向排列，组成黏土基质，其中包括少量无序分布的彼此互不接触的粉粒，形成膨胀土的基本类型之一，即基质结构。

土中黏粒间排列的形式有的呈平行状，微集聚体之间也呈平行排列，显示出高度的定向性。其排列方向有的呈水平，有的呈倾斜，形成膨胀土微结构的又一类型，即纹流状结构。

4. 工程地质特性

胀缩特性：其胀缩性主要受其黏土矿物成分影响，含蒙脱石矿物较多的灰绿色膨胀土胀缩性最强，其次为棕红色膨胀土，而含钙质较高的灰白色膨胀土最弱。

胀缩各向异性：垂直线收缩率与水平线收缩率之比为 2.0，即垂向收缩大于横向收缩，这表明膨胀土以竖向收缩为主，其胀缩各向异性的形成，主要是由于湖相成因造成的，这些结构的各向异性即包括微观结构，也包括宏观结构。

地基承载力：与土的含水率有密切关系，在工程应用中，根据膨胀土全年或长期变化条件下的含水率变化来确定其容许承载力。平顶山膨胀土不同含水率的基本承载力采用室内直剪试验和野外旁压试验方法综合确定。

二、南阳盆地膨胀土

1. 分布和分类

在南阳盆地的垄岗地带，膨胀土大面积出露地表，因其成分不同，岩性特征差异很大，可分为如下三类：（1）灰绿（灰白）色黏土，为下更新统湖相沉积，网状裂隙很发育，土体呈碎块状，厚 2～10m，水分其影响特别显著。（2）棕黄色黏土，为中更新统洪积沉积，依据钙核含量可划分为两个亚类：一类为棕黄色黏土，裂隙发育，有灰白色黏土充填，厚 5～15m，水对其影响显著；另一类为褐棕黄色黏土，含大量钙核，裂隙较发育，部分被灰白色黏土充填，厚 1.9～10.3m。（3）灰褐色黏土，为上更新统冲湖积沉积，裂隙不发育，厚 1～3m。

2. 膨胀土的成分

灰绿（灰白）色膨胀土以蒙脱石为主，棕黄和灰褐色膨胀土以伊利石为主，含蒙脱石；在颗粒组成上，南阳盆地膨胀土以黏粒和粉粒为主，砂粒含量较少；一般物理力学性质指标见表1-18。

南阳盆地膨胀土的一般物理力学指标　　　　　　表1-18

土名	含水率（%）	干重度（kN/m³）	液限（%）	缩限（%）	体缩率（%）	线缩率（%）	自由膨胀率（%）
灰绿（白）色黏土	25.3	15.55	49.7	8.5	19.2	6.1	70～158
棕黄色黏土	25.9	16.05	44.8	10.0	16.6	4.4	38～90
灰褐色黏土	22.8	15.85	45.1	12.6	14.0	2.45	33～77

土名	膨胀力（kPa）	天然状态 c（kPa）	天然状态 $\tan\varphi$	饱和状态 c（kPa）	饱和状态 $\tan\varphi$	容许承载力（kPa）
灰绿（白）色黏土	56～780	10～20	0.2～0.3	5～13	0.16～0.25	150～200
棕黄色黏土	31～200	16～42	0.3～0.52	15.0	0.28	200～300
灰褐色黏土	17～90	28～39	0.3～0.44	14～24	0.32～0.35	220～330

3. 工程地质特性

胀缩特性：南阳盆地棕黄色膨胀土在不同起始含水率及不同压力下浸水，测得起始含水率低的试样，在各级压力下的膨胀率较大；反之则小，压力对膨胀有显著的抑制作用；其收缩性明显受黏土矿物成分和土体结构的影响。

胀缩各向异性：竖向变形小于横向，灰白色黏土竖向收缩率与横向收缩率之比为0.85，棕黄色黏土为0.76～0.93，表明南阳膨胀土以水平膨胀为主。膨胀各向异性的形成与膨胀土中裂隙及软弱夹层产状有关。

地基承载力：与土的含水率有密切关系，它随含水率的增加而减小。对于灰白色膨胀土，含水率在18%、22%、28%时的承载力分别为400kPa、250kPa、140kPa。

第六节　四川公路膨胀土概况

一、四川膨胀土分布及成因

1. 分布

四川地区膨胀土分布很广，川西平原、川中丘陵和涪江、沱江、岷江、嘉陵江以及安宁河等河谷阶地和台地上均分布有膨胀土。它们主要是风化产物经流水和冰水搬运堆积形成的，另外也有残积—坡积成因的膨胀土。

四川膨胀土中以"成都黏土"分布最为集中，连续面积最大，且对工程建设的影响最大。通常人们把成都及其周围的黏土均统称为成都黏土，即广义成都黏土，它包括 Q_3^{fgl} 层黏土和 Q_2^{gl+fgl} 层黏土（即雅安期黏土），前者又可分为 Q_{3-1}^{fgl} 层黏土（即狭义成都黏土）和 Q_{3-2}^{fgl} 层黏土（即广汉期黏土）。典型的成都黏土剖面从上至下依次为 Q_3^{fgl} 层黏土、Q_2^{fgl} 层黏土，但在部分地区 Q_2^{fgl} 层黏土直接出露于地表。

狭义成都黏土主要分布于成都平原东部的三级阶地，在成都市和新都区以东，成都天回镇、新都新店子、金堂新场以南，简阳洛带、成都龙泉驿一线以西，华阳中和场、成都大面铺以北最为发育，呈大面积连续分布，面积约400km²；广汉期黏土主要分布在新都、广汉、德阳、什邡、崇州之间的二级阶地上，组成河间地质，呈零星断续分布，总面积约2000km²；雅安期黏土一般深埋于Q_{3-1}^{fgl}层黏土之下，出露于地表的集中分布在牧马山及名、邛、蒲台地以及彭山、眉山、丹棱、夹江一带的2～5级高阶地上，呈零星断续分布，总面积约4000km²。其他地区的膨胀土分布面积较小。

2. 厚度

Q_{3-1}^{fgl}层黏土在成都附近最厚，一般厚度为3～5m，最大厚度可达21m。但是盆地内远离成都的其他地区，由于受侵蚀、剥蚀作用严重，残余厚度多在0.5～2.0m之间，但在射洪至江油之间的局部地区，厚度可达5～6m。Q_{3-2}^{fgl}层黏土一般厚4～5m，局部顶面存在厚2～3m的白色至灰白色黏土透镜体。Q_2^{gl+fgl}层黏土一般有两层，单层厚度一般为0～5m。

3. 成因

四川地区膨胀土是该地区独特的气候和地质条件的产物。总的来说，四川膨胀土主要是风化产物经流水和冰水搬运堆积形成的，另外也有残积－坡积成因的膨胀土。

二、四川公路膨胀土概况

1. 成渝高速公路

成都重庆高速公路（简称成渝高速）在成都五桂桥至龙泉互通式之间通过膨胀土地区路段长度为19km。其中经过Q_{3-1}^{fgl}层黏土路段长16km，通过Q_2^{gl+fgl}层黏土路段长3km。由于这部分路基挖方和填方高度均较小，此段没有出现较大的病害。

2. 成雅高速公路

成都雅安高速公路（简称成雅高速）通过膨胀土地区的路段达67km，其中成都至文星段长11km，为Q_{3-2}^{fgl}层黏土分布地区，但是路线设计全部为高架桥或路堤形式通过。此段部分路堤采用膨胀土作填料，除了这部分填方路堤路面沉降、开裂严重，路堤边坡的网格护坡破坏较重外，未发现其他病害；文星至金华段（牧马山段）长20km，共有18km经过Q_2^{gl+fgl}层黏土，该层黏土厚5～10m，设计中借鉴成昆铁路经过牧马山的经验教训，采取了一些防治措施，避免了严重病害的发生，但是施工中仍然出现了一些由于膨胀土引起的病害，如路堑滑坡、路基路面沉降开裂、路堤滑坡、涵洞及桥台开裂、挡墙位移等；蒲江至名山段长40km，其中38km通过Q_2^{gl+fgl}或Q_{1+2}^{gl+fgl}层含砾黏土和纯黏土层，含砾黏土层厚度一般大于20m，纯黏土层（当地称作"白膳泥"）厚度变化较大，在白土坎附近单层厚度2～5m。由于雅安地区降水充沛，地表水渠密集，所以该路段黏土多呈饱和状，仅在丘包处为硬塑至半坚硬状，黏土自身强度低，尤其是在扰动之后，抗剪强度会成倍的下降，施工过程中曾发生多处路堑滑坡。

3. 成南高速公路

成都南充高速公路（简称成南高速）成都至廖家场段（长25km）为膨胀土分布区，该地区膨胀土主要为Q_{3-1}^{fgl}层黏土。由于该段路线经过地区地形平坦，路基填、挖高度一般低于5m，除了部分路堑边坡施工中产生过小规模滑坡以外，该路段未出现大规模的工程病害。

4. 成绵高速公路

成都绵阳高速公路（简称成绵高速）膨胀土主要分布于青龙场至白鹤林、德阳至黄许、大井至金山和绵阳磨家至永兴等路段，其中有 12km 通过 Q_{3-1}^{fgl} 层黏土，该层黏土厚 0~10 余米不等，覆盖于雅安砾石层或白垩系泥岩或砂质泥岩之上；约 48km 通过 Q_{3-2}^{fgl} 层黏土。由于在路线方案比选时考虑了膨胀土的影响，避开了较长路段的膨胀土挖方路基，现经过膨胀土地区路段大多以高架桥和填方路堤通过，除了局部挖方边坡产生滑动破坏与个别路段填方膨胀土路基发生失稳以外，全线膨胀土路段未出现重大病害。

5. 成都绕城高速公路

成都绕城高速公路膨胀土集中分布于 K3+320~K23+300 段，K25+060~K26+300 及 K33+200~K34+100 段有零星分布。膨胀土主要分布于台地区，台地区地层由新到老依次为：全新统（Q_4）：为黄褐、灰褐色低液限黏土、淤泥质黏土，分布于丘间沟谷之中，厚度 2~5m。上更新统（Q_{3-1}^{fgl}）：为黄色高液限黏土，厚度 3~20m。广布于丘包之上，或埋藏于沟谷（Q_4）之下。Q_{3-1}^{fgl} 层黏土按其色调、物质组成及裂隙特征基本可分为三层。Ⅰ层为裂隙不发育的褐黄色黏土，一般钙质结核及铁锰质结核含量较多。Ⅱ层属裂隙及隙壁两侧灰白黏土发育的黄~鲜黄色黏土。Ⅲ层为裂隙含量少且分布不均的红~黄色黏土。中更新统（Q_2^{gl+fgl}）：零星出露于大面铺牛背岭前后（K25+060~K26+300）。其余深埋于（Q_{3-1}^{fgl}）之下，厚度不均匀。沿线膨胀土地基填、挖高度均较小，除了局部挖方边坡产生滑动破坏以外，全线膨胀土路段未出现重大病害。

6. 成都市三环路

成都市三环路约 23km 通过 Q_3^{fgl} 层黏土、Q_2^{fgl} 层黏土分布地区，全线膨胀土路段挖方数量约 215 万 m^3，填方数量约 195 万 m^3。为了节约工程投资，充分利用路段挖方，设计中采用膨胀土包心方式填筑路堤，同时对挖方边坡采取支挡结构与全封闭防护形式结合的方式处理，取得了较好的效果。

三、四川膨胀土物质成分与特征

1. 物质成分

（1）矿物组成

广义成都黏土的矿物成分种类比较单纯。黏土矿物有伊利石（水云母）和蒙脱石，占总物质含量的 70%~80%，其中又以伊利石为主；粗粒组分为石英，占 5%~25%；次生矿物为氢氧化铁及有机质，含量仅占百分之几。

黏土矿物在显微镜下呈狭长鳞片状晶体，粒径小于 0.001mm。广义成都黏土的黏土矿物含量很高，正是这些具有高度分散性且有很大比表面积的分散矿物的存在，决定了它的物理状态、水理性质及力学性质的复杂性。其突出表现是在天然结构状态破坏后，随含水率变化性质急剧变化。人们常用"天晴一把刀，下雨一包糟"来形容它的特性。

石英大部分呈碎屑状存在，粒径一般为 0.02~0.05mm，集中在广义成都黏土上部及风化层中以及与雅安砾石层的接触带。石英含量很大时往往可以提高黏土层的透水性。

次生矿物中，腐殖质在地表及水塘底部含量很大，它们的存在一般使土层强度降低，但也可使黏土的透水性增强。氢氧化铁普遍存在于广义成都黏土中，呈胶体薄膜状，浸染其他矿物，使黏土呈黄橙各色。

（2）化学组成

广义成都黏土主要由 SiO_2、Al_2O_3、Fe_2O_3 等化合物组成，见表 1-19，其中 SiO_2 占绝大多数，三者总含量一般可达 80% 以上。广义成都黏土的 pH 值为 7.3～7.9，呈弱碱性，有利于生成伊利石、蒙脱石等黏土矿物。

广义成都黏土的化学成分　　　　　　　　　　　　表 1-19

SiO_2（%）	Al_2O_3（%）	Fe_2O_3（%）	CaO（%）	MgO（%）	K_2O（%）	SiO_2/R_2O_3
63.6～69.2	13.4～15.9	6.2～9.2	0.30～0.42	0.65～1.02	1.23～1.73	2.32～2.38

（3）粒度组成

广义成都黏土中，砂粒（2～0.05mm）占 2%～6%，粉粒（0.05～0.005mm）占 24.5%～34.5%，黏粒（<0.005mm）占 60.8%～73.0%。从各粒组占的比例来看，广义成都黏土多属重黏土或黏土。广义成都黏土的粒度组成，即使在野外鉴定，在盆地西北部者也较成都平原稍粗，具有向东南逐渐变细的现象。具体的粒度组成如表 1-20 所示。

四川膨胀土粒度组成（%）　　　　　　　　　　　　表 1-20

粒度组成（mm） 取样地点	>2	2～1	1～0.5	0.5～0.25	0.25～0.1	0.1～0.05	0.05～0.01	<0.01
苍溪　白桥坝		0.2	0.2	0.2	2.6	1.4	5.0	90.4
剑阁　合林	0.2	0.2	0.2	0.2	0.2	1.2	2.8	95.0
三台　清东坝		0.2	0.2	0.2	0.8	0.8	2.0	95.8
简阳　沱江大桥左岸		0.2	0.2	0.2	0.8	1.4	0.6	96.6
金堂　赵镇		0.2	0.2	0.2	0.2	0.6	5.2	93.6

2. 宏观地质特征

典型的 Q_3^{el} 层黏土剖面由一套红黄色黏土组成，根据土层颜色、裂隙发育程度、包含物的差异，自上而下大致分为三层：

（1）上层褐黄色黏土，粒度较粗，结构较疏松，质较纯，强塑性，含较多的有机质。网状风化裂隙发育，裂面光滑，常夹有灰白色黏土薄膜及条带。含较多铁锰豆石（$\phi<$3mm）及钙质结核（$\phi=$5～20mm）。稍湿～潮湿，坚硬～可塑状态，厚 1～3m。

（2）中部黄色黏土，结构致密，局部具花斑状结构，土质均一，强塑性，微含砂粒。裂隙发育，间距小于 0.5m，延伸较长，隙壁有灰白色黏土，黏土细腻，滑感很强，裂面有擦痕，具蜡状光泽。层内含少量钙质结核（$\phi=$5～15mm）。

（3）下部紫色、紫红色黏土，团块状灰白色黏土增多，与紫红色黏土构成花斑状结构。裂隙发育，隙间常夹有灰白色黏土条带，裂面光滑，可见擦痕，蜡状光泽，有滑感，厚 1～3m。

在剖面上可以看到：土体表层一般为厚度约 0.5m 耕植土，植物根系发育，在其下约 2.5m 范围内的浅层，因含水率变化而胀缩等原因，形成了密度大而延伸短的大量风化裂隙，使土体破碎、疏松，有时将土体切割成小柱体或碎裂状，斜坡顶部常因之而发生坍塌；中部含水率提高，常呈塑态，发育着较上部土体中密度小而规模大（延伸一般大于

1.0m）的裂隙，两壁一般由灰白色黏土组成，并因裂隙产状不同而将土体切割成近菱形的块体；下部黏土的结构均较致密，结核含量减少，裂隙发育程度降低。

Q_2^{gl+fgl}层黏土（雅安期黏土）厚度不均匀。按土性可分为两层：上部为黄红、棕红色高液限黏土，发育网纹状裂隙（故称"网纹红土"），隙间常充填灰白色黏土；下部为卵漂石夹棕黄、棕红色黏土及粉细砂，习惯上称之为"雅安砾石层"。

3. 裂隙特征

(1) 裂隙的空间几何特征

野外观察发现，广义成都黏土中的宏观裂隙主要表现为两种形态类型：波状起伏型和平面型。前者产状水平，呈波状起伏，起伏差2～10cm，延伸长度一般大于2m，裂隙间距较小；后者呈中等～缓倾角平行斜列，裂隙面平直、光滑，裂隙间距10～60cm，具有一定的延伸规模，一般贯穿广义成都黏土剖面的第Ⅱ层。

野外调查还发现，在各统计点的不同剖面上，裂隙发育的形态、产状、规模、密度均基本相似，但也存在局部变化。在同一剖面上，裂隙的发育明显分为三层（与Q_3^{fgl}层黏土的分层一致）：第一层主要发育网状的风化裂隙；第二层是裂隙的极发育区，上部发育近水平的波状起伏裂隙，见少量中等缓倾角裂隙，下部发育平行斜列裂隙；第三层裂隙发育较少，见少量的倾斜裂隙。纵观整个剖面，从上至下，裂隙密度由小→大→小，裂隙规模也由小→大→小。

根据以上特征，可将广义成都黏土中的宏观裂隙概括为两种类型的发育模式：波状水平式和平行斜列式。这两类裂隙也是广义成都黏土中发育规模最大，对工程危害最严重的裂隙类型，是广义成都黏土中裂隙成因研究的重点。

(2) 裂隙面特征

平行斜列裂隙的典型表面特征为：隙面呈镜面光滑，具擦痕槽并附着长条状铁锰质薄膜（称动力薄膜），隙壁的黄色黏土多因后期淋滤作用，而成灰白色隙壁黏土。波状起伏水平裂隙的表面也较光滑，但不具擦痕和擦痕槽，铁锰质薄膜多呈斑状或树枝状，没有摩擦痕迹。

另外，通过两种不同类型裂隙面的扫描电镜微结构对比分析发现：(1) 平行斜列式具擦痕的光滑裂隙面，沿隙壁两侧黏土矿物片呈强烈定向，定向带宽度一般为几微米至十几微米。卷曲的黏土矿物片，在裂隙的生成过程中有被压平的迹象。在裂隙附近的一定范围内，黏土矿物片仍具有一定的定向性。(2) 波状起伏的水平裂隙面，沿裂隙壁黏土矿物片基本无定向性。

(3) 隙壁灰白色黏土的厚度及成分

广义成都黏土隙壁灰白色黏土最大概率厚度出现在0.2～1.0cm，占总数的60%～80%，在裂隙交汇处，灰白色黏土明显增厚，可达5～10cm，在2～7m深度范围内，隙壁灰白色黏土有随深度增加而增厚的趋势。

与母土体相比，隙壁灰白色黏土化学成分有如下特点：①同一地点隙壁灰白色黏土Fe_2O_3的含量明显低于母体土，大多数仅为母体土Fe_2O_3含量的1/2～1/3。②同一地点隙壁灰白色黏土中的Al_2O_3略高于母体土。③隙壁黏土的pH值大于7（pH=7.31～7.82），为弱碱性环境。此环境不利于高岭石稳定存在，有利于伊利石存在且部分向蒙脱石转变。

④隙壁灰白色黏土的硅铝率值在 2.18～2.93 范围，但一般比母体土的硅铝率值大，说明其伊利石和蒙脱石含量应高于母体土。

黏土矿物成分均以伊利石为主，但是隙壁灰白色黏土与母体土相比有以下不同：①同一地点隙壁灰白色黏土的蒙脱石、伊利石含量多高于母体土，可达 3 倍。②同一地点隙壁灰白色黏土的高岭石含量一般低于母体土。

（4）隙壁灰白色黏土的微结构特征

通过粒度成分分析，同一地点隙壁灰白色黏土中黏粒含量大多高于母体土。

宏观上隙壁黏土多呈灰白～绿灰色，而母体土都呈黄、褐黄、棕黄或砖红色。在灰白色黏土中常见到线状、团块状，黄或砖红色母体土；在靠近裂隙面的黄、砖红色母体土中也常见到针状、米粒状灰白色黏土。仔细观察可以看出，隙壁灰白色黏土与母体土的边界是模糊的，是渐变的。

通过偏光显微镜下观察表明，隙壁灰白色黏土同样具有粉砂泥质结构，其中未见有黄、红色母体土中存在较普遍的铁质凝团块。但可见到较多的青绿色团块，据鉴定其中含有大量的绿帘石族矿物，其与周围母体土界限非常清晰。

在扫描电子显微镜下观察，隙壁灰白色黏土微结构类型在总体上与黄、红色母体土相似，但在裂隙面附近黏土矿物集粒呈较明显的定向排列。

四、四川膨胀土工程性质

1. 物理性质

广义成都黏土的物理性质指标见表 1-21，可以看出广义成都黏土的天然密度较大，天然孔隙比较小，密实度较高，力学性能较好。由液限及液性指数指标可以看出，广义成都黏土具有一定的膨胀性。

广义成都黏土的物理性质指标　　表 1-21

密度（kN/m³）	孔隙比	含水率（%）	液限（%）	塑限（%）
18.7～20.7	0.61～0.79	20.2～37.9	38.2～54.8	18.1～25.3

2. 抗剪强度

表 1-22 和表 1-23 分别给出了广义成都黏土原状样直剪试验和三轴剪切试验结果。从表中试验成果可见，饱水后的强度降低非常明显，仅为天然含水率下的 40%～80%。从两种试验结果的比较可以看出，三轴试验在相同条件下的指标值低于直剪试验值，主要是由于直剪试验的试样小，受裂隙影响少。重塑样的强度高于原状样亦在于裂隙的影响。

广义成都黏土原状样直剪试验成果表　　表 1-22

指标 层位	天然含水率				饱和含水率			
	c（kPa）		φ（°）		c（kPa）		φ（°）	
	峰值	残余值	峰值	残余值	峰值	残余值	峰值	残余值
第Ⅱ层	79～87		17.0～20.8		82		12.0	
第Ⅲ层	98～180	15～21	27.5～29.0	20.7～29.0	45～54		23.0～24.7	11.5～14.1

广义成都黏土三轴试验成果表   表 1-23

指标 层位	原状样				重塑样			
	天然含水率		饱和含水率		天然含水率		饱和含水率	
	c (kPa)	φ (°)	c (kPa)	φ (°)	c (kPa)	φ (°)	c (kPa)	φ (°)
第Ⅱ层	24～45	15.0～23.0	25～28	3.8～5.6	70～95	17.0～22.0	45～63	6.0～17.5
第Ⅲ层	50～60	16.0～18.0	10～40	15.0～18.0	120～130	14.0～18.5	60～120	6.0～13.7

3. 压缩性

天然状态下广义成都黏土的压缩性指标见表 1-24。从表中的数据可见，天然状态时广义成都黏土压缩性较小（$a_{0.1～0.2}<0.5\mathrm{MPa}^{-1}$），属中低压缩性土。

广义成都黏土压缩性指标表   表 1-24

各压力下孔隙比			压缩系数		压缩模量
100kPa	200kPa	300kPa	$a_{0.1-0.2}$(MPa^{-1})	$a_{0.2-0.3}$(MPa^{-1})	$E_{S0.1-0.2}$(MPa)
0.588～0.843	0.537～0.828	0.523～0.811	0.03～0.33	0.04～0.24	3.8～32.1

4. 胀缩性

广义成都黏土的胀缩性指标见表 1-25。根据我国现行规范及文献中常见的胀缩性分级标准，广义成都黏土具有弱～中等膨胀潜势，且其平行于层理方向的膨胀性略低于垂直于层理方向，近于各向同性体。

广义成都黏土胀缩性指标表   表 1-25

膨胀率（%）				膨胀力（kPa）		
垂直于层面	平行于层面	各向异性系数	重塑样	垂直于层面	平行于层面	各向异性系数
1.20～2.70	1.15～2.20	0.59～1.30	1.8～12.2	14.9～60.1	10.4～53.7	0.53～1.16

自由膨胀率（%）	膨胀最大含水率（%）	收缩率				
		线缩率（%）		各向异性系数	体缩率（%）	缩限（%）
		垂直于层面	平行于层面			
40.75～72.00	21.0～27.4	1.60～5.74	2.00～5.74	0.51～2.11	5.70～16.4	13.6～15.0

根据气象资料和室内土工试验结果，按《膨胀土地区建筑规范》GBJ 112—87 有关公式计算得出：成都地区温度系数 $\phi_w=0.89$，大气影响急剧深度为 1.3～1.4m，大气影响深度 3.05m，由坚硬～硬塑状态的广义成都黏土组成的地基土，一般胀缩变形量 $S=35～70$mm，属Ⅱ级胀缩性地基土，局部地段胀缩变形量 $S<35$mm，属于Ⅰ级胀缩性地基土。

5. 触变性

触变性是指黏土在凝结成半固体状态后，当受到震动、荷载等外力作用的影响，会发生"液化"而变成溶胶或悬液，当外力作用停止后，它们又重新凝结的性质。广义成都黏土具显著的触变性，其中尤以雅安期黏土中"白膳泥"为甚，因而当黏土受到外力扰动后，土的结构变化以致破坏，固化凝聚力不能复原，强度也随之降低。因此，广义成都黏土对震动就极为敏感。

第七节　陕西膨胀土概况与病害

一、陕西膨胀土概况

1. 分布

膨胀土在陕西省境内秦岭以南汉江流域、嘉陵江流域、丹江、洛河流域的盆地及河谷中均有分布，但以汉江流域的汉中盆地、西乡盆地及安康盆地分布最广泛，是膨胀土的集中分布区。膨胀土分布面积约1300km^2，占汉江流域中三个盆地面积的1/2以上。

(1) 汉中盆地膨胀土分布

大体为近东西向山间盆地。盆地地势北高南低，东西长约102km，南北最宽地段处于褒河—胥水河间，宽约25～30km，向东收缩，闭合于洋县龙亭，西端因有梁山突起楔入，将其分为勉县、南郑两个分叉，勉县向西闭合于武侯镇，南郑向西闭合于新集。面积为1700km^2。地理坐标：东经106°40′～107°40′，北纬32°55′～33°15′。行政区划横跨汉中专区的勉县、南郑、汉中、洋县、城固五县。

(2) 西乡盆地膨胀土分布

该盆地位于汉江南侧的牧马河中段，西北与汉中盆地东南边缘的低山丘陵相邻，南邻米仓山北麓，呈北东走向的山间盆地。盆地地势西南高，东北低，长约21km，宽9km，面积152km^2。地理坐标：东经107°40′～107°52′，北纬32°50′～33°05′。行政区划属汉中专区，横跨西乡县。

(3) 安康盆地膨胀土分布

西起马池，东至安康，由马池、汉阴、安康三个小盆地组成的狭长状的山间盆地，盆地呈西北—南东向展布，长约72km，宽3～10km，面积为396km^2。地理位置：东经108°16′～109°06′，北纬32°40′～32°55′。行政区划属安康专区的石泉、汉阴、安康三县。

2. 宏观特征

陕西膨胀土从外貌上看，一般呈褐黄、黄、黄褐、红、棕红、灰白、灰绿、蛋青等不同的颜色，颜色不同主要由杂质决定，有时也取决于其造岩矿物、被膜、包膜等颜色。岩性一般为粉质黏土和黏土，地质成因多以残—坡积、冲积、洪积、湖积为主，在天然状态下，常处于坚硬和硬～可塑状态。土中常含有铁锰质胶膜及铁锰质小结核，结核直径多在1～4mm之间。在土层中，有时也有钙质结核富集，结核大小常在1～6mm之间或更大些。

陕西膨胀土的地貌多为二级或二级阶地以上的河谷阶地、湖泊盆地、山前缓坡与丘陵。膨胀土区冲沟发育，多被切割成垄岗，形成岗梁地带，切割严重者常形成"八沟、十岭、二十面坡"的地貌景观。膨胀土区浅层滑坡、坍塌等不良地质现象多成群出现。

陕西膨胀土体由于沉积条件不同，具有层状、块状的宏观结构。层状的结构可能是厚层的、薄层的、带状的、微层理的、隐层理的等等。块状的构造可能有无层理的、杂乱的、无规则的等等。层状构造是由不同成分的土层交替沉积而成，是冲积、湖积等沉积物的特征。杂乱无章的、块状的构造是一切陆相堆积～坡积、洪积、冰积等土体的特征。

由于周期性地干燥，膨胀土体裂隙发育，并且多呈网状和龟裂状，裂面光滑，常如镜面，具蜡状光泽，有时可见挤压的擦痕。土体裂隙中被灰白、灰绿色黏土填充，干燥季节地表常有垂直张开的地裂隙发育。

二、陕西膨胀土工程病害

1. 陕西膨胀土工程病害

通过对陕西膨胀土引起的工程病害调研，先后在汉中盆地的勉县、洋县、汉中、南郑、城固五县以及西乡盆地的西乡县和安康盆地的安康、汉阴、石泉等县，调查到大量由于膨胀土引起的大规模病害的实例，发现膨胀土病害主要有两大类：一是由于膨胀土地基胀缩变形致使建筑物毁坏；二是膨胀土斜坡变形破坏以及由此引起的公路构筑物（挡土墙、路面、路基）和建筑物的破坏。

（1）膨胀土胀缩变形对建筑物的毁坏

根据调查和观测，膨胀土地基胀缩变形与膨胀土的物质成分、微观结构、气候、地形地貌、水源条件及日照通风条件等因素有关。由于膨胀土地基在上述因素的控制和影响下，自发地进行着缓慢的、无休止的及不规则的周期性的胀缩变形，这种变形的同时还伴随产生膨胀应力，导致膨胀土地基上建筑物的毁坏。根据建筑物损坏情况的调查与分析，可将建筑物的破坏分为如下几种：①墙体产生竖向、水平、斜裂缝和交叉裂缝、门窗裂缝（图1-13和图1-14）；②建筑物基础及地基的破坏（图1-15）；③地坪隆起，出现纵长裂缝，有时产生网格状裂缝（图1-16）。

图1-13　汉中燎原机械厂外墙垂直裂缝

图1-14　安康市长岭某民房产生斜裂缝

图1-15　安康火车站水厂水管处拉裂

图1-16　安康长岭民房场地地坪沉陷开裂

上述各种开裂的裂缝总的特征是：垂直裂缝上宽下窄，水平裂缝外宽内窄，并且具有随季节张开闭合反复变化的特性。在膨胀土的典型病害区，大量建筑物遭到损坏，在西乡县古城镇古城村七组调查到，膨胀土引起房屋开裂，整个村庄的40～50户人家，房屋几乎全部开裂，大量房屋成为危房，在安康长岭和关庙镇金星村八组发现同样的情况，大量房屋和建筑物破坏，可见膨胀土的破坏作用之巨大。

（2）膨胀土斜坡变形对公路构造物的破坏

陕西膨胀土滑坡，多以中更新统冲积、洪积黄褐～棕红色膨胀土体为主，由于该土体中存在有胀缩性的微观结构和物质基础，从而决定了该土体胀缩性较强。旱季时，土体脱水形成干缩裂隙。裂隙形态在平面上呈网状和龟纹状，在剖面上呈开口的上宽下窄的楔形，随深度的延伸逐渐减弱或消失。从上述膨胀土土体裂隙的生成过程及其形态特征可以看出，土体具有明显的风化带或风化界面。同时，陕西膨胀土的土体中，普遍存在着厚度不等的灰白、灰绿色膨胀土夹层和钙质结核的夹层。在外因方面，主要包括地形地貌、地下水与地表水和自然气象条件，以及人类工程活动的影响等的诱发和促增作用下，发生大规模的滑坡现象，引起公路构筑物和建筑物的破坏，给人类带来了严重的灾害。图1-17为西乡县豹子岭滑坡引起路面、路基破坏全貌，该处挡土墙被摧毁，路面开裂，裂隙宽约8cm，路基被掏空；图1-18、图1-19为108国道七里沟路段，此处发生多处滑坡，挡土墙破坏坍塌，路基被掏空、损坏；图1-20为108国道周城线路段，该处膨胀土滑坡引起路基沉陷、路肩开裂破坏。

图1-17　滑坡引起公路构筑物破坏的全貌

图1-18　膨胀土滑坡导致挡土墙破坏

图1-19　膨胀土滑坡致使路基被掏空

图1-20　膨胀土引起路基沉陷、路肩开裂

2. 陕西膨胀土工程病害的特征

陕西膨胀土工程病害一般具有以下特征：①规模大，危害范围广。从调查结果看，大中型工程病害均起因于膨胀土，几乎整个村，甚至乡政府驻地半条街都处于危害当中，位于丘陵区的乡镇、辖区的几条南北向丘陵梁，只要有膨胀土存在，都会产生不同程度的"走动"现象。②有干缩湿胀特性。膨胀土都具有此特性，因此无论在不在雨季，只要出现过干或过湿气候条件，坡体都会发生蠕动现象，从而对上面的房屋、水坝或道路产生拉裂和破坏。这种缓慢作用长期存在，进而使民房变成危房，一遇降雨等会发生倒塌，危及群众生命和财产安全。③膨胀土蠕动坡体可以很缓，一般在7°~10°都会照常变形，因此其破坏力缓慢持久，一般不会发生突发性病害。据调查自然坡小于5°时才不会发生蠕动变形。④形成病害历史漫长。从调查了解到，膨胀土体的蠕动变形历时久远，只要人类一踏上膨胀土体，这种变形就开始明显，这种蠕动变形并非匀速，它会在遇到合适诱发因素时产生小位移速滑，有的后缘出现圈椅状裂隙，前沿有膨胀推移特点。

第八节　湖南公路膨胀土概况与病害

一、湖南公路膨胀土概况

1. 潭邵路膨胀土

湘潭邵阳高速公路，在邵阳地段要穿过长约22km的膨胀土地带，涉及路堑边坡开挖和路基填土土石方近百万立方米。据统计，在穿过膨胀土地段公路沿线，由于膨胀土所引起的路堑边坡、路基边坡的滑坡失稳、坍塌破坏以及工程稳定性措施护坡、挡墙等的断裂毁坏和失效已发现有50余处。17A、17B标段取了四种膨胀土样，都属中弱膨胀土，其物理性质见表1-26。潭邵路邵阳东连接线互通式立体交叉的钻孔ZK3、ZK4可见有弱膨胀土出现，其物理性质见表1-27。

潭邵路膨胀土物理性指标　　　　　　　　　　　　　　　　表1-26

土样号	液限（%）	塑性指数	自由膨胀率（%）	缩限（%）	粒径≤2μm含量（%）	最佳含水率（%）	最大干密度（g/cm³）	收缩系数（%）	体缩（%）
1号	66.0	40.5	66.0	19.2	45.0	24.5	1.64	0.79	15.0
2号	36.5	15.7	40.0	11.3	35.6	12.5	2.03	0.73	6.20
3号	51.0	27.0	46.0	15.3	29.1	17.5	1.79	0.75	12.0
10号	48.0	27.6	50.0	12.7	40.2	15.0	1.91	0.90	10.0

ZK3、ZK4钻孔膨胀土物理性指标　　　　　　　　　　　　　表1-27

土样号	液限（%）	塑性指数	自由膨胀率（%）	无荷膨胀率（%）	粒度（mm）含量（%）				
					2~0.5	0.5~0.25	0.25~0.074	0.074~0.002	<0.002
ZK3	33.3	13.7	45.0	6.8	27.3	9.7	10.6	30.9	21.5
ZK4	52.7	29.3	46.0	1.4	3.7	1.5	3.8	47.8	43.2

2. 常张路膨胀土

常德张家界高速公路在一标工程钻 AZK1、AZK2、AZK3、AZK4-1、AZK7、AZK7-1 等地都可见到膨胀土出现,据自由膨胀率及其物理力学指标来判断,大多属于弱膨胀土,少数属中膨胀土。常张高速公路慈利互通 K85+374.6km 左 15.8m 位置所取膨胀土原状土样,为碳酸盐岩残积膨胀土,其主要性质指标如表 1-28 所示。

常张路慈利县膨胀土主要性质指标　　表 1-28

土样号	含水率(%)	重度(kN/m³)	孔隙比	饱和度(%)	液限(%)	塑性指数	自由膨胀率(%)	线缩(%)	体缩(%)
5 号	54.36	16.75	1.57	96.60	96.45	56.18	85	10.24	29.78
7 号	52.59	17.04	1.50	97.82	92.54	52.72	85	12.00	35.89
8 号	51.54	17.08	1.47	97.47	89.88	49.49	88	14.30	36.89

土样号	膨胀率(%)	膨胀力(kPa)	蒙脱石含量(%)	粒度(mm) 含量(%)				
				>0.075	0.075~0.010	0.010~0.005	<0.005	<0.002
5 号	0.65		28.55	1.49	18.32	0.76	79.44	78.28
7 号	1.38	65	27.81	0.72	18.80	0.92	79.56	78.00
8 号	1.18	65	27.08	1.33	17.71	0.48	80.48	77.04

3. 耒宜路膨胀土

耒阳宜章高速公路 K260+400~K262+600 段内填切方均在 30 万 m³ 左右,基本平衡,而切方土初步判断 80% 以上为高液限土,依据当地的地形、地质条件,经技术经济比较,决定全部利用这些切方土作该段填方料。段内切方土全为花岗岩全风化土及残坡积土,外观呈褐黄色多,少量褐色,局部偶有未全风化花岗岩块,微敲崩解,其土质及土力学特征具有高液限膨胀土的共性,主要表现为:透水性差、不易压实、干时坚硬不易挖掘、毛细现象显著、浸水后能较长时间保持水分、承载力较小的板结性很差。分析该土物理力学指标,液限为 54%~67%;塑性指数为 25~32;原土中粗粒石英砂含量为 15% 左右;筛除粗粒后 0.05mm 以下细黏粒占 65%~90%,吸水性强,CBR 超过 1,有的泡水后无法实验。试验结果见表 1-29。

耒宜路膨胀土的物理力学指标　　表 1-29

试验桩号	深度(m)	天然含水率(%)	液限(%)	塑性指数	最大干密度(g/cm³)	最佳含水率(%)	<0.05mm 颗粒含量(%)	CBR(%)
K260+520	8	38.0	60	30	1.60	23.9	76.0	0.2
K260+520	2.5	29.5	59	30	1.60	24.2		
K260+210	2.0	27.2	54	25	1.64	20.8	65.3	0.7
K262+450	6.0	32.0	67	32	1.54	27.8	89.8	
K262+550	10.0	41.0	62	29	1.56	26.9		

第八节 湖南公路膨胀土概况与病害

二、石门长沙铁路膨胀土病害

1. 石长铁路膨胀土病害情况

（1）石长铁路 DK47+970～DK48+220 路段

该段路堑的原地面比较平缓，植被茂盛，地层为第四系更新统冲积层，土质为棕黄色黏土，呈硬塑～半干硬状态。路堑设计情况为：边坡高度在 10m 以下者，坡度为 1:1，坡面铺草皮防护；边坡高度超过 10m 者，坡度为 1:1.25（一坡到顶），坡面设 M5 级砂浆砌片石，网格骨架间植草皮防护。

该段路堑自 1995 年 7 月开工，采用自上而下、由两头向中间分层分段开挖，开挖到 3～7m 时，普遍出现夹有灰白色或黄褐色网纹状夹层的"网纹红土"，这种土在该地区比比皆是，并未引起注意，但当 DK48+020～DK48+100 段挖至 7～11m 时，土中的灰白色成分增多，其他段距离路肩 1～5m 范围灰白色土成为主要成分，再往下基本都是灰白色土层，这种土在晴天异常坚硬，一旦浸水，则土体流坍，体积增大，粘斗粘箱，无法施工，且浸水后难以晒干，不得不采取换填措施来维持施工的正常进行。到 1996 年 2 月，DK48+030 两侧边坡出现溜坍，开始时坍土呈鸡粪状，以后逐渐解体成黏泥。同年 3 月，209 倒虹吸开挖基坑，坑壁均为灰白色土，遇雨多次坍塌，最严重的一次将外套管混凝土底板掩埋，并将支撑模板挤倒。4 月初连续大雨，DK48+146～DK48+196 段左侧边坡出现大崩解，坡面裂缝呈波纹状竖向密集分布，堑顶出现环形裂缝多条，缝宽 5～60cm，坍落高差达 2.5m，垂直缝深 3～8m，最远缝距坡 12m，已完成的天沟随边坡坍落而破坏。

1996 年 4 月～5 月，建设、设计、监理单位多次到现场调查，在调查期间，路堑两侧的崩解、溜坍、滑坡并未停止。6 月第一次变更设计，采用矮挡墙支护，墙高 2～4m，厚 0.57～1.13m，墙底埋入路肩以下 1.3m；路堑边坡放缓至 1:1.5；保留原设计的骨架护坡。设计单位之所以作上述修改，是认为该段路堑为高岭土，遇水软化引起坍落下滑。所以要求先刷坡，消除坍方后再作挡墙；边坡局部坍滑处先清除坍体，再挖台阶回填，按路堤填土标准夯实。而当时的实际情况是 6～8 月常德地区大雨频繁，整个地区普遍遭受洪灾，伴随着挡墙的施工，更大的边坡坍滑随时会发生，挡墙无法支持，边坡无法形成，以致在 6 月 21 日发生了 209 倒虹吸左侧竖管被坍体挤倒，所有作完的挡墙陆续被推倒折断或挤翻拱起。

9 月底，该段路堑进行了较大的变更设计。这次认识到该处土质具有膨胀性，故将挡墙统一定为高 3m，宽 1.51m，埋深 1.5m，底墙设 0.2:1 的反坡，墙后设 50cm 厚的反滤层，并在与路肩标高相同处按 2m 间距设泄水孔，挡墙每隔 15～20cm 设一伸缩缝；从挡墙顶往上，将边坡每 6m 为 1 级，级顶设 2m 宽的 M5 砂浆片石平台；根据边坡坍滑程度，将边坡坡度放缓至 1:2～1:3.5；线左坍滑严重处设 6 条边坡渗沟，同时将边坡改设拱形骨架防护；主骨架宽 0.6m，厚 0.7m，拱骨架宽 0.5m，骨架内以草皮封闭。这次变更设计增加的工程量大，仅挖方就有 6.9 万 m^3，而当时已到了抢贯通、保铺架的冲刺阶段，工期异常紧迫，尽管施工单位竭尽全力，只做到了路堑落底到位，挡墙全部完成，没误铺轨通车，而边坡并没能减载到位，尚有 2 万 m^3 土方未清走，坡面防护也未完成，以致 1997 年 2 月因雨雪造成堑坡大面积滑坍（线左尤甚），坍体落差超过 3m，多处挡墙被挤走，侧沟被挤翻拱起，流塑状的坍体越过挡墙将侧沟大面积掩埋，并因挡墙的拦截而拱起 2m。1997 年 6 月底护砌工程全部完工。

1997 年 7 月及以的后的几场大雨，本段边坡又出现了上坍下拱，骨架严重拱起，挡墙多处挤出，或拱起断裂，或倾斜折断。为阻止病害的继续发展，施工部位在变形轻微处按 5m 净距增设了宽 1m、高 1.5m 的支撑牛腿。

对于病害产生的原因及处理措施，虽然建设、施工、设计和监理四方多次研讨，但由于达不成共识，最后仍要求按 1996 年 9 月修改设计图修复。然而，到 1997 年 10 月之后，发生的情况仍然是坡坍墙倒和骨架变形报废，就连已稳定 1 年多的一些挡墙，也逐渐被挤动，到 1997 年 12 月，临时设置的支撑牛腿一个个变形或被挤出。直到 1998 年 3 月，设计才明确了该段路堑为膨胀土路堑，采用钢筋混凝土抗滑桩和挡墙相结合的办法支挡。抗滑桩截面尺寸为 2.0m×1.5m，桩长 7m，埋在沟底下 5m，桩间距 8m，桩背主筋采用 12 根 ϕ30 钢筋，长短各半，其他方向采用 ϕ16 钢筋。共设 30 根抗滑桩。病害处理于 1998 年 8 月完成。

(2) 石长铁路 DK53+358～DK53+572 路段

这段路堑的最大挖深为 22.5m。设计提供的地质资料为黏土，呈硬塑～半干硬状态，棕红色，含铁锰结核，灰白色网状裂纹发育。路堑设计为：坡脚采用挡墙支护，墙高 3～6m，厚 0.85～1.69m，埋入路肩下 1.3m，墙面坡度为 1：0.3，墙顶路堑坡度为 1：1.5。

1996 年 3 月开始施工，挖到距路肩 5～10m 时灰白色土层出现，当时正值雨季，大小坍方不断发生，挡墙根本无法施工。后修改设计改设矮挡墙支护，墙高 3m，墙顶路堑边坡为 1：1.75。在施工过程中，由于已形成的边坡机械设备很难到位，设计同意施工提出将挡墙加高 1m 的要求，施工于 1996 年 12 月完成。

1997 年 3 月，由于雨雪作用，DK53+380～DK53+470 段左侧边坡出现溜坍，坍体越过挡墙掩埋侧沟 40m 左右，挡墙顶的堆积厚度约 1.7m，但挡墙无被挤外移现象；线路右侧则出现大坍方，墙体被坍体挤裂或挤倒，侧沟被挤拱起，堆积物阻断铁路，施工单位在抢险的同时，向有关单位作了反映。各有关单位到现场联合调查后，决定采取以下措施：挡墙改为宽 2.01m，高 4.5m，埋入路肩以下 2m，墙背坍方处设 2.0m 宽的边坡渗沟（按 8m 间距布置），渗沟滑动面定于坡面下 1.5m（竖向高度）处，将沟间坍体清出换填干土。实际施工时，考虑到黏土层的滑动面为弧形，其距坡面的实际竖向深度可以达到 5m，为确保渗沟自稳，要求沟底每一级底板至少嵌入未扰土层 1.5m。此段处理于 1997 年 8 月完成。

1998 年春节前后，DK53+380～DK53+470 段左侧又发生边坡坍滑，而且有 60m 挡墙被挤出（第一次坍方时该挡墙未被挤动），右侧也有 60m 挡墙被挤动，其中有 20m 被挤倒，其余 40m 出现数道裂纹，上部边坡出现了上坍下拱现象。3 月份此段路堑被明确定为膨胀土病害路堑，并决采用钢筋混凝土抗滑桩的长度为 8.5m，间距 5m，钢筋布置与 DK47+970～DK48+200 段的抗滑桩相同。

2. 病害产生原因分析

(1) 地质资料不够准确。设计依据的只是隔段进行的代表性钻探提供的地质资料，该资料未能准确地反映以上两段路堑的实际地质情况，故设计只按一般黏性土对待，经开挖出现了膨胀土，由于膨胀土呈透镜状出现，故其层面高低起伏，加之其黏土矿物成分分布不均，造成了路堑边坡病害程度不一的状况。对于病害的出现，仅从施工质量上找原因，而忽视了路堑土层分布的差异,这样便影响了修改设计中采取支挡措施的力度,以致一些地段在按修改设计处理后,挡墙反复被挤斜、拱起,边坡渗沟严重变形。由于缺乏坚固的坡脚,使边坡的坍滑呈势不可挡的趋势,多次不成功的处理,造成了对边坡的一次更甚一次的扰动,增加了雨水浸入土层的机会,加大了土层破坏的深度。

(2) 对膨胀土的认识不足。根据石长铁路挖孔桩地质情况来看,两段原地面以下 7~8m 深处,含 5~6m 厚的白色膨胀土,其土性参数如表 1-30 所示。

膨胀土的土性参数　　　表 1-30

取样位置	含水率（%）	密度（g/cm³）	液限（%）	塑性指数	自由膨胀率（%）	无侧限抗压强度（kPa）	压缩系数（MPa⁻¹）	凝聚力（kPa）	内摩擦角（°）
DK47+400~550	32.3	1.90	55.2	29.0	87.0	33.6	0.59	22	2.0
DK52+680~900	30.4	1.93	41.5	19.5	49.5	39.1	0.51	26	2.3

(3) 雨水的影响。1996 年是石门—常德段抢贯通、保铺轨的关键一年,而当年常德地区气候反常,大雨频繁,洪水泛滥,为两段路堑的膨胀土提供了膨胀的有利条件,其膨胀性表现得淋漓尽致,造成严重的后果。

(4) 施工质量的影响。由于工期紧迫,雨水频繁,每次修改设计后的施工都带有突击性质,结果出现了一些问题,如采用挖掘机开挖挡墙基础,速度快,但容易超挖,有的利用超挖代替反坡;人工挖基时,速度慢得多,有时为了赶在雨前封闭基底,便出现欠挖;由于全线出击,出现了材料供应紧张,加上雨天施工,砂石料含泥量难以控制;回填土含水率不易控制,影响夯实。这些问题的存在,在某种程度上减弱了支挡结构的作用,也在一定程度上掩盖了修改设计中的不足之处,使得较早显现的病害未能得到及时根治。

第九节　湖北公路膨胀土概况

膨胀土是汉十高速公路孝襄段最主要的工程地质问题之一,主要分布于枣阳王城至襄樊邰营一线,路线长,范围广。

1. 地质构造及地形地貌

膨胀土分布区属于南襄断拗南部的襄枣断陷,断陷发育于晚白垩世,北呈斜坡过渡至新野凸起,构造线呈北西西向,与断陷南部及两侧隆起山系的延伸方向相协调。在地层上,膨胀土主要由第四系中上更新统、全新统地层构成,其下伏为白垩系红色砂岩,局部地段可见其出露。中上更新统（$Q_{2\sim3}$）为棕红色粉质黏土层,具似网纹结构,垂直节理发育,含钙质结核及灰白色高岭土、灰黄色、棕黄色砂砾岩,浅褐黄色粉质黏土或粉质黏土层,深黄色、褐色铁质亚砂土或铁质夹层,含铁锰质结核。全新统（Q_4）为灰色、灰黄色粉细砂、亚砂土、亚黏土层,局部夹黏土透镜体,偶夹深色有机质条带。

2. 膨胀土类型及分布

孝襄段膨胀土由于其形成年代的不同,导致膨胀土的内在组成及外观表象的差异,这有利于识别膨胀土的不同成因类型,结合地形地貌,其成因类型可分为三类:冲积型、冲洪积型、残坡积型。

冲积型（Q_3）：主要由褐色、棕褐色、棕色低液限或高液限黏土及粉质黏土组成，呈硬塑状态。主要分布于汉江的支流水系清河、唐白河、滚河、沙河的一级或二级阶地上，具典型的河流二元结构，海拔高程一般在75~95m。

冲洪积型（Q_3）：主要由褐色、棕褐色、黄褐色低液限或高液限黏土及粉质黏土组成，呈硬塑状态，土中含有较多的铁锰质结核，结核粒径一般为1~3mm左右。主要分布于汉江支流水系的二级或三级阶地上，海拔高程一般为85~100m左右。

残坡积型（$Q_{2\sim3}$）：主要由褐红色、棕褐色、黄色高液限黏土及粉质黏土组成，呈硬塑状态，土中含少量的铁锰质结核。其主要分布于垄岗，海拔高程一般在100~125m以上。

3. 膨胀土的物质成分及黏粒含量

膨胀土的矿物成分由碎屑矿物与黏土矿物两部分组成。碎屑矿物占总量的40%~70%，主要为石英和长石组成，其中石英一般在30%~60%，长石一般在5%~20%；黏土矿物占总量的30%~49%，主要由蒙脱石、高岭石、伊利石组成，其中蒙脱石一般在6%~25%，伊利石在10%~24%，高岭石在5%~10%。通过X荧光成分分析，孝襄段膨胀土的化学成分以SiO_2、Al_2O_3、Fe_2O_3、CaO、MgO、Na_2O、K_2O、TiO_2为主，其中的SiO_2含量为60.26%~73.39%，Al_2O_3的含量为10.51%~18.45%，Fe_2O_3的含量为4.11%~8.84%，CaO的含量为0.42%~1.15%，MgO的含量为0.89%~1.66%，Na_2O的含量为0.18%~1.11%，K_2O的含量为1.16%~2.65%，TiO_2的含量为0.66%~1.06%。由于K、Na、Ca、Mg等碱金属及碱土金属活泼元素的存在，表明土体在风化淋滤等外部地质营力的作用下，工程性质可能逐步向恶化的方向发展。颗分试验结果表明，孝襄段膨胀土的粒度成分主要以黏粒和粉粒为主，其中粉粒（0.05~0.005mm）的含量一般大于黏粒（粒径小于0.005mm）的含量，膨胀土中小于0.002mm的黏粒含量对膨胀土的性质影响较大。

4. 膨胀土基本指标统计

孝襄段膨胀土的自由膨胀率多集中在40%~60%之间，多属弱膨胀土，但也分布有少量的中强膨胀土，其50kPa荷载下膨胀率≤0的占85.7%~100%，表明其在50kPa压力下浸和后的压缩下沉量基本上都大于其膨胀量，一般不产生体积增大的现象而呈现压缩的特征，由此可以判断，该处膨胀土体在遇较小的附加压力作用下，即使含水率增大，也基本上不显示膨胀作用的效果，其在浸水的条件下多具有膨胀力，但总体上膨胀力均较小，其天然含水率一般均大于其缩限含水率，表明其膨胀土体在失水条件下均能产生收缩变形。

5. 膨胀土宏观特征及评判标准

野外宏观地质特征：具垄岗式地貌景观，常呈垄岗与沟谷相间，地形平缓宽阔，无自然陡坡，多呈棕、黄、褐色间夹灰白及灰绿色条带与薄膜，灰白及灰绿色多呈透镜体或夹层出现，裂隙发育，裂面光滑，黏土质重细腻具滑感，常含水钙质或铁锰质结核。

以自由膨胀率、蒙脱石含量、<0.002mm的黏粒含量、胀缩总率、液限五个指标进行综合评判，缩限作为参考指标，综合考虑野外宏观地质特征，提出如下判别原则：①如果试验数据仅有液限及自由膨胀率两个指标，当自由膨胀率达到标准时就定为膨胀土；当自由膨胀率小于40%而液限大于等于45%时也定为膨胀土；当液限达到强、中、弱膨胀

土的判别标准而自由膨胀率达不到相应的标准时,则按液限指标来判定。②如果试验数据提供了三个及多个判别指标,只要其中任意两个指标达到膨胀土的标准即定为膨胀土;当判别膨胀土的膨胀潜势且指标出现分异时,以较多指标显示的膨胀潜势定为其膨胀潜势。

据此原则标准进行判别,孝襄段强膨胀土长为460m,中等膨胀土长为6610m,弱膨胀土长为57410m。

第十节 江苏公路膨胀土概况

1. 宁淮高速公路膨胀土

宁淮高速公路自南京六合区雍庄至淮安段武墩,长度约128km的范围内,除河道两侧的局部软土地基外,全部为弱到中等膨胀土地基,用于填筑路堤的所有取土坑的土料均为弱到中等膨胀性土。

宁淮高速公路弱到中等膨胀土的干密度分布在$1.4 \sim 1.7 g/cm^3$之间,绝大多数在$1.5 \sim 1.6 g/cm^3$的范围内。在冬季勘探时,深度3m内的土层含水量较低,主要分布在20%~30%范围,雨季时,土层含水量下限高于25%。天然土孔隙比在0.6~1.0的范围内,主要在0.7~0.9之内。总体上,该地区的土体天然干密度较大,自然状态下饱和度一般在75%以上,因而自然状态下胀缩性不大。

工程区黏性土塑性指数在10~50的范围内,主要分布在20~40。自由膨胀率主要在40%~60%之间,因此,基本属于弱膨胀土。在自然状态下,土体的膨胀力在60kPa以下,主要在20kPa~40kPa的范围内;但土体击实后,土体最优水率约13%~15%,最大干密度$1.78 \sim 1.82 g/cm^3$。初始含水率在最优含水率的条件下,压实素土的膨胀力将达到200kPa左右。

2. 淮江高速公路膨胀土

淮江高速公路沿线分布有膨胀土,主要技术指标见表1-31,为中等膨胀土和弱膨胀土。

淮江路膨胀土样的部分物理力学指标　　表1-31

液限(%)	塑性指数	自由膨胀率(%)	粒径(mm) 含量(%)				黏土矿物成分
			0.25~0.075	0.075~0.005	<0.005	<0.002	
43	23	65	1	62	37	29	蒙脱石、伊利石
55	28	74	2	62	36	27	蒙脱石、伊利石

第十一节 公路膨胀土地基与基础病害处治实例

一、路堤病害处治实例

1. 抗滑桩处治路堤滑坡

改建的国道322、324线路段位于广西的南宁地区和百色地区,土的自由膨胀率42%

~60%、塑性指数 16.2~35.5，多属中、弱膨胀土，个别地方为强膨胀土。在修建和使用过程中均出现因膨胀土危害而造成公路损坏，影响公路安全行车，采取了多种方法进行处治。国道 322 线的路堤滑坡处治中有两处采用抗滑桩，滑坡体位置分别在 K795+850 和 K796+440。

K796+440 处是利用膨胀土填筑的路堤，填土高约 8m，原路基施工时对膨胀土防治方法是在路堤表面用黄土全封闭，包盖土层厚 1m，边坡面满铺草皮，1987 年底建成通车，1989 年 6 月路堤左侧发生滑坡。为防治滑坡，采取在边坡脚外建挡土墙，放缓填土边坡（坡比 1∶2），边坡面满铺草皮的处治措施，1989 年 10 月完工。但 1989 年 11 月中旬路基又出现严重滑坡，滑坡体长约 40m，路面开裂、坡脚挡土墙发生位移断裂沉陷，滑坡土体向外滑移。滑坡体顶上裂缝距路中线不远，严重威胁行车安全（该处路宽 18m）。为此，又作了第三次防治处理，这次是采用挖孔桩穿过软土层支挡抗滑方法。

首先，分析路基继续发生滑坡的原因。从坡脚挡墙发生水平位移和沉陷，墙身裂缝宽达 30 多厘米，坡脚外侧小河河床隆起等现象，证明滑坡在继续发生，也说明滑坡体不仅仅是路堤填土滑动，很可能连同地基土层一起滑动。经在滑坡体布 9 个钻孔进行地质调查，发现地面下 2~4m 深处有一软土层，厚度 1.2~2m（图 1-21a）。其次路基右侧离路边 5m 处有口泉水井，常年有水，井水位高出路面。产生滑坡的主要原因是包盖封闭不好，路基坡面土体产生裂缝，地表水渗入使土体失稳产生滑动；泉水井地下水渗入软土层，在路基填土荷载和地下水渗透下，路基沿软土层滑动；原设置的挡土墙埋置深度不够，墙基仍在滑动面上，没有起支挡作用；原放缓的 1∶2 路堤边坡又增加了滑动体重量，加速地面下软土层受力滑动。

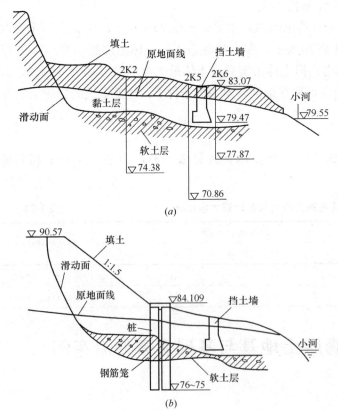

图 1-21 322 国道 K796+440 处路堤滑坡处治
(a) 路堤滑动破坏情况；(b) 挖孔桩支挡处治

分析滑坡原因后，曾设想过 4 种处治方案：①加固原挡墙，但新加挡墙基础必须挖到软土层以下即比原墙基底还深 2.5m，由于滑动体正在滑动，开挖基坑会引起滑坡加剧发展，导致施工很困难，且圬工数量大；②改河，将坡脚前小河改道，此方案投资大，而且不能保证土体不再滑动；③在滑体内打砂桩或石灰桩固结土体，但施工比较复杂，把握性小；④在坡脚处用挖孔桩

第十一节 公路膨胀土地基与基础病害处治实例

穿过软土层抗滑方法，同时边坡改用1:1.5以减轻滑动体重量，边坡脚至原挡土墙设平台使原挡土墙继续起辅助作用，并在右侧边沟下设置盲沟，拦截右侧边坡上地下水。

技术经济论证比较后采用挖孔桩方案：采用两排桩径110cm（有效直径为80cm），桩中心纵距1.6m、横距1.3m、品字形布置，埋入硬塑状黏土层约3m（作为锚固段）的20号混凝土挖孔桩，桩身通过软土层段加设钢筋笼，钢筋笼的钢筋布置靠路堤一侧较密，以增强桩抵抗土体滑移的能力。桩距尽可能排列紧凑，防止软土从桩间空隙挤出，桩顶用钢筋混凝土桩帽连结增强整体性，共布置了42根桩（图1-21b）。右侧设置盲沟后，泉水井水位下降1m多，盲沟出口有水流流出说明有拦截地下水作用。

K795+850处是利用膨胀土填筑的路堤，填土高约7m，1987年通车，1990年10月路堤右侧发生严重滑坡，滑坡体呈圈椅形，宽44m，原坡脚挡土墙受滑坡体作用变形凸出，成弧形，但墙体尚未开裂倒坍。处理该滑坡时，经在滑坡体上布钻孔调查地质情况，发现原挡土墙基础落在软土层内，发生滑坡的主要原因是挡土墙支挡力不足，跟随滑坡体移动。采用的处治方法是：考虑原挡土墙整体性尚好，尚可利用，如在外侧增设挡土墙加固原墙，施工困难，且不安全，因此，采取在原墙外侧用挖孔桩支撑加固的办法。由于桩的作用是加固原挡土墙，并与原墙共同支挡滑坡体，所以桩的布置区别于K796+440滑坡体处治办法，桩距纵向为3~4m，墙体中间密些，两边疏些，每一支挡点设两根桩，桩穿过软土层埋入硬塑状黏土层，并横向用钢筋混凝土桩帽、横系梁联结增强支挡力（图1-22）。

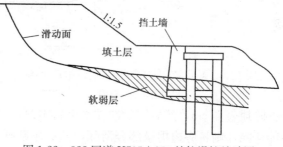

图1-22 322国道K795+850处抗滑桩处治图

2. 抗滑桩+土工格栅处治路堤滑坡

成雅路K18+700~800段原路堤最大填土高度13m，后因调坡，路堤填高增加3~5m，路基宽度增加5~9m。基础为弱~中等膨胀土，路堤填料为弱膨胀性含砾黏土或黏土。施工过程中当加宽路堤填筑到距设计高4~5m时，路堤左侧加宽部分与原路堤界面处产生裂缝，左侧边沟处土体沿高含水率膨胀土（白膳泥）层面产生滑动。通过综合分析，认为滑坡的产生主要有以下几个原因：①由于填方较高，而基础为膨胀土且有地下水出露，地基土层由于水的影响而软化，承载力达不到设计要求；②路基填方材料利用了弱膨胀土，在路基填筑过程中正逢雨季施工，雨水渗入路基土中，造成填料含水率增高，填料膨胀，强度降低；③施工时未按设计要求在填筑路基过程中增加土工格栅，新老路基界面结合不好，不能形成整体。该滑坡产生后，由于滑床较深，采用抗滑桩处治，并在路堤中加铺土工格栅，效果良好。处治设计示意图见图1-23。

3. 挡土墙处治路堤滑坡

国道322线K797+360处，原路堤用膨胀土填筑，1987年建成，1991年9月发生滑坡，从钻探资料了解，地表下不深处为受力较好的泥岩，滑坡原因是所填膨胀土遇水失稳，采用挡土墙支挡方法处理（图1-24）。

4. 换土法处治路堤滑坡

在国道324线K1+960~K1+979路段，路堤利用膨胀土填筑，填土高度5~8m，填

第一章　中国公路膨胀土概况与病害处治

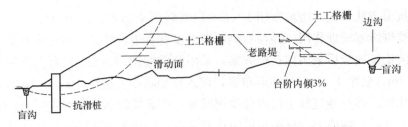

图 1-23　成雅路 K18+700～800 段路堤滑坡处治示意图

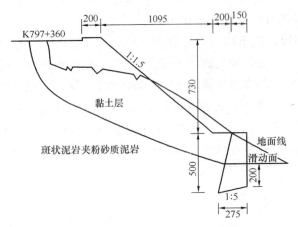

图 1-24　国道 322 线 K797+360 抗滑挡土墙
（尺寸单位：mm）

土表面用黄土包盖 1m，并设置矮的坡脚挡土墙，但仍发生多处较大滑坡，分析滑坡原因是路堤填筑压实度不够，特别是边坡上包盖层未按要求设置：一是包盖层厚度不够；二是坡面包盖土未压实，地表水容易渗入；三是路肩没处理好，地面水从路面与路肩接合处下渗，膨胀土遇水失稳发生滑坡、并造成水泥混凝土路面开裂。鉴于滑坡是因膨胀土而引起，如用挡土墙支挡，原有膨胀土不清除则隐患仍在，因此，采用将路肩以外滑坡体边坡内的膨胀土彻底清除，并挖除地表 50cm，然后用砂性黏土重新填筑，坡脚设矮挡土墙防护。水泥混凝土路面下不能清除，则将旁边坍松部分清除，然后用砂砾填充在旁边捣实，开裂的水泥混凝土路面上铺沥青表处层。

二、路堑病害处治实例

1. 水南路膨胀土路堑处治

水南路膨胀土路堑采用以下几种方法处治：（1）"两布一膜"封面＋拱形骨架处理中膨胀土路堑边坡，桩号 K321+000，边坡坡比为 1:1.5。路堑边坡的整个坡面、排水沟的下部，都采用两层土工布加一层土工膜的技术方案，坡顶部采用 2m 宽、40cm 厚的水泥平台压住两布一膜。（2）膨胀土路基处理试验段，桩号 K321+130～250，采用两层填土加一层土工布的技术方案。（3）箱涵附近土工格网处理中弱膨胀土路基填土试验段，桩号 K321+408，路堤底部填筑砾石土 1.5m，最大填方厚度控制在 90 区，在底部两层为每隔 6m 一层格网，在上部两层每隔 3m 一层格网，在 93 区、95 区中间用砾石土 1.5m，路堤边坡用 DAH 液处理并植草。（4）膨胀土（岩）挖方路堑边坡，桩号 K321+650，路堑边坡护坡方案仍采用"两布一膜"封面＋拱形骨架处理技术方案，见图 1-25。（5）路基砾石土包心试

图 1-25　水南路处理中膨胀土路堑边坡

验段，桩号 K322+110～186，总长度为 70 多米。路基底层宽为 45m，顶层宽为 32m，膨胀土填土用在 90 区，采用砾石土包边，路堤两边，包边层厚 4m，基底砾石土，用土工布作为垫层，路堤边坡拱形护坡并加排水通道。

2. 挡土墙处治路堑滑坍

国道 322 线 K798+150 处路基左侧上边坡膨胀土 1991 年 7 月发生滑坍，危及边坡顶外约 6m 处楼房安全。根据现场情况，采用挡土墙支挡方法，施工要点是清除边坡已滑坍的膨胀土，在清除过程中，尽可能不要挖动没有滑坍的膨胀土体，避免引起新的滑坍。因此，挡土墙尽可能设在滑坍体坡脚外，砌好挡土墙后，墙背用砂性土回填夯实，使滑坍体坡面上膨胀土受到压力，其膨胀受到限制，边坡面上砌片石护面，坡面全封闭防止雨水渗入（如图 1-26 所示）。

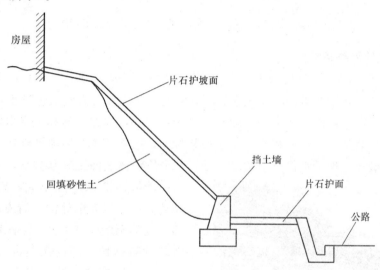

图 1-26　国道 322 线 K798+150 处挡土墙

3. 抗滑挡墙处治路堑滑坡

成（都）雅（安）高速公路 K18+100～400 段路堑滑坡系因开挖路堑引起的工程滑坡，路堑边坡高 8～13m，全部为弱～中等膨胀性黏土，边坡上部为黄色黏土，下部为灰白色黏土，总厚度大于 15m，裂隙发育，间距 0.5～1.0m 不等，隙宽 0.2～1.0cm，隙间充填浅灰白色黏土。该段边坡开挖后，未采取封闭措施，致使边坡膨胀土层失水干裂，下雨时，水顺着裂缝下渗，边坡土体抗剪强度降低，产生滑坡。滑坡开始发生时其范围为 K18+310～380 段，随后范围逐渐扩大至整段边坡。该滑坡属牵引式滑坡，见图 1-27。

该滑坡的处治主要以清方削坡为主，边坡按照 1:4 坡比削坡，坡面植草绿化防护。同时由于该段最高边坡有渡槽，且有跨线桥通过，在跨线桥附近不能采用清方处理，设计时采用抗滑挡墙支挡防护。为了增强挡墙

图 1-27　K18+310～380 段滑坡

的抗滑能力，在挡墙墙趾处每隔5m设一根抗滑短桩，滑坡处治工程设计断面见图1-28。该滑坡处治后效果良好。

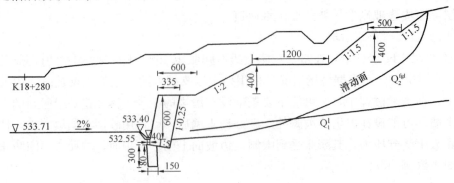

图 1-28　成雅路 K18+140 跨线桥处滑坡处治示意图

4. 抗滑桩处治路堑滑坡

成雅路 K76+120～350 段边坡覆盖土层上部为 Q_2^{fgl} 黏土，厚3～10m，中部为含砾黏土层，厚10～15m，下为 Q_1^l 的粉质黏土，呈半胶结状，表层为蓝灰色黏土，软塑状，黏土具弱膨胀性。由于该地区地下水位较高，埋深1～3m，边坡下部黏土含水率较高，强度较低。在坡脚挡墙基坑开挖过程中，由于坡脚扰动，边坡土体产生滑动破坏。滑动后，地下排水通道被破坏，地下水位升至边坡坡面，部分段滑体表面土呈软塑状，人走下陷。

图 1-29　K76 缓坡后继续滑坡

由于最初滑动范围不大，施工方采用清方减载方法进行简单处治，清方坡比为1∶3，局部地段甚至缓于1∶3。但是由于膨胀土土层滑动的特殊性，即：在不进行封闭的情况下，边坡坡比越缓，坡面膨胀土暴露面积越大，受大气及降雨影响范围越大，坡体膨胀变形影响深度越深，产生滑动破坏的可能性越大。受此影响，该段边坡在削坡后不久，又产生了更大规模的滑坡，见图1-29。该段边坡最终采用抗滑桩处治，共设两排直径1.2m的抗滑桩，桩外设护面墙，边沟下设排水盲沟。处治设计见图1-30，处治后滑坡得到了有效控制，处治效果良好。

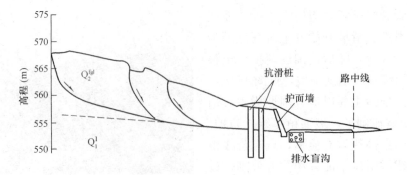

图 1-30　成雅路 K76+120～350 滑坡剖面及处治示意图

5. 二级挡墙处治路堑滑坡

成雅高速名山境内自联江至名山互通之间，29km 中有 27km 为台地地形，台地上部为雅安期黏土或含砾黏土（Q_2^{gl}），部分段夹厚 3～4m 的白膳泥（高岭土），下为第三系基岩。施工开挖后，多处产生滑坡，如 K80+700、K85+552、K90+800、K98+520 等，见图 1-31。以 K90+770～900 段为例进行介绍，上部为 Q^{gl+fgl} 层含砾黏土，下为第三系泥岩，表层 2～3m 为强风化层。基岩面高出路面 2～4m。土石界面有地下水出露。旱季边坡开挖并砌筑了护面墙，由于边坡较陡（坡比陡于 1:1），雨季便产生滑动，并将部分护面墙推垮。由于滑动后，滑壁高 6～8m，近于直立，如不及时处理，滑坡范围必将扩大。设计采用抗滑挡墙处治，加排水设施。由于基岩面高于路面 2～4m，如果把挡墙设在边沟处，则挡墙很高，不经济，所以把挡墙设在边坡上，为保证挡墙的稳定，把原已破坏的护面墙改为小挡墙，形成二级挡墙。挡墙施工后，边坡稳定。处治设计横断面见图 1-32。

图 1-31　成雅路路堑滑坡（1999 年）
(a) K85+552；(b) K90+800

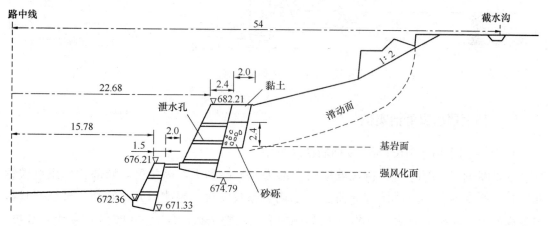

图 1-32　成雅高速 K90+770～900 滑坡处治示意图

6. 挡墙处治路堑滑坡

成都绕城高速公路东半环 K12+810～K12+985 右侧路堑工程于 1999 年旱季动工，仅挖深 1～2m，在雨季时表土就产生溜坍。2000 年 1 月份路堑挖至设计高程（场地处最大挖深小于 6m），堑坡土体即发生滑动，并且滑动范围由堑坡肩逐渐向缓坡上发展。在

K12+930～K12+980 段开挖挡墙基坑时，滑体向基坑内位移，最快时达 5cm/30min，并挤损支撑模板迫使施工停止。局部筑起的挡墙（K12+945～953）完工次日便发生变形和破坏。

该滑坡横向宽 9.79～23.51m，平面形态上呈南段宽北段窄的不规则长条形，面积约 1960m²。滑体厚度变化在 1.00～4.50m 之间，平均厚度约 3.0m，体积约 5880m³。属于小型浅层土质滑坡。滑坡属牵引式，其滑壁与滑体间裂缝宽 0.05～0.50m 不等，局部可见深度大于 1.5m。滑体上裂缝宽多在 0.10～0.50m 之间，局部可达 0.80m。滑坡运移方向基本垂直路线，其运动速度较慢。滑坡活动系由开挖路堑改变地形引起，而场地内水渠下渗水则是触发滑坡活动的重要诱因，其启动与滑速受地下水影响极大。

滑坡位于成都东部台地区，场地内出露、揭露的地层有新生界第四系松散层和中生界白垩系上统灌口组基岩地层，其中第四系上更新统冰水堆积层（Q_3^{fgl}）为褐黄～棕黄色高液限黏土，硬塑～半坚硬状，厚 0.5～8.0m，其下为第四系中更新统冰水堆积层（Q_2^{fgl}），为紫红～棕红色高液限黏土，厚 0.2～1.5m。Q_3^{fgl}、Q_2^{fgl} 属弱～中等膨胀土，层内裂隙发育，隙面平缓～平直，延展性好，一般隙宽 0.2～2.0cm，充填极软塑状灰白～白色高岭土，部分裂隙小角度斜倾或正倾路线，当路堑开挖揭露此裂隙时，堑坡土体的稳定受裂隙中的极软塑状的高岭土抗剪强度控制。

根据滑坡的特点及场区的工程地质条件，该滑坡的治理分两步进行，首先在滑体内施工支撑渗沟以排除滑体积水，然后在滑体前缘设抗滑挡土墙进行支挡防护。经过治理，该段路堑边坡稳定。工程处治设计示意图见图 1-33。

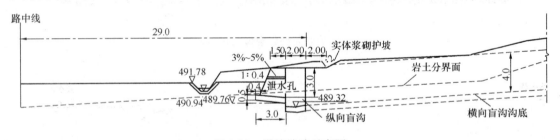

图 1-33 滑坡处治示意图

三、挡土墙病害处治实例

1. 成雅路 K14+270～350 段挡墙滑移处治

成雅路 K14+270～350 段边坡地层上部为 Q_3^{fgl} 层黏土，褐黄色，局部含棕黑色铁锰质结核，厚度 8～10m，属中等膨胀土，层内裂隙较发育，裂隙中充填软塑～极软塑状灰白色高岭土，裂隙走向 75°～150°，以高倾角为主，硬塑状；其下为 Q_2^{gl+fgl} 层黏土，红色、棕红色，夹褐黄色团斑，层内裂隙发育，成分叉的弧形或枝状，隙宽 0.5～1.5m，倾角 10°～60°不等，构成网状，隙间充填软塑～硬塑状灰白色高岭土。

该处边坡开挖后未及时进行支挡防护，坡面暴露时间较长，在挡土墙施工前边坡已经开始出现溜塌现象，坡面出现宽张裂缝，并不断向坡上发展，迫使施工增设挡墙，并不断对已成和新增地裂缝回填黏土并夯实。挡土墙砌筑后，由于挡土墙基础置于膨胀土中，且挡土墙上部边坡较高，施工时未进行清方减载，致使挡土墙实际承受的土压力比设计土压力大，再加上墙背后十多米外为水塘，水沿裂隙向墙背渗透，降低了挡土墙地基土的强度，并增大了墙背后土压力。由于以上各种因素影响，该处挡土墙在修筑后不久，墙体即发生外移，K14+305处挡墙最大移动距离达53cm，并使公路边沟变窄，公路路面产生裂缝及隆起，隆起带宽约2～6m。

针对该处病害的具体情况，采用挡土墙上边坡清方减载，坡表设防渗土工布，墙背换填透水性材料，设排水盲沟，坡体后方水塘放水设截水墙等工程措施综合处治，处治效果良好。

2. 成绵路K20+340～760左侧挡墙滑移处治

成绵路罗江－磨家段K20+340～760段边坡上部覆盖土层为膨胀土，路基开挖切穿覆盖土层后未及时做好挡防工程，致使膨胀土普遍开裂，进入雨季后边坡失稳溜滑；路基左侧岩层倾向路基，倾角约13°，易产生顺层滑移。为避免较大规模的滑坡病害，设计时在路基左侧设置了上下抗滑挡墙，上挡墙挡土体，下挡墙挡基岩顺层滑动。上挡墙砌筑大部分之后，采用全线开挖下部路堑，开挖后又未能及时砌筑下挡墙，岩体被切穿，暴露并卸荷。挡墙上方距墙顶约20m有农灌水沟，农忙灌水时，水渗入墙背土体，岩土体变软，强度降低，导致坡体滑移，最大位移3.7m，上挡墙向后倾仰，产生明显的裂缝和挤压破裂现象。

该处病害出现后，为了确保整治成功，采用上部清方、下部设抗滑挡墙的措施，并要求挡墙基础置于弱风化基岩上，挡墙施工必须在旱季分段间隔进行。对原滑移挡墙的拆除，采取施工一段、拆除一段，严禁一次性拆除。通过处治，该处挡墙经受住了雨季的考验。

四、涵洞病害处治实例

1. 成雅路K18+700涵洞开裂处治

该涵洞地基位于弱膨胀土层中，土中裂隙较发育。而涵洞台背及涵洞顶路堤均采用了弱膨胀土填筑，由于路堤填筑后坡面未及时封闭，雨水渗入坡体内，并沿土中裂隙进入涵洞地基土层中，而涵洞基底的排水盲沟修筑未符合要求，不能将进入地基土层的水顺利排出，致使土体遇水膨胀，从而导致涵洞开裂，裂缝最明显的部位为涵洞出口八字墙体。

针对该处病害的处治方法为：拆除重建涵洞出口八字墙，修补理顺排水盲沟，重新填筑已破坏的部分路堤，填筑时采用填土中增加土工隔栅的方法提高填土的整体性，填筑完成后，边坡采用实体护坡进行封闭。通过综合处治，该涵洞病害得到了有效的治理。

2. 成雅路K19+400涵洞基坑破坏处治

该涵洞处上部为雅安期弱膨胀黏土（Q_2^{gl+fgl}层黏土），厚4～6m，土中裂隙发育，延展性好，裂隙贯通长达10余米，一般隙宽0.2～2.0cm，隙间充填极软塑状灰白～白色高岭土，其力学性质极差，坑壁土体的稳定受裂隙中的极软塑状的高岭土抗剪强度控制。下伏基岩为半成岩状的黏土岩。涵洞基坑开挖后，由于未能及时支护，坑壁土层即顺裂隙面滑动，致使涵洞基坑严重变形。

由于该病害出现于涵洞砌筑之前，故其整治措施相对简单，即：清除涵洞基坑壁变形土体,并对易滑部分进行局部支护,同时加快涵洞的砌筑进程,利用涵洞侧墙进行支挡。

3. 国道324线涵洞病害加固处理

在国道324线K1968+386处,一座跨径3m、高2m的钢筋混凝土板涵,涵顶填土高8.5m,涵长42.6m。当涵顶填土高程约5m时,出现涵台多处下沉开裂,起初下沉量1～4cm。这时停止填土,但涵台仍继续下沉,下沉达30cm左右,涵底与涵台形成错台,铺砌的涵底隆起,洞身出现开裂和凸胀变形。经分析,涵洞下沉变形的主要原因是该涵填土高,施工时基础没有按设计要求埋置,埋置深度不够,置于膨胀土层上,经用贯入仪测得地基承载力约为100kPa,地基承载力明显不足引起基础下沉。经调查发现,涵台仅在洞身中间受力最大处发生开裂和凸胀变形(路基利用膨胀土填筑),而涵洞下沉比较均匀,整体灌注的盖板没有发生破损。由于涵洞填土高,如果拆除重建不仅造成较大经济损失,且因雨季已到,将使工期拖延几个月。在满足涵洞排水要求下,采取不拆除原涵的加固措施,主要有如下几项:①将原涵底铺砌拆除并挖至原涵台基底标高,然后浇注15号片石混凝土和原基础连成整体;②在涵内沿涵长每隔一定距离(一般为2.5～3m)设一道钢筋混凝土框架,框架断面尺寸20cm×20cm;③对涵身中间已发生开裂和凸胀变形的涵台加设钢筋混凝土护壁加固和护面,护壁厚20cm;④加长涵洞进出水口铺砌并设截水墙,加固方法如图1-34所示;⑤涵顶尚余约3.5m的填土待涵洞加固后分三次填筑,每次间隔一个月;⑥加固施工时必须分段从中间向两端洞口进行,先铺底然后做框架、再护壁。

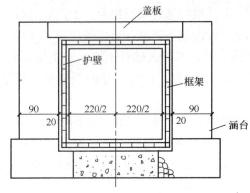

图1-34 涵洞加固剖面示意图

按所述方法加固后,使涵底片石混凝土铺砌和原涵台基础共同受力,既减少了基底应力,又提高涵洞的整体稳定性。框架和护壁增强涵台抵抗膨胀土的土压力和涵洞填土压力。该涵加固后使用至今,涵洞未发现变形,加固处理取得预期效果。还此法加固两座发生类似病害的高填土涵洞并取得成功。因此,在位于膨胀土地基的涵洞设计宜采用整体性基础。

4. 国道322线箱涵病害处治

国道322线南梧公路伶俐路段有一座立交桥上部侧倾50～100mm,两座斜交箱涵,斜交混凝土八字墙在上部转角处开裂,端、翼墙向两个方向侧倾,上部裂缝20mm,两座盖板涵端墙向线路外侧倾斜,上部裂缝20mm,片石被挤断。所有开裂、倾斜均显示典型的受膨胀力倾覆状态。

病害原因:通过现场查看,并对设计资料及试验资料进行分析后认为:(1)桥梁虽是个别设计,但在对翼墙验算时,仅考虑了路基填土的水平力,汽车活载的分解水平力,而并未考虑路基在降雨后,膨胀土吸水而产生的膨胀力,因此设计翼墙结构尺寸偏小,抗倾覆能力较差。(2)箱涵及盖板涵是参照标准图设计,并未对膨胀土地段涵洞的受力进行特别分析,因此致使八字墙断面过小而破坏。

整治措施:(1)桥梁。采用墙后挖台阶清除膨胀土,满铺土工布隔水,换填渗水土,重新砌筑翼墙，缺口范围内边坡采用浆砌片石护坡封闭、加固。（2）涵洞。倾斜比较严重的，采用墙后挖台阶清除膨胀土，增设一路基内挡墙，满铺土工布隔水，回填渗水土，八字墙范围内边坡采用浆砌片石护坡封闭，修补裂缝；倾斜轻微的，清除表面膨胀土，满铺土工布隔水，换填渗水土，八字墙范围内边坡采用浆砌片石护坡封闭、加固。

五、桥梁墩台病害处治实例

1. 成雅高速 K6+400 桥台开裂

该桥地处牧马山台地中等膨胀土分布地区，桥台施工后，桥台前墙产生裂缝，缝宽 0.5~1mm。通过综合分析原因，认为该桥台病害主要是因为桥台台背回填时，填料中混入了较多的膨胀土，而该 U 形桥台未设泄水孔，施工期间雨水渗入填料而不能排出，致使黏土膨胀所致。

2. 成雅高速 K14+275 桥台基坑滑塌

该桥为高速公路跨地方公路跨线桥，桥位处覆盖层为广义成都黏土，其厚度大于 10m，具中等膨胀性，黏土中裂隙较发育，隙面充填白色细腻、光滑的黏土。该桥台基坑开挖过程中，由于隙壁黏土的抗滑力极差，坑壁黏土层顺裂隙面发生滑塌。

由于该桥台为施工期间发生的病害，其处治方法为：清除滑塌部分土体，快速浇筑桥台，及时回填台背。

第二章 膨胀土变形和强度特性试验研究

第一节 膨胀土胀缩变形特性试验研究

一、膨胀土的物理特性

试验土料取自广西南友路 K133+140 的两种膨胀土,上层为红色膨胀土,下层为灰白色膨胀土,其物理性质指标见表2-1,矿物组成见表2-2,击实试验结果见图2-1和表2-3。

膨胀土物理性指标　　　　　　　表2-1

土 名	液限(%)	塑性指数	自由膨胀率(%)	粒径(mm) 含量(%)				
				>2	2~0.074	0.074~0.005	0.005~0.002	<0.002
红色膨胀土	65.0	33.0	43	29.5	15.6	25.1	6.2	23.6
灰白色膨胀土	72.0	43.2	60	0	10.4	32.6	18.1	38.9

灰白色膨胀土的矿物组成　　表2-2

石英(%)	水云母(%)	蒙脱石(%)	绿泥石/高岭石(%)	长石(%)
25~35	5~15	10~0	10~20	<5

击实试验　　表2-3

土名	最大干密度(g/cm³)	最优含水率(%)
红色膨胀土	1.82	16.2
灰白色膨胀土	1.77	14.4

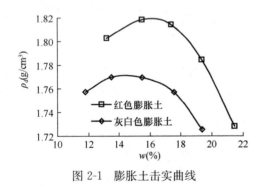

图2-1　膨胀土击实曲线

二、膨胀土的膨胀特性

为了研究膨胀土的初始含水率 w_0、干密度 ρ_d 对胀缩变形的影响,首先将过2mm筛的风干灰白色膨胀土按试验要求的含水率(5%、7%、10%、13%、15%、17%、20%、24%)备样,将备样密封后放置24h,以使水分充分均匀。然后用压样法制样,试样控制干密度分别为 1.5g/cm³、1.6g/cm³、1.7g/cm³。

膨胀力试验所用主要仪器设备为固结仪,试样尺寸为 $\phi61.8mm \times 20mm$。将制好的试样安装在固结仪上,自下而上向容器注入水,并保持水面高出试样5mm。试样开始膨胀时(膨胀量不应大于0.01mm),立即施加平衡荷载,使量表指针仍指向初始读数,当试样在某级平衡荷载下间隔2h不再膨胀,则试样在该级荷载下达到稳定,允许膨胀量不应大于0.01mm/h,记录施加的平衡荷载,计算膨胀力。

有荷载膨胀率试验所需试样的制备和试样尺寸与膨胀力试验相同。首先将烘干后的透水板埋在切削下的碎土内1h后,取出刷净,放入仪器中。将制备好的试样安装至容器中,放上透水板和盖板,安好量表,施加1kPa的压力,使仪器各部分接触,调整量表,记下初始读数。一次施加所需上覆荷载p(25kPa,50kPa,75kPa),直至变形稳定,稳定标准为每小时变形不超过0.01mm,记下变形量后再自下而上向容器注水,并保持水面高出试样5mm,浸水后每隔2h记量表读数1次,当2次读数差值不超过0.01mm时膨胀稳定,记下膨胀变形量,计算膨胀率。

有荷载膨胀率过程线见图2-2。从图中出可以看出,土样的膨胀过程可分为三个阶段:第1阶段,膨胀量迅速增大,膨胀率与时间基本呈线性关系;第2阶段膨胀率与时间呈曲线关系;在第三阶段,随时间的延长膨胀率变化很小。试验结果表明,非饱和膨胀土吸水膨胀时的瞬间变形量很大,而且膨胀变形主要发生在初期,很快就进入了变形稳定期。随着初始干密度的增大,膨胀稳定所需要的时间也随之增长。

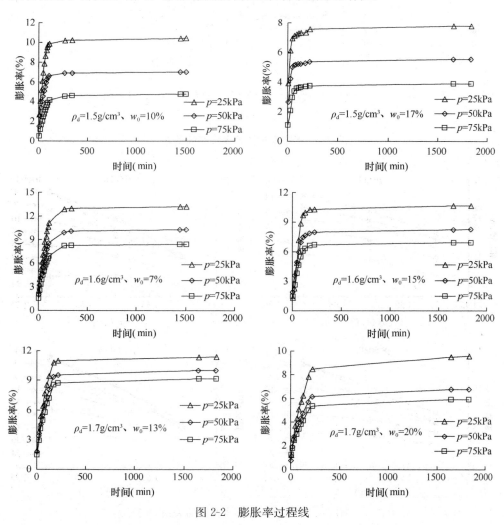

图2-2 膨胀率过程线

图 2-3 为膨胀率随初始含水率的变化关系,可以看出,当初始含水率大于缩限时,膨胀率随初始含水率的增大而减小,基本呈线性关系,当含水率较低时,土样的膨胀变形趋缓,且有下降的趋势,这说明膨胀率和土样初始含水率成非线性关系。图 2-4 为膨胀率随初始干密度的变化关系,表明初始干密度越大,膨胀率越大。另外,膨胀率还随着上覆荷

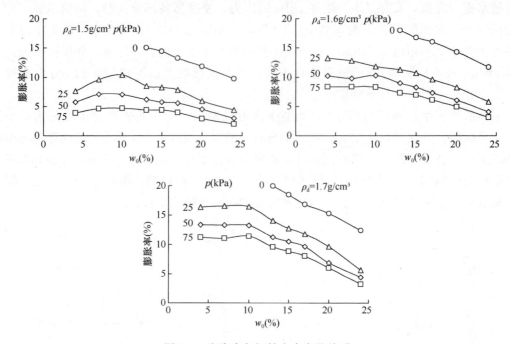

图 2-3 膨胀率与初始含水率的关系

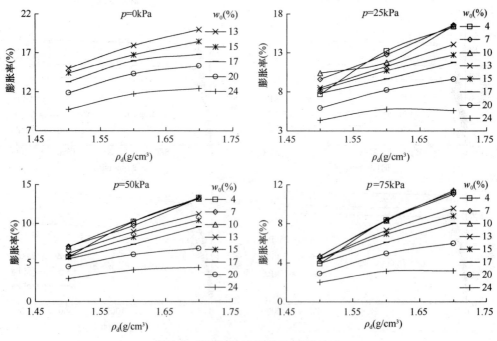

图 2-4 膨胀率与初始干密度的关系

载的增大而减小（图2-5），膨胀性是膨胀土膨胀潜势的一种主要表现形式，实际上这种膨胀潜势是有一定的范围的：当上覆荷载与膨胀力相等时，膨胀土的膨胀会被完全限制；当上覆荷载小于膨胀力时，土体有一定的膨胀性，其膨胀量随上覆荷载的增大而减小；当上覆荷载大于膨胀力时，土体会出现负膨胀量，产生压缩变形。

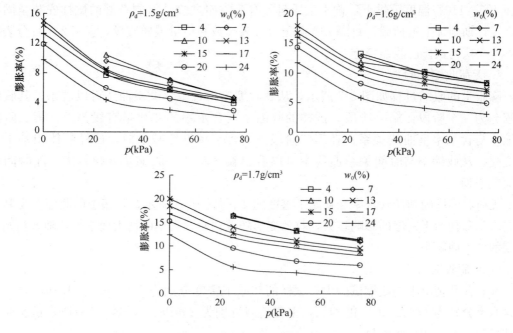

图 2-5 膨胀率与上覆荷载的关系

膨胀力试验结果见图2-6，可以看出，膨胀力受初始含水率、初始干密度的影响很大。当初始含水率较低、膨胀土处于非饱和状态时，膨胀力随初始干密度的增大而增大，这是因为初始干密度越大，单位体积中亲水的黏性矿物成分就越多，其遇水后的膨胀性就越大，因此约束其膨胀变形的力就越大；对于相同干密度的膨胀土，膨胀力随着初始含水率减小而增大，但是当初始含水率接近或小于缩限时，膨胀力就趋于稳定甚至下降。

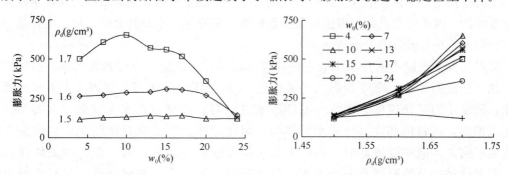

图 2-6 膨胀力与初始含水率和初始干密度的关系

三、膨胀土的收缩特性

收缩试验分为无荷收缩和有荷收缩两种试验。无荷收缩试验在收缩仪上进行，试样尺

寸为 $\phi 61.8\text{mm} \times 20\text{mm}$，将制备好的试样推出环刀，置于多孔板上，称试样和多孔板质量，置于室温不高于 30℃ 条件下进行试验。根据室内温度及收缩速度，每隔 1～4h 记录百分表读数，并称整套装置和试样质量；2d 后，每隔 6～24h 测记百分表读数并称质量，直至 2 次百分表读数不变，认为试样已经收缩稳定，获得试样垂直方向的线缩率。取出试样在 105～110℃ 温度下烘干，称干土质量。有荷收缩试验是将制备好的试样安装至固结仪，按计划施加上覆荷载，每隔 24h 测记百分表读数并称量试样质量，直至 2 次百分表读数不变，认为试样已收缩稳定。

1. 无荷收缩试验

膨胀土的收缩过程如图 2-7 所示，从其收缩率与含水率关系曲线可以看出，其收缩过程分为三个阶段：第一阶段，试样的收缩率与含水率的变化呈直线关系；第二阶段收缩率与含水率呈曲线关系；在第三阶段，当含水率继续减少时，试样的体积基本不再变化。从收缩率与时间关系曲线中可以看出在试验初期收缩量变化较大，随时间增长而趋于稳定。

无荷收缩率随初始含水率和初始干密度的变化如图 2-8 所示，膨胀土的收缩性受其初始含水率和初始干密度的影响较大，收缩变形随着初始含水率的增大而增大，随着初始干密度的增大而减小。

2. 有荷收缩试验

在有荷载情况下的收缩试验中，试样的初始干密度分别为 1.6g/cm^3、1.7g/cm^3，初始含水率分别为 17%、20% 和 24%，上覆荷载分别为 25kPa、50kPa、75kPa，试验时等固结稳定后开始测读收缩量。

图 2-9 为有荷收缩过程中收缩率与含水率的关系，与无荷情况变化规律基本一致。图 2-10 为收缩率随上覆荷载变化情况，可以看出，收缩率随着上覆荷载的增加，但其增量随上覆荷载增加而减缓，变形趋于稳定。

四、膨胀土的湿化特性

土的湿化是土体在水中发生崩解的现象。对于膨胀土而言，其遇水后湿化性是膨胀土的重要特性。因其主要成分为极强的亲水性矿物，遇充足的水分补充时，便产生膨胀，使其体积增大，有着极强的变形特征。

针对相同干密度不同含水率的 5 种试样进行了对比试验，以得到含水率对湿化的影响。用压样法制样，干密度为最大干密度的 96%，具体湿化情况如表 2-4 所示。可以看出，膨胀土的湿化速度、吸水量及膨胀变形量与饱和度（含水率）有很大关系。在一定范围内，随着饱和度（含水率）降低，湿化速度、吸水量及膨胀变形量均有一定程度的提高，当饱和度越低时，膨胀土吸水量及膨胀量越大，对于土体的破坏性也越大。引起这种现象的原因有两个方面，一是膨胀土处于非饱和状态时，其基质吸力随着土体含水率的降低而增大，这种吸力的作用会使土发生收缩，而在水分充足时基质吸力会急剧的降低而导致体积膨胀；二是黏性土含水率越低，土粒表面的吸着水层就越薄，土粒间电作用以吸力占优势，而当含水率增加后，吸着水层增厚，粒间斥力就增大，土料就会发生错动变形。

第一节 膨胀土胀缩变形特性试验研究

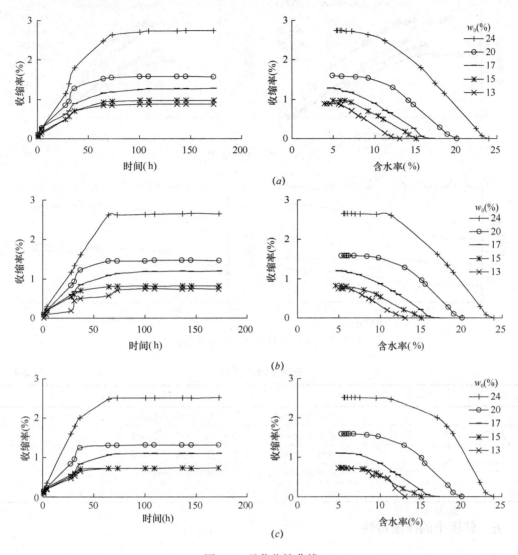

图 2-7 无荷收缩曲线

(a) $\rho_d=1.5\text{g/cm}^3$; (b) $\rho_d=1.6\text{g/cm}^3$; (c) $\rho_d=1.7\text{g/cm}^3$

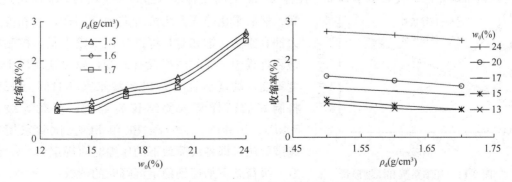

图 2-8 无荷收缩率与初始含水率和初始干密度的关系

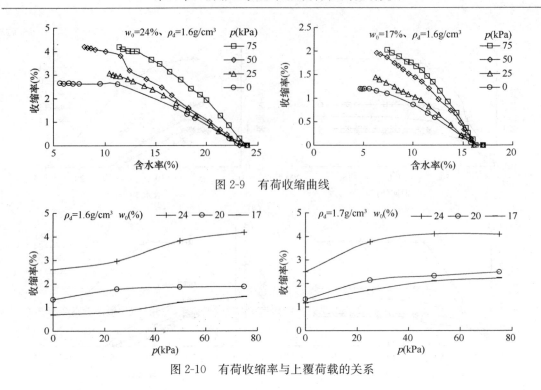

图 2-9　有荷收缩曲线

图 2-10　有荷收缩率与上覆荷载的关系

膨胀土湿化试验　　　　　　　　　　　　　　表 2-4

含水率（%）	饱和度（%）	湿　化　情　况
13	58	入水即开始崩解，经 5 分 15 秒后试样完全崩解
15	67	入水即开始崩解，经 5 分 45 秒后试样完全崩解
17	76	入水即开始崩解，经 7 分 50 秒后试样完全崩解
20	90	入水即开始崩解，经 20 分后试样完全崩解
24	100	入水约 5 分 15 秒开始表皮缓慢脱落，24 小时后仍未完全崩解

五、膨胀土的压缩特性

固结试验制样干密度分别为 $1.5 g/cm^3$、$1.6 g/cm^3$、$1.7 g/cm^3$，试验流程为首先取有代表性风干的土样，放在橡皮板上用圆木棍碾散后，过 2mm 筛，加入适量的水（水量按击实试验所确定的最优含水率添加）搅拌均匀，再将土样装入塑料袋中密封 24h 以充分浸润；然后采用静压力法按所需密度制样，饱和方式为抽真空法。饱和时是将试样用试模夹紧，控制在饱和过程中试样的体积没有改变，以保证制样干密度不变，抽真空时间为 2h，浸水饱和时间为 12h。将制好的试样装入固结仪容器内，荷载等级为 50kPa、100kPa、200kPa 和 400kPa。试验采用快速试验法，即各级荷载下的压缩时间规定为 1h，最后一级荷载下加读到稳定沉降时的读数。

试验结果见图 2-11。可以看出，膨胀土的压缩

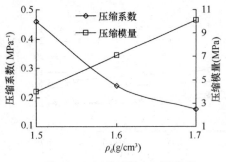

图 2-11　压缩系数和压缩模量
与初始干密度的关系曲线

性随着干密度的提高而降低。当干密度为 1.70g/cm³，所对应的密实度为 96% 时，该饱和膨胀土仍为中压缩性土，因此也可以看出膨胀土即使在密实度较大的情况下，其饱和样的压缩性还是有待提高的。

第二节　膨胀土强度特性试验研究

一、膨胀土的承载比试验

1. 常规 CBR 试验

试验采用风干试料，通过击实试验求得试料的最优含水率后，按最优含水率制备 3 个试样，试样浸润时间为 24h，然后进行重型击实，最后将制备好的试样放入水槽内，进行泡水测膨胀量试验，其过程为将安装好附有调节杆的多孔板的试件放入水槽，安装百分表并读取初读数，然后向水槽注水，使水自由进入试样的顶部和底部，直至水面高出试样顶面 25mm，浸水四昼夜后读取试件上百分表的终读数，计算膨胀量。

将泡水试验终了的试件放到强度试验仪的升降台上进行贯入试验，其中贯入试验中贯入杆以 1.2mm/min 速度压入试样。通常采用贯入量为 2.5mm 时的单位压力与标准压力之比作为材料的承载比，如贯入量为 5mm 的承载比大于 2.5mm 时的承载比，则重复进行试验，若结果仍然如此，则采用 5mm 时的承载比。试验结果见表 2-5。

从试验结果可以看出，两种试验土料均不满足设计要求（$CBR>8.0\%$），但是红色膨胀土的性质要稍好于灰白色膨胀土。

承载比试验　　　　　　　　　　表 2-5

土名	膨胀率 δ_w（%）	$CBR_{2.5}$（%）	$CBR_{5.0}$（%）
红色膨胀土	5.1	5.4	5.4
灰白色膨胀土	11.6	1.5	1.3

2. 特殊 CBR 试验

由击实曲线可以看出，每一个干密度基本都对应两个不同的含水率（分别位于最优含水率的左侧和右侧），通过对不同制备含水率的试样进行 CBR 试验，以得到制备含水率与 CBR 强度的关系。在本次试验中取压实度为 98%，在击实曲线上查得所对应的两个含水率，分别制样进行 CBR 试验，测试结果见表 2-6。

灰白色膨胀土特殊承载比试验　　　　　　　　　　表 2-6

制样含水率（%）	制样干密度（g/cm³）	膨胀率 δ_w（%）	$CBR_{2.5}$（%）	$CBR_{5.0}$（%）
10.5	1.73	15.0	1.31	1.16
19.3	1.73	8.0	1.58	1.48
14.4	1.77	11.6	1.5	1.3

从试验结果可知，在相同干密度下含水率对承载比有一定的影响，因为在一定范围内膨胀量随含水率的减少而增加，对原结构破坏就越严重，因而承载比强度也就越低。因此

在保证密实度的情况下可以选择在含水率稍大的情况下压实。另一方面也再次说明了含水率是影响非饱和膨胀土强度的重要因素之一，当干密度相同的非饱和膨胀土充分浸水时，在一定的范围内初始含水率（饱和度）越低，吸水后其膨胀量（变形量）就越大，强度就越低。

二、滤纸法测膨胀土吸力试验

近一个世纪以来，土中吸力理论概念已在非饱和土力学中得到充分发展。一般认为，土中吸力反映了土中水的自由能状态。根据相对湿度确定的土中吸力通常称之为"总吸力"，它由基质吸力和渗透吸力两部分组成，即有：

$$\psi = (u_a - u_w) + \pi \tag{2-1}$$

式中　　ψ——总吸力；

　　　　u_a——孔隙气压力；

　　　　u_w——孔隙水压力；

$(u_a - u_w)$——基质吸力，表征土中水自由能的毛细部分；

　　　　π——渗透吸力，表征土中水自由能的溶质部分。

基质吸力指通过量测与土中水处于平衡的部分蒸汽压而确定的等值吸力，而渗透吸力则是通过量测与溶液处于平衡的部分蒸汽压而确定的等值吸力。环境及外荷的变化会使土中的含水率发生变化。非饱和土的初始含水率同基质吸力有直接关系，而渗透吸力对含水率的变化则不太敏感，因此总吸力的变化主要反映了基质吸力的变化。目前，土中吸力量测的方法及设备已有多种，表 2-7 给出了其常见的试验设备及适用范围。

土中吸力及其量测设备　　　　　　　　　　　　　　表 2-7

设备名称	量测吸力种类	量测范围（kPa）	量测说明
湿度计	总吸力	100～8000	恒温环境
滤纸法	总吸力	全范围	与湿土接触良好时可量测基质吸力
张力计	负孔隙水压力或基质吸力	0～900	有气蚀和空气扩散问题
零位型压力板仪	基质吸力	0～1500	量测范围与陶瓷板进气值有关
热传导传感器	基质吸力	0～400	间接量测法
挤液器	渗透吸力	全范围	同时使用张力计或量测导电率

1. 原理和特点

滤纸法量测土中吸力是在土壤学领域发展起来的，在农业土壤学方面一直有广泛应用；最早由 Gardner 于 1937 年提出，Fredlund 和 Rahardjo 对滤纸法量测土中吸力的工作进行了总结，认为该方法简便实用，是一种估计总吸力可行的方法，给予了肯定。滤纸法量测吸力是建立在滤纸的含水率能够同具有一定吸力的土（在水分流动意义上）达到平衡的理论基础上的。若滤纸与土样直接接触，水分会在土样和滤纸间迁移直到平衡，由于没有渗透作用，此时测得的是基质吸力；若把滤纸放置在土样上方而不与土样直接接触，二者之间的平衡则通过水蒸气的迁移实现，此时测得的是总吸力。滤纸可视为一个传感器，平衡时通过量测滤纸的含水率，即可知道土样的基质吸力或总吸力的大小，属于间接量测土中吸力的方法，理论上能全范围地量测土中吸力。滤纸法使用前先要进行率定，以建立滤纸的含水率与吸力之间的关系，主要有两种方法：一是利用已知渗透吸力的盐溶液与滤纸达到平衡时的含水率来加以建立；另一种方法则是借助压力板吸力仪、密封容器和高精度天平等设备来确定的。滤纸一般采用无尘定量分析Ⅱ型滤纸（符合 ASTM E832 标准），国外常用的是 Whatman No. 42 和 Schleicher & Schell No. 589 两种滤纸商标，国内有研究者推荐使用国产"双圈"滤纸。

相对于其他复杂的设备技术，滤纸法比较经济且操作简便，有如下优势：(1) 滤纸是目前最便宜的吸力传感器，且无须反复率定（同一规格的滤纸只需一条率定曲线）；(2) 同一条滤纸率定曲线既可用于测定基质吸力又可用于测定总吸力；(3) 量测范围很大，理论上是全范围；(4) 对环境温度要求不高，只要保持整个平衡过程中温度大致不变即可。

2. 试验方法

(1) 仪器设备

滤纸（品牌为 What-man's No.42）、敏感天平（精确到 0.0001g）、恒温箱、烘箱、含水率盒、玻璃瓶、镊子、手套、PVC 环、铝块、绝缘胶带。试验前，确保滤纸法试验所需材料洁净，无水无油无灰尘污染。

注意事项：用镊子取滤纸；戴手套操作含水率盒、O 形 PVC 环；玻璃瓶口足够宽，不影响土样放入。

(2) 试验步骤

①取土样，在 1/2 高度处横向切成 2 块，表面要光滑平整，保证滤纸与土样有良好的接触；②取出滤纸，测基质吸力的滤纸放在两张略大的滤纸中间，外面两张滤纸用于保护中间那张滤纸不受来自土样的污染；③将三层滤纸放在半块土样上，再把另一半土样放在滤纸上，立即用绝缘胶带把两块土样中间封好；④把土样放入玻璃瓶中；⑤在封好的土样上表面放置 O 形 PVC 环，环口尖的一面向上；⑥在 O 形环上放置两层滤纸，上面一张起保护作用，可以用镊子稍微折一下，方便以后取下；⑦盖上玻璃瓶，用绝缘胶带封好瓶和盖，防止瓶内和外界有含水率交换；⑧按需要在玻璃瓶上做标记；⑨将玻璃瓶放入恒温箱中等待平衡，平衡期内的温度变化要保持很小（1℃），平衡期至少需 7d；⑩取出土样之前，称量并记录含水率盒在常温干燥情况下的质量；⑪从恒温箱中取出一个玻璃瓶，这一阶段的操作需要严格控制时间，滤纸暴露在空气的时间限制在数秒之内；⑫开瓶封，立即用镊子取出上面两层滤纸中的下一张，放入含水率盒，随即盖好；⑬称重，记录常温盒子加湿滤纸的质量，用于测量总吸力；⑭取出土样，拆开封着土样中间的胶带，取三层滤纸的中间一层，立即放入含水率盒盖好；⑮称重，记录常温盒子加湿滤纸的质量，用于测量基质吸力；⑯对所有试验土样重复 11～15 的步骤；⑰将所有含水率盒盖半掩，放进烘箱，110℃烘至少 10h；⑱从烘箱取出之前，将半掩的盒盖盖牢，继续放在烘箱中约 5min；⑲取出热盒子放在一块铝板上，加速冷却过程，大约放置 20min；⑳称重，记录热盒子加干滤纸的质量；㉑取出滤纸，称重并记录热盒子的质量；㉒计算用于测量总吸力和基质吸力的所有滤纸的含水率，由率定曲线求得吸力。

3. 重塑土样的基质吸力

试验土样广西南友路 K133+140 的下层灰白色膨胀土，重塑土样采用环刀压样法制备，控制了两种干密度，分别为 1.4g/cm³ 和 1.5g/cm³；每种干密度的土样都控制了不同的质量含水率。将干密度与质量含水率换算成体积含水率后，在表 2-8 中列出了重塑土样的试验情况。试验使用了进口 Whatman No.42 滤纸，这种滤纸的率定方程为

$$\lg s = -8.247w + 5.4246 \quad (1.5 < \lg s < 4.15) \quad (2-2)$$

式中　　s——土的吸力（kPa）；

　　　　w——平衡后滤纸的质量含水率（%）。

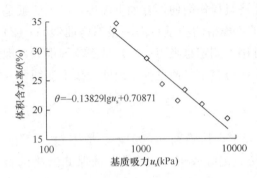

图 2-12　重塑膨胀土体积含水率与基质吸力的半对数关系

根据式（2-2），可以推算出该式适用的条件是平衡后滤纸的质量含水率在约 15.5%～47.6% 之间。表 2-8 列出了用于测量重塑土样基质吸力的滤纸在平衡后的质量含水率，均在式（2-2）的适用范围，可以用于计算土的基质吸力。根据滤纸的含水率和式（2-2），计算出各土样的基质吸力并在半对数坐标中绘出体积含水率与基质吸力的关系，如图 2-12 所示，结果表明，在一定范围内，灰白色膨胀土的体积含水率与基质吸力在半对数坐标中存在很好的线性关系。

重塑土样的制备条件和滤纸平衡后的质量含水率　　　　　　表 2-8

土样编号	1	2	3	4	5	6	7	8
干密度 ρ_d（g/cm³）	1.4	1.4	1.4	1.4	1.5	1.5	1.5	1.5
质量含水率 w（%）	13.1	15.0	16.6	23.9	14.3	16.2	19.1	23.1
体积含水率 $\theta = w \times \rho_d$（%）	18.4	20.9	23.3	33.5	21.5	24.3	28.7	34.7
滤纸含水率（%）	18.3	21.6	23.8	32.8	24.7	26.7	28.7	32.5

4. 原状土样的基质吸力

原状土样取自广西南友路 C10（K134+805）宁明互通桥台处，试验室内测得土样的质量含水率和干密度等参数见表 2-9，表 2-9 列出了用于测量原状土样基质吸力的滤纸在平衡后的质量含水率，均在式（2-2）的适用范围，可以用于计算土的基质吸力。根据滤纸的含水率和式（2-2），计算出各原状土样的基质吸力，并在体积含水率与基质吸力的半对数坐标中点绘出 6 个原状土样的基质吸力，如图 2-13 所示，其中虚线是重塑土样的拟合曲线。从图中可以发现，原状土样的基质吸力实测值与重塑土样的拟合关系吻合得较好。

原状土样状态和滤纸平衡后的质量含水率　　　　　　表 2-9

土样编号	1-1	1-2	1-3	1-4	2-1	2-2
取土深度（m）	5.2～5.5	6.0～6.2	6.8～7.0	7.8～8.0	2.3～2.6	3.2～3.5
干密度 ρ_d（g/cm³）	1.64	1.55	1.36	1.70	1.39	1.32
质量含水率 w（%）	20.1	22.3	31.9	19.9	31.6	33.7
体积含水率 θ（%）	33.0	34.6	43.6	33.8	43.8	44.3
滤纸含水率（%）	32.7	29.5	45.8	32.1	34.6	36.0

由此表明：重塑土样的基质吸力—体积含水率关系可以用于推算野外土体的基质吸力，指导工程实践。根据计算出的原状土样基质吸力和取样的位置，可以得出现场非饱和膨胀土的基质吸力沿深度的大致分布，如图 2-14 所示。

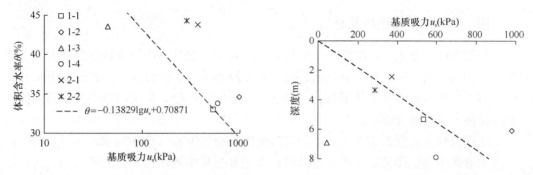

图 2-13　原状膨胀土体积含水率与基质吸力的半对数关系　　图 2-14　原状膨胀土基质吸力沿深度分布

三、膨胀土的直剪试验

通过人工制样，测定三种密度、9 种饱和度情况下膨胀土的抗剪强度，从中寻找饱和度与膨胀土强度的关系。取过 2mm 筛的烘干灰白色膨胀土制样，按所需含水率的要求备样，将配好水的土料密封后放置 24h，以使水分充分均匀。制样干密度分别为 $1.5g/cm^3$、$1.6g/cm^3$、$1.7g/cm^3$，每种密度所对应的饱和度分别为 17%、30%、40%、50%、60%、70%、80%、90% 和 100%。试样采用压样法制备，尺寸为 $\phi61.8mm \times 20mm$。试验所用主要仪器设备为电动四联直剪仪，采用直剪快剪方式，剪切速率为 0.8mm/min。试样的饱和是采用抽气饱和法，将需要饱和的试样装入饱和器以确保试样在饱和过程中体积不发生改变。抽气时间为 2h，再浸水饱和，浸水时间超过 12h。将制好的试样推入剪切盒内，试样上下两面均放置不透水板，施加垂直荷载后不经固结直接进行剪切试验。剪切变形取 4mm，试验破坏点的选取是在剪应力与剪切位移关系曲线上，选取峰值点，如无明显的峰值点，则取剪切位移等于 4mm 对应的剪应力作为抗剪强度。

图 2-15 给出了不同饱和度条件下凝聚力和摩擦角的变化情况，摩擦角随饱和度的提高而缓慢降低，当饱和度超过 90% 时，摩擦角有大幅下降；凝聚力和饱和度成非线性关系，当饱和度较小时（含水率小于缩限）凝聚力随饱和度的增加而增大，当凝聚力增大到

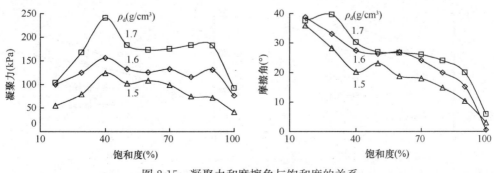

图 2-15　凝聚力和摩擦角与饱和度的关系

某一值后,饱和度的继续增加反而导致凝聚力的减小。同时,不同的制样干密度对膨胀土的强度也有一定的影响。饱和度相同时,凝聚力随干密度的增大而增大,摩擦角也随着干密度的增大而增大。

四、膨胀土干湿循环的直剪试验

膨胀土因含有大量膨胀性黏土矿物,在气候干湿交替作用下极易产生强烈地干燥收缩和吸水膨胀作用。旱季常形成纵向裂缝,雨季降雨又从裂缝渗入,导致强度下降。处于干旱、半干旱地区的膨胀土除了具有一般非饱和土的共性外,最大的特点就是其强度在多次干湿循环后发生较大衰减。

试样制样干密度为 $1.50g/cm^3$,人工压样后抽气饱和(饱和含水率为 30.2%),在抽气饱和过程中用试样夹将试样夹紧以保持在饱和过程中其体积不变。将饱和后的试样置于自然条件下风干脱水,风干至规定的含水率 20.2%或 22.7%(风干至 20.2%的试样称为试样 1,风干至 22.7%的试样称为试样 2),然后将试样置于密封容器内静置 24h,使试样内部水分平衡,即为一次干湿循环结束。对一次干湿循环后的试样再抽气饱和,然后再风干脱水即为二次干湿循环,以此往复,分别做了四组循环(1 次、3 次、5 次和 7 次)。每组干湿循环后进行直剪快剪试验,测得其强度值。试样的制模尺寸为直径 70.5mm,高度 25mm,试样经干湿循环后,脱模再用直剪环刀切样(环刀尺寸为直径 61.8mm,高度 20mm)。进行直剪快剪试验,剪切速率为 0.8mm/min。

土样在干湿循环过程中试样出现了不同程度的裂缝,具体情况如下:试样 1 在第 3 次循环结束时个别样块表面出现了裂缝,在第 5 次循环后大部分样块开始出现了沿纵向贯通的裂缝;试样 2 在第 4 次循环结束时个别样块表面出现了裂缝,在第 5 次循环后个别样块开始出现了沿纵向贯通的裂缝。试样出现裂缝主要是因为膨胀土是一种失水收缩开裂的特殊黏土,其收缩程度和出现时间与试样的饱和度及干湿循环次数有关。饱和度降低幅度越大,试样出现裂缝的时间越早,而且裂缝随着干湿循环次数的增加逐渐变大。

图 2-16 给出了干湿循环过程中干密度和饱和度的变化过程,可以看出,试样经干湿循环后的体积收缩导致试样的干密度和饱和度有不同程度的增加。这主要是由试验方法造成的,在试验中试样风干收缩时无约束,而在试样饱和时上下均有约束,使得试样无法膨胀变形,试样总体上只发生收缩变形,从而导致干密度和饱和度随干湿循环次数的增加而不断增大。

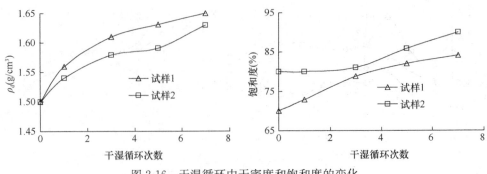

图 2-16　干湿循环中干密度和饱和度的变化

图 2-17 给出了抗剪强度与干湿循环次数的关系,可以看出,干湿循环对强度指标的影响主要体现在是对凝聚力的影响。在干湿循环过程中,土样在吸水饱和过程时受到约束不能产生膨胀变形,其直剪强度中的摩擦角受循环次数影响较小,而凝聚力在初次循环时有较明显提高,但是随着循环次数的增加,其提高的幅度趋缓并有下降趋势。

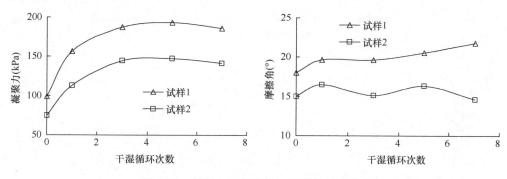

图 2-17　凝聚力和摩擦角与干湿循环的关系

图 2-18 给出了不同干湿循环次数下土体抗剪强度与饱和度的关系曲线,可以看出,随着干湿循环次数的增加,同一饱和度下的非饱和膨胀土的抗剪强度均有增大的趋势。没有经过干湿循环的试样其强度与饱和度的关系曲线相对比较平缓,强度变化较小,而干湿循环后,强度递减显著,这种变化随干湿循环次数的增大而越显著。

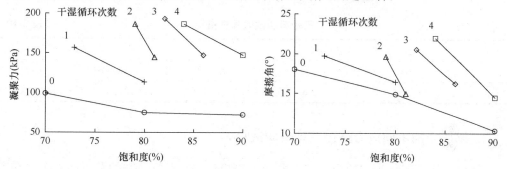

图 2-18　不同干湿循环次数下凝聚力和摩擦角与饱和度的关系

五、膨胀土的常规三轴剪切试验

三轴试验制样干密度为 1.50g/cm³,取有代表性风干的土样,放在橡皮板上用圆木棍碾散后,过 2mm 筛后,加入适量的水(水量按击实试验所确定的最优含水率添加)搅拌均匀,再将土样装入塑料袋中密封 24h 以充分浸润;然后采用静压力法分三层制样,饱和方式为抽真空法,在饱和过程中保持体积不变。围压分别采用 100kPa、200kPa 和 300kPa,试样首先在围压下排水固结,同时测定其孔隙水压力,当孔隙水压力消散 95% 以上,固结结束开始剪切试验。固结不排水剪的剪切速率为 0.08mm/min,试验过程中测孔隙水压力,剪切进行到轴向应变为 15% 时结束试验。固结排水剪的剪切速率为 0.008mm/min,剪切进行到轴向应变为 15% 时结束试验。在固结不排水剪试验过程中试样出现剪胀现象。

试验结果见图 2-19。由图可知，在三轴固结不排水试验中，超静孔隙水压力在试验后期都有一定程度的下降，表现了超固结土的特性。在固结排水剪试验中，主应力差随轴向变形的增大其增长的幅度趋缓，排水量也是随轴向变形的增大而趋于稳定。以主应力作为破坏标准的强度指标见表 2-10。

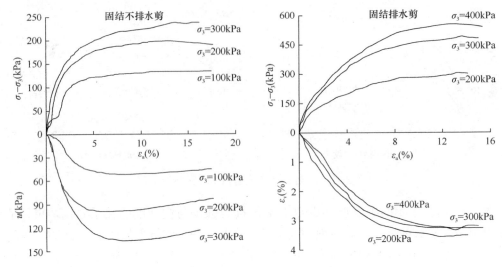

图 2-19　三轴剪切试验曲线

三轴剪切试验强度指标　　　　　　　　　　　　　　　表 2-10

固结不排水剪				固结排水剪	
c_{cu}（kPa）	φ_{cu}（°）	c'（kPa）	φ'（°）	c_d（kPa）	φ_d（°）
35.3	10.9	35.0	16.8	33.5	20.7

六、膨胀土的不同应力路径三轴剪切试验

土体的性质不但与当前的应力状态及应力历史有关，而且还与加荷方式有关。在不同荷载下土的强度和变形各不相同，其共同特点是都受到加荷顺序的影响。对于有相同初始应力状态的土体，在不同的荷载方式下，其强度与变形特性有很大区别。因此有必要对相同初始应力状态的膨胀土，进行不同应力路径影响下土体强度特性的试验研究。

试验主要针对在等向固结条件下的饱和膨胀土，分别进行不同荷载下的三轴固结不排水试验。试验类型主要为：(1) 轴向应力不变、增加围压的被动伸长；(2) 轴向应力不变、减小围压的主动压缩；(3) 增加轴向应力、减小围压的等球应力加载；(4) 减小轴向应力、增加围压的等球应力加载。

试验流程主要是首先将风干的膨胀土加适量的水充分拌合后密闭浸润 24h，采用静压力法分三层制样，试样的尺寸为直径 39.1mm，高度为 8mm，制样干密度为 1.5g/cm³。饱和方式为抽真空法，抽气时间为 2h，然后浸水饱和，在饱和过程中保持体积不变。然后将饱和的试样安装到试验仪上，固结的时间为 12h 左右，控制标准是每小时的排水量小于 1mL。在剪切过程中采用应力控制式，试验类型为不排水剪。

不同应力路径的固结不排水三轴剪切试验曲线见图 2-20。从图中可以看出，不同应力情况下土样的破坏形式有一定的区别；破坏时孔压受应力的影响较大；在等球应力的情况下，压缩和伸长两种情况下的应力线形式相当，试样破坏强度也接近。

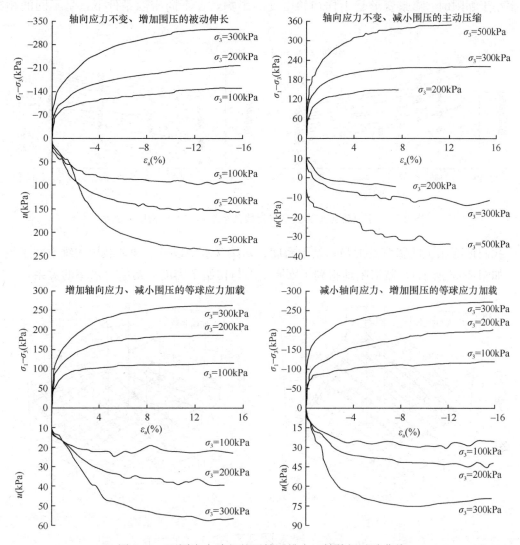

图 2-20 不同应力路径的固结不排水三轴剪切试验曲线

第三节 膨胀土的胀缩机理与膨胀模型

一、膨胀土的膨胀机理

1. 膨胀变形与含水率和干密度的关系

图 2-3 和图 2-4 分别给出了广西膨胀土膨胀率与初始含水率和初始干密度的关系，为了验证试验的结果，我们把国内其他单位的试验结果，加以整理，如图 2-21 所示，从此

可以发现：(1) 膨胀土的膨胀变形受土样密度的影响比较大，呈正相关关系，即膨胀变形随初始干密度的增加而增大，多数情况接近线形；(2) 膨胀变形受初始含水率的影响亦较大，呈负相关关系，即膨胀变形随初始含水率的增加而减小；(3) 试验中还发现，初始含水率小于缩限时，膨胀变形受土样初始密度的影响，在不同密度条件下，呈不同的相关关系。

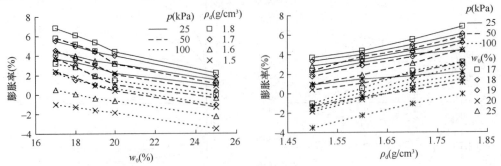

图 2-21　宁夏膨胀土膨胀率与初始含水率和初始干密度的关系

我们把膨胀土的膨胀变形与初始干密度、初始含水率以及上覆荷载用三维空间来表示时（如图 2-22 所示），就清晰地得到了膨胀变形与初始干密度、初始含水率的关系，三维

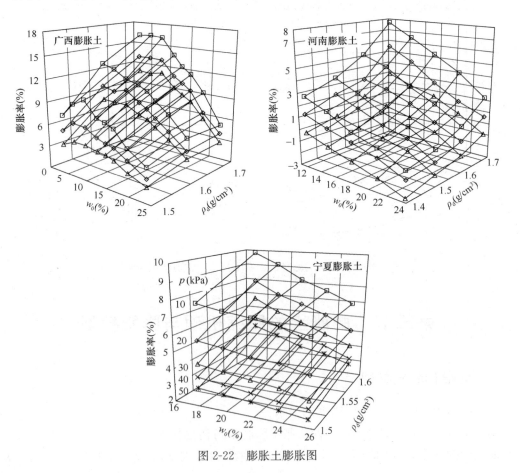

图 2-22　膨胀土膨胀图

膨胀图中的各层分别为膨胀土在不同上覆荷载压力条件下的变形。三维空间膨胀图非常直观地表达了膨胀变形、初始干密度、初始含水率、上覆荷载之间关系，对于了解膨胀土的膨胀特性，有重要的意义。可以看到在含水率较大时，膨胀变形与初始干密度、初始含水率的关系接近线性，当含水率小于缩限时，关系较为复杂。

2. 膨胀变形与上覆荷载的关系

从图 2-23 中可以看到，膨胀土的膨胀变形与上覆荷载的关系基本呈现出一种对数的关系，在荷载从 0 增加到一个较小的数值时，膨胀变形的减小非常的迅速，这一特性提示我们，增加比较小的上部荷载，就可以有效地抑制很大部分的膨胀变形。因此，膨胀土的膨胀变形与上覆荷载的关系用半对数的关系来描述，具有足够的精确性，符合工程设计计算的需要，半对数的关系也恰好与土的压缩变形关系一致，在理论上也有一定的经验合理性，建议采用。

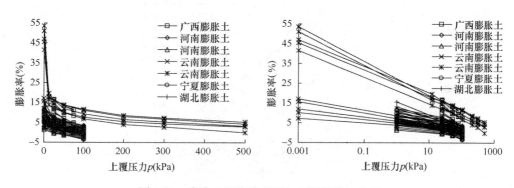

图 2-23　膨胀土的膨胀变形与上覆荷载的关系

二、膨胀力与膨胀变形的关系

膨胀土膨胀力的试验结果（图 2-6 和图 2-24）也可以看出，(1) 膨胀土的膨胀力也与土的膨胀变形规律基本相同，与膨胀土土样初始密度呈正相关关系，即膨胀力随初始干密度的增加而增大，多数情况接近线性；(2) 膨胀力受初始含水率的影响较大，主要呈负相关关系，即膨胀力随初始含水率的增加而减小；(3) 试验中也同样发现，初始含水率小于缩限时，膨胀变形受土样初始密度的影响较大，在不同密度条件下，呈不同的相关关系。

比较膨胀土膨胀力和膨胀变形随初始干密度和初始含水率的变化关系（图 2-6、图 2-4、图 2-3 和图 2-25），从它们的变化过程可以看出，膨胀变形与膨胀力大小和变化规律有一定的相关性，由于他们是通过不同的试验方法得到的，这更加表明，膨胀变形与膨胀力之间确实存在着相关关系。

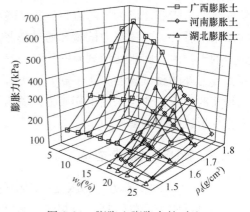

图 2-24　膨胀土膨胀力的对比

在工程设计与工程的处理过程中，膨胀变形过程中膨胀力的变化规律对于工程设计人

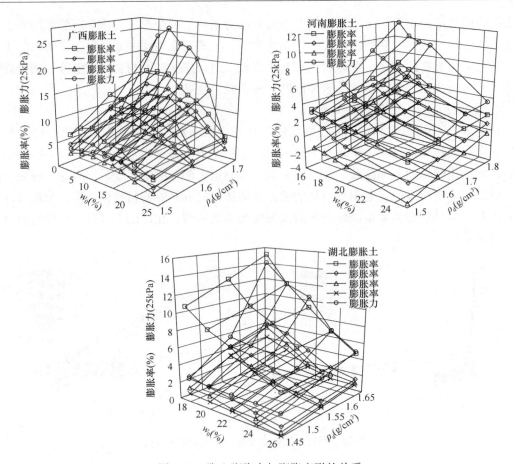

图 2-25 胀土膨胀力与膨胀变形的关系

员来讲也是很重要的，由于试验条件的限制，目前直接从试验中得到的资料很少，从工程应用的角度，我们建议用以下的方法来分析计算判断发生膨胀变形结构的膨胀力。

进行膨胀力试验和膨胀变形试验，可以得到图 2-23 和图 2-24 的结果。把图 2-23 的结果外延，从膨胀变形为零的点可以得到膨胀力，图 2-26 给出了两种试验的结果。从试验的结果来看，通过膨胀力试验和通过膨胀变形试验得到的膨胀力是不同的，显然对于高膨胀力的土，由于膨胀变形试验的膨胀力是通过试验外推得到的，差别自然比低膨胀力的土要大。另外两种试验的方法不同，应力、变形的路径也不同，试验的结果自然有所差异。工程实践中我们建议采用由膨胀力试验得到膨胀力，在没有膨胀力试验的条件下，也可用膨胀变形试验得到膨胀力。

三、膨胀土的膨胀能量

图 2-27 中的膨胀力与膨胀变形图中的各点是在不同压力、不同密度、不同含水率条件下通过试验得到的。把压力相同、密度相同的点，按照不同的含水率连起来得到的。它们并不是同一个膨胀试验过程中膨胀力与膨胀变形的过程图，而是代表了一种膨胀土不同状态条件下膨胀力与膨胀变形的状态图。从图中可以发现，不同压力条件下的膨胀力与膨胀变形的图形非常相似，且基本保持不变，这表明膨胀力与膨胀变形存在一定的内在关

第三节 膨胀土的胀缩机理与膨胀模型

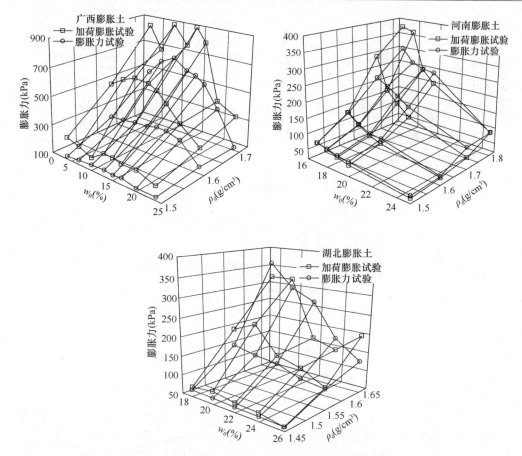

图 2-26 膨胀力试验和膨胀变形试验的膨胀力

系，外部压力对这种关系的影响不大。外部压力的影响主要体现在使膨胀土的膨胀变形整体向小的方向移动而已。

如果我们定义膨胀土的膨胀能量等于相同密度条件下从饱和含水率到缩限含水率变化范围内膨胀力与膨胀变形乘积的总和，即：

$$E = \int_{\delta_a}^{\delta_b} F d\delta + p(\delta_b - \delta_a) \tag{2-3}$$

式中　F——膨胀力；

　　　δ——膨胀变形；

δ_a、δ_b——饱和含水率与缩限含水率所对应膨胀变形；

　　　p——压力。

那么图中各条曲线所包围的面积就代表了膨胀土的膨胀能量。这一结果有两个重要的意义，一是证明了膨胀土膨胀能量存在，二是膨胀能量应当是膨胀土的内在特征。

图 2-28 是各地膨胀土的膨胀变形受到上覆压力的影响情况，图中的上覆压力 $p=0\mathrm{kPa}$ 的变形是根据膨胀变形与上覆压力的对数成正比的关系而得到的，可以看出，与试验的结果有很好的一致性，也证明这一关系的正确性。也就是说，有压力状态的膨胀变形可以分解为两部分组成：自由膨胀变形与上覆荷载压缩变形的叠加。

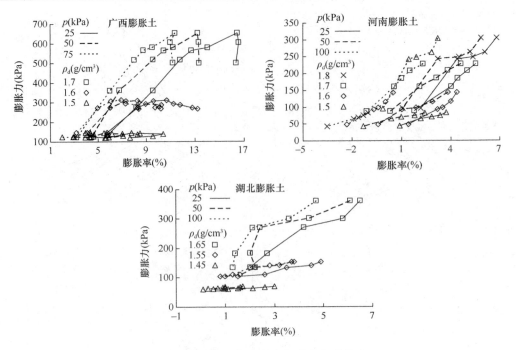

图 2-27　膨胀土的膨胀力与膨胀变形关系

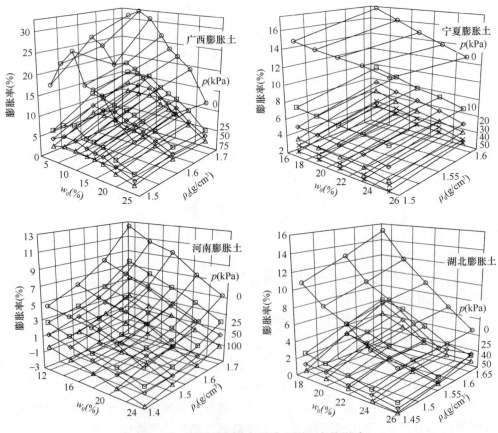

图 2-28　膨胀土膨胀变形受上覆压力的影响

四、膨胀土的膨胀模型

大量的试验研究表明,膨胀土膨胀变形与初始干密度、初始含水率、上覆荷载等条件的关系,可以用以下的表达式来描述。

膨胀变形与初始干密度的关系:
$$\delta_\rho = A_\rho + B_\rho \rho_d \tag{2-4}$$

膨胀变形与初始含水率的关系:
$$\delta_w = A_w + B_w w_0 \tag{2-5}$$

膨胀变形与上覆荷载的关系:
$$\delta_p = A_p + B_p \log(p) \tag{2-6}$$

很明显,用式(2-4)、式(2-5)与式(2-6)来描述膨胀变形符合试验的结果,也有足够的精度,可以满足工程的需要。

综合式(2-4)、式(2-5)与式(2-6),我们建议用下面的空间曲面集合来表述膨胀土的膨胀变形,即:

$$\delta = A + K_w w_0 + K_\rho \rho_d + K_p \log(p) \tag{2-7}$$

式中 δ——膨胀变形;

    ρ_d——初始干密度;

    w_0——初始含水率;

    p——上覆荷载;

A、K_w、K_ρ、K_p——模型参数,通过常规膨胀变形试验可计算得到模型参数。

表 2-11 是根据式(2-7)对试验数据进行多元线性回归得到的模型参数。

膨胀土膨胀变形模型参数   表 2-11

	A	K_w	K_ρ	K_p
宁夏膨胀土	−3.157	−0.206	14.240	−6.811
广西膨胀土	−4.704	−0.456	20.422	−7.745
河南膨胀土	−1.603	−0.302	10.767	−4.850
湖北膨胀土	3.430	−0.528	10.938	−4.048
河南膨胀土	4.197	−0.440	10.266	−6.105

图 2-29 是采用膨胀模型计算得到的理论值与试验值的对比,模型参数是多元线性回归方法得到的模型参数。可以看出,理论值与试验值符合良好,膨胀模型比较好地反映了膨胀土的膨胀变形特性。

根据膨胀力的定义,我们可以通过膨胀模型来得到膨胀力,即当 $\delta=0$,上覆压力等于膨胀力,$F=p$。

$$F = e^{-2.3026 \times \frac{A + K_\rho \rho_d + K_w w_0}{K_p}} \tag{2-8}$$

根据式(2-8)得到的膨胀力理论值与试验值比较见图 2-30。需要特别强调的是图中的试验膨胀力是通过膨胀力试验得到的(即在试验中始终保持 $\delta=0$),而图中的理论值是用式(2-8)计算得到的,理论值是在膨胀变形试验基础上通过膨胀模型得到的。从图中的比较可以看到,从两种不同的应力路径得到的膨胀力变化规律是一致的。这一结果证明,建议的膨胀模型不仅比较好地表现了膨胀土膨胀变形以及膨胀力的变化规律,也客观地反映了膨胀变形与膨胀力之间的内在关系,同时也证明了用膨胀变形试验方法得到膨胀力的合理性。

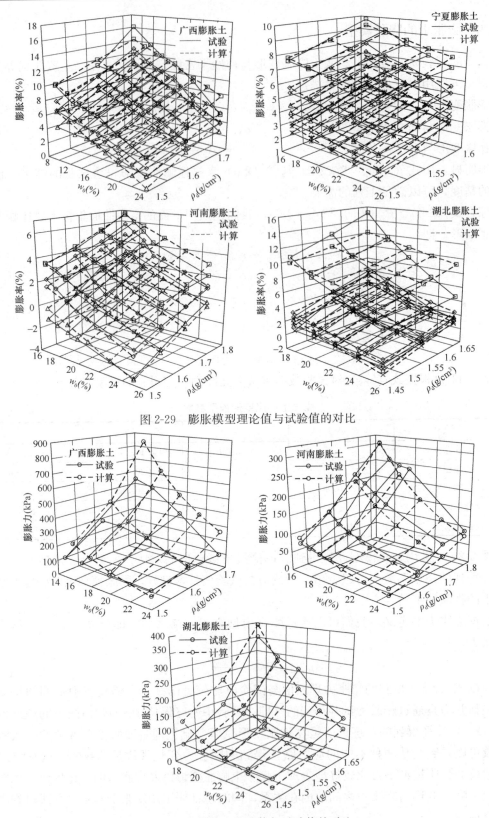

图 2-29　膨胀模型理论值与试验值的对比

图 2-30　膨胀力理论值与试验值的对比

第四节　膨胀土改良试验研究

在国内外大量的工程中，由于石灰、水泥有产品技术指标标准、技术性能稳定、使用历史长、产生的环境问题少、价格相对便宜，是国内外最为广泛的黏性土改良添加剂。本节主要针对生石灰、水泥、二灰（生石灰＋粉煤灰）作为添加剂开展研究，研究改良膨胀土的物理性、强度、力学性质等变化规律，检验改良效果。

试验采用生石灰、二灰（生石灰＋粉煤灰）、水泥、粉煤灰作为添加剂，生石灰掺量取为3％、5％、7％、10％，二灰掺量取为3％、5％、7％，水泥掺量取为2％、4％、6％，粉煤灰掺量取为10％、15％、20％，其中生石灰、水泥、粉煤灰掺量为添加剂质量占风干土质量的百分比，二灰3％、5％、7％掺量时，生石灰质量：粉煤灰质量：风干土质量分别为3∶9∶88、5∶15∶80、7∶21∶72，风干土含水率为6％。

一、添加剂的改良效果

1. 对界限含水率的影响

图 2-31～图 2-33 为改良膨胀土界限含水率随添加剂剂量的变化关系，从图中可以看出，添加剂对膨胀土界限含水率比较大的影响，主要是大幅降低了液限和塑性指数，而对塑限的影响不大；液限随着添加剂含量的增加而降低，石灰和二灰的影响很显著，水泥和粉煤灰的影响不大；当生石灰的掺量大于5％、二灰大于3％时，液限、塑性指数的变化就开始趋于稳定。此时塑性指数从改性前的 $I_P=43$，变为 $I_P=18$。从塑性指数的角度来看，土已经从原来的重黏土变为了砂性黏土，这一过程就是所谓的"改性"，也有人把这

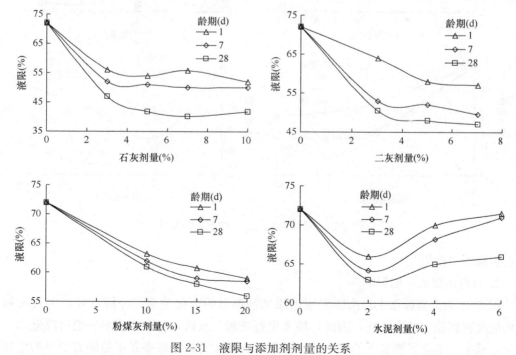

图 2-31　液限与添加剂剂量的关系

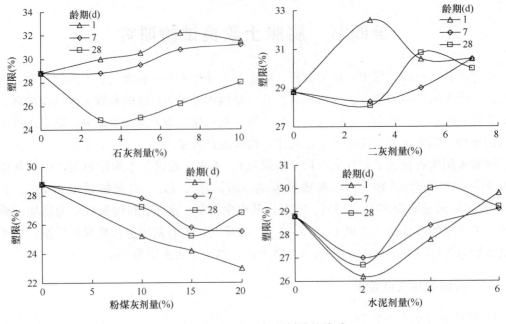

图 2-32 塑限与添加剂剂量的关系

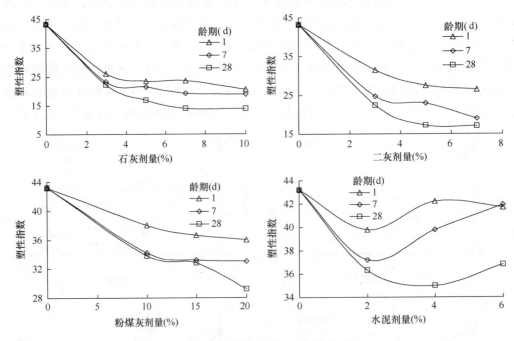

图 2-33 塑性指数与添加剂剂量的关系

一过程称为"砂化"。

2. 对自由膨胀率的影响

图 2-34 为改良膨胀土自由膨胀率随添加剂剂量的变化关系，分析可知，生石灰和二灰均能改善膨胀土的膨胀性，因此，掺入生石灰和二灰后，自由膨胀率一般可降低33%～67%，基本上消除了膨胀土的膨胀性；对于生石灰，自由膨胀率并不是随着剂量的增加而

第四节 膨胀土改良试验研究

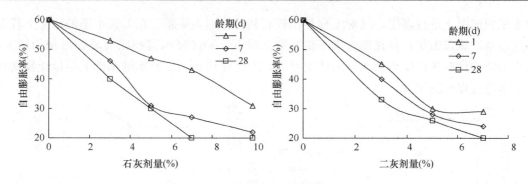

图 2-34 自由膨胀率与添加剂剂量的关系

按比例地下降，当剂量超过 5%，下降幅度趋缓，超过 7% 后，就基本上不再降低其膨胀性了。

3. 对击实性的影响

对于添加剂为生石灰、二灰土、粉煤灰的改良土，击实料均为将添加剂与风干膨胀土拌合，再按要求制备多个不同含水率的一组试样，将制备好的试样放置 24h，以使添加剂、膨胀土及水充分反应，再进行击实试验，击实采用重型击实；对于添加剂为水泥的改良土，制备好的击实料是要求放置时间不得超过 1h，以防水泥硬化后不宜击实。

图 2-35 为改良土的击实曲线，图 2-36 为最大干密度、最优含水率与添加剂剂量的关系，可以看出，当添加剂为生石灰、粉煤灰和二灰时，最大干密度随着添加剂剂量的增加而降低，最优含水率随着添加剂剂量的增加而增大；当添加剂为水泥时，最大干密度随着添加剂剂量的增加总体趋势是增大的，最优含水率随着添加剂剂量的增加而略有增大。由此可以看出，当掺入添加剂后，大部分改良土的击实区域比较宽泛，可使膨胀土在较高的

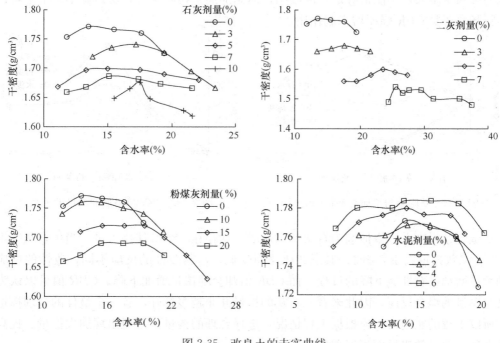

图 2-35 改良土的击实曲线

含水率的情况下进行碾压,这对工程是比较有利的,因为膨胀土在低含水率的情况下首先强度过高,难以击实,且在低含水率高密度情况下,一经吸水其膨胀力及膨胀量均较大,对土的结构性破坏也比高含水率的情况要大,因此建议在满足密实度基础上尽量在较高含水率下进行碾压施工。

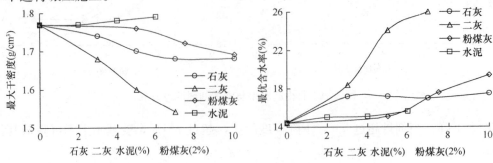

图 2-36　最大干密度、最优含水率与添加剂剂量的关系

4. 对承载比的影响

先将膨胀土与添加剂充分搅拌,然后添加规定数量的水,再充分拌合。对于添加剂为生石灰、粉煤灰和二灰时,试料需闷料 24h 后,再进行击实;添加剂为水泥时,试料不经闷料,需在 1h 击实成型。击实好的试样称重后浸水 4d,测量其膨胀量及吸水量,进行 CBR 试验。

图 2-37 为改良膨胀土膨胀率与添加剂剂量的关系,图 2-38 为 CBR 与添加剂剂量的关系,由图可知,添加剂为生石灰和二灰时,对膨胀率和 CBR 强度均有较大改善;添加剂为水泥时,对 CBR 强度有一定的改善,但是对膨胀土的膨胀性作用不大,主要是因为水泥的掺入量不大,不能很好地形成胶结;而添加剂是粉煤灰时,从试验结果上来看,无论是膨胀率还是 CBR 强度均未起作用。

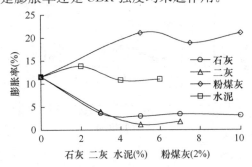

图 2-37　膨胀率与添加剂剂量的关系

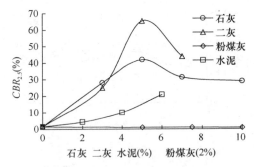

图 2-38　CBR 与添加剂剂量的关系

从试验结果来看,添加剂为石灰和二灰时,均存在一个最佳掺入量。当生石灰掺量大于 7%、二灰掺量大于 5% 时,其承载比反而降低。这与改性的反应不同,改性的反应曲线随掺量增加没有性能下降的过程,而 CBR 值却会随掺量增加下降。CBR 值可以认为是强度与模量的综合反应,因此来看,石灰的掺量并非越多越好,有一个最佳的合理掺量存在。所以工程的实施时,应根据工程情况,选择合理的掺量,避免出现加大掺量、提高了工程费用,改良效果反而不好现象出现。

第四节 膨胀土改良试验研究

5. 对无侧限强度的影响

试验土料为广西灰白色膨胀土,改良土试样的制样含水率取击实试验的最优含水率,试样的制样干密度为最大干密度的 95%。制样采用静压法,分三层压制成型。养护的方式是将试样脱模后用滤纸包好,放置于湿砂中室温养护。

图 2-39 为无侧限抗压强度与添加剂剂量的关系,可以看到,改良土的强度随着掺灰量的增加而增加,但到了一定的量以后,强度不再增加,因此有一个最佳的掺灰比例存在,对于试验的广西南友路土来说,最佳的掺灰比为 5%~6%。

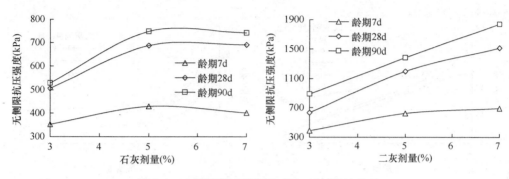

图 2-39 无侧限抗压强度与添加剂剂量的关系

6. 对压缩性的影响

制样方法与无侧限试验相近。荷载等级为 50kPa、100kPa、200kPa 和 400kPa。因试样为非饱和样,在试验过程中以湿棉纱围住上下透水面,避免水分蒸发。采用快速试验法,即各级荷载下的压缩时间规定为 1h,最后一级荷载下加读到沉降稳定时的读数。

图 2-40 为压缩性与添加剂剂量的关系,改良土的压缩性得到了明显改善,添加剂剂

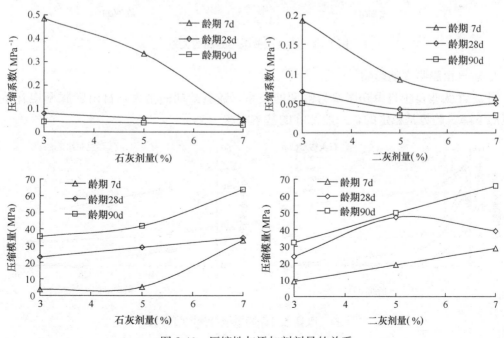

图 2-40 压缩性与添加剂剂量的关系

量有正相关关系，石灰掺入量在5％以前，压缩模量增加缓慢，5％以后模量的增加较快。从控制路基变形的角度看，较高的掺灰量有利于减小路基的变形。

二、改良土的时间效应

1. 对液限的影响

添加剂主要是大幅降低了膨胀土的液限，而塑限的变化不大。图2-41为改良土液限与龄期的关系，随着龄期的增大，液限均有不同程度的下降，趋势是稳定的，一般28d的基本完成。

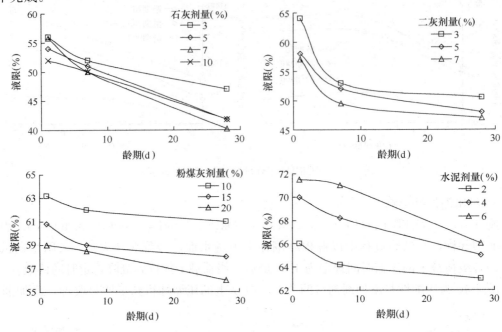

图2-41　改良土液限与龄期的关系

2. 对自由膨胀率的影响

图2-42为改良土自由膨胀率与龄期的关系，随着龄期的增大，自由膨胀率均有不同程度的下降，趋势是稳定的，一般28d的基本完成。

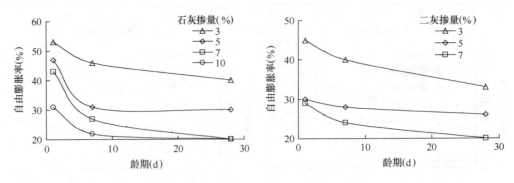

图2-42　改良土自由膨胀率与龄期的关系

3. 对无侧限强度的影响

研究了不同龄期（7d、28d 和 90d）对改良土强度的影响，图 2-43 为改良土无侧限抗压强度与龄期的关系，可以看出，改良土的强度随龄期增长有所提高，在 28d 以前，强度的增长较快，其后的强度的增长趋缓，当添加剂为生石灰时，$q_{u,90}/q_{u,7}=1.70$（1.50～1.85），当添加剂为二灰时，$q_{u,90}/q_{u,7}=2.39$（2.22～2.66）；二灰的改良效果好于单纯石灰改良，所以有条件时可以大量采用二灰土改良方法。

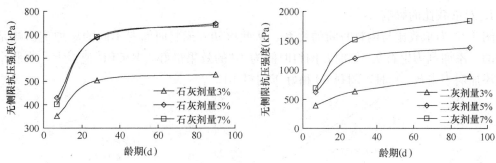

图 2-43 改良土无侧限抗压强度与龄期的关系

4. 对压缩性的影响

图 2-44 为压缩性与龄期的关系，压缩性随龄期降低较快，不同掺灰量的土样压缩模量在后期较初期均有较大的增加，90d 以后一般均增加约为 30MPa 左右。根据改良土随时间的变化规律，考虑到工程的应用情况，综合来看，我们认为可以把改良土 28d 的龄期指标，作为设计的参考值，是比较合理的，也是偏于安全的。

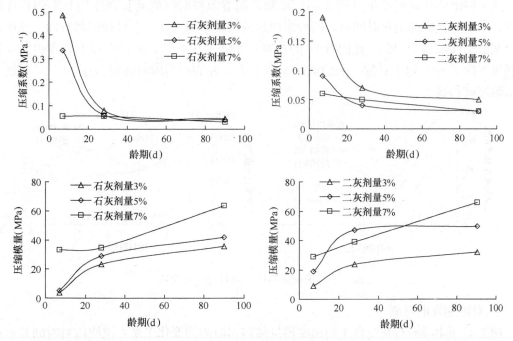

图 2-44 压缩性与龄期的关系

三、闷料时间的影响

在国内的许多工程实践中，为了减小土的含水率，许多工程基本上都有改良土的闷料工艺要求，但闷料工艺对改良土力学性能的影响如何研究确很少。为此研究了不同的闷料时间（混合料拌和均匀以后至成型前的时间）对改良土强度的影响，选取生石灰5%、二灰5%两种添加剂，闷料时间分别为1d、3d和7d。

1. 对承载比的影响

图2-45为承载比与闷料时间的关系，从此可知，闷料时间对不同的添加剂影响是不一样的。添加剂为生石灰5%时，闷料时间为1d的效果最好，其CBR值最大，膨胀率最小；添加剂为二灰5%时，闷料3d稍好于闷料1d。

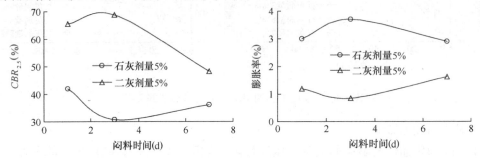

图2-45 承载比与闷料时间的关系

2. 对无侧限强度的影响

从无侧限强度试验结果（图2-46）可知，随着闷料时间的延长强度均有不同程度的下降，即在所试验的闷料时间内，两种添加剂的改良土均存在一个最佳闷料时间。其中掺生石灰的试样闷料3d和7d比闷料1d的在养护28d后其强度下降70%以上，养护90d后其强度下降了60%以上；掺二灰的试样下降了25%左右；当闷料时间超过3d后，强度下降的幅度就趋缓了。

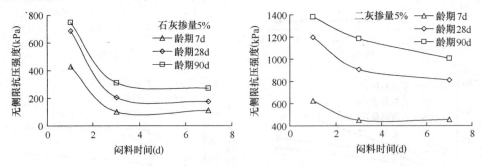

图2-46 无侧限强度与闷料时间的关系

3. 对压缩性的影响

图2-47是掺5%石灰改良土的压缩模量随闷料时间的变化关系，说明闷料时间长改良土的压缩性变大，意味着路面的变形会加大，对公路的稳定不利。

以上的结果表明，改良土闷料时间越短越好。改良土的闷料工艺起始于20世纪50年

第四节 膨胀土改良试验研究

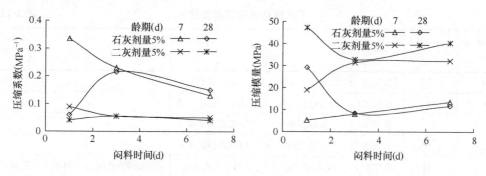

图 2-47 压缩性与闷料时间的关系

代的美国,目前国外现行的规程标准多数都规定了 1~3d 的闷料时间。事实上,这个人为的规定并没有任何的科学根据。这个问题在工程实际中有误解,这种误解起源于图 2-41,图 2-41 表明添加剂对土的改性作用,时间越长越好,由此,在工程实践中,一些单位仅从改性作用机理出发,片面强调闷料时间。事实上,改性作用改变是土的物理性质,并不能表明力学性质的提高。而图 2-46 和图 2-47 的结果却非常明确地表明,过长的闷料时间不仅增加了施工工序、增加了施工时间、增加了施工成本,而且还比较大地降低了改良土的力学强度指标和变形指标,可以说闷料时间长对改良土来说是有百害而无一利,这种错误的做法应当取消。在宁淮公路的现场碾压试验中,也证明闷料时间长明显降低了改良土的压实性。因此在施工中控制合适的闷料时间是非常重要的,推荐使用的闷料时间为 1d。

四、养护条件的影响

研究不同的养护方式对改良土强度的影响,一是在湿砂中室温养护(普通养护);一种为干湿循环,即改良土试样养护 28d 后进行 5 次干湿循环后测定其无侧限强度;一种为浸水养护,即改良土试样养护 28d 后浸水 21d 后再测定其无侧限强度。干湿循环的试验流程为试样在湿砂室温养护 28d 后取出称重,放置于陶瓷盘上,室温放置 24h,称重后再放于水箱内,水位高于试样约 10cm,放置 24h,即认为干湿循一次,依此类推。浸水试验的流程为试样在湿砂室温养护 28d 后取出称重,再放置于水箱内,水位高于试样 10cm,放置 21d 后取出称重,再进行无侧限抗压试验。

1. 干湿循环无侧限强度试验

改良土试样养护 28d 后经过 5 次干湿循环,再进行无侧限抗压强度试验。改良土进行干湿循环试验时,由于试样处于无侧限状态,风干后吸水膨胀后变形较大。湿化的描述如表 2-12 所示。经过五次干湿循环后,除添加剂为二灰 5%、二灰 7%的改良土外,其余均严重湿化崩解,无法进行强度试验。无侧限抗压强度试验结果见表 2-13,其中掺二灰 5%的改良土在进行干湿循环五次后强度下降 58%,掺二灰 7%的改良土下降了 43%。大部分改良土在干湿循环中发生湿化崩解现象,主要是由于试样在室温条件下风干 24h 后处于较低的饱和度情况下,一经吸水产生过大的膨胀破坏了其结构性,说明膨胀改良土在骤湿骤干的条件下是十分不利的。需要说明的是,试验条件在实际工程中是不易出现的,但试验比较好地说明了干湿循环条件对改良土的破坏作用,同时也说明加大掺灰量有利于提高改良土的抗干湿循环能力。同时也说明路基工程中防排水设计的重要性。

干湿循环试验现象描述　　　　　　　　　表 2-12

添加剂掺量（%）	闷料时间（d）	循环次数 1	2	3	4	5
石灰 3	1	有气泡	顶部 1/3 崩解	成锥形状	—	—
石灰 5	1	有气泡	顶部稍有破损	顶部 1/3 破坏严重	—	—
石灰 5	3	有气泡	顶部破损	顶部破损严重	—	—
石灰 5	7	有气泡	试样弯曲	顶部破损严重	—	—
石灰 7	1	有气泡	无明显变化	顶部 1/3 有破损	顶部继续破损	顶部 1/3 破损严重
二灰 3	1	有气泡	顶部破损	入水立即崩解	—	—
二灰 5	1	有气泡	无明显变化	顶部稍有破损	顶部有破损	顶部有破损
二灰 5	3	有气泡	顶部破损	顶部破损	顶部有破损	顶部有破损
二灰 5	7	有气泡	顶部破损	顶部破损	顶部有破损	顶部有破损
二灰 7	1	有气泡	顶部破损	顶部破损	顶部有破损	顶部有破损

干湿循环后无侧限抗压强度试验结果　　　　　　　　表 2-13

添加剂掺量（%）	石灰 7	二灰 5	二灰 5	二灰 5	二灰 7
闷料时间（d）	1	1	3	7	1
无干湿循环强度（kPa）	690.5	1197.5	905.5	811.5	1515.5
干湿循环 5 次强度（kPa）	81.4	502	455	402	863.5
下降幅度（%）	88.2	58.1	49.8	50.5	43.0

2. 浸水无侧限强度试验

为了模拟路基在洪水浸泡条件下的特性，进行了改良土在养护 28d 后的浸水试验（浸水 21d）。如试样外观无明显变化，进行无侧限强度试验。无侧限强度见表 2-14。结果表明，经过长时间浸泡，改良土的强度均有所下降，石灰改良土的下降幅度在 10%～25% 左右。

浸水无侧限抗压强度试验　　　　　　　　表 2-14

添加剂掺量（%）	石灰 3	石灰 5	石灰 5	石灰 5	石灰 7	二灰 3	二灰 5	二灰 5
闷料时间（d）	1	1	3	7	1	1	3	7
未浸水强度（kPa）	505	687.5	205	174	690.5	634	905.5	811.5
浸水强度（kPa）	370	616	179	170	514.5	542	865.5	784
下降幅度（%）	26.7	10.4	12.7	2.3	25.5	14.5	4.4	3.4

五、pH 值试验

石灰土 pH 值试验（Eades and Grim pH test）是由依戴斯和格瑞米（Eades and Grim）建议的。依戴斯和格瑞米通过对石灰改良土化学作用的一系列深入研究证明，石灰改良土达到比较高 pH 值环境是保证石灰与土发生阳离子交换、絮凝、凝聚、凝硬反应的基本必要条件。他们建议把石灰土的 pH 值作为控制的重要技术指标，并建议了相应试

第四节 膨胀土改良试验研究

验方法。由于这一方法简单易行，在西方国家如美国各州、加拿大、欧洲、澳大利亚等得到广泛采用，并被美国 ASTM 标准采用，标准编号 ASTM D6276。但在国内却基本没有应用。我们采用这一试验的目的是进行试验验证，在国内推广。

pH 值试验的基本步骤如下：①选择有代表性的土若干，约 1kg，风干，过筛（0.425mm），烘干后，称 20g 土，精度 0.1g，倒入 150mL 的有旋盖的塑料杯中，稍大塑料杯也亦可。②一般石灰的掺量为 3%～5%，可以用五个杯子来进行试验，他们分别用来盛装掺量为 2%、3%、4%、5%、6%的石灰。按照掺量比计算出石灰的重量，称重精度 0.01g，把称出的石灰与土充分混合。③在五个塑料杯中分别倒入 100mL 的蒸馏水。④摇晃料杯 30s，应确保杯中的水土充分混合。⑤每隔 10min 摇晃塑料杯 30s 一次。⑥一小时以后可以进行 pH 值测量，pH 值测量应当采用 pH 值电子测量仪进行，并应配备 pH 值为 12.00 的标准清洗液。⑦测量并记录每个杯中液体的 pH 值。pH 值达到 12.4 的掺量比就是需要的石灰掺量。如果最大掺入比的 pH 值小于 12.3，可以增加 2%的石灰掺量，继续进行试验；如果最大掺入比的 pH 值等于 12.3，可以增加 1%的石灰掺量，继续进行试验，直到 pH 值达到 12.4。

pH 值试验方法的优点是无需复杂的试验设备、方法简单易行，但它得到是石灰改良土产生充分化学作用的必要条件，并不能确保石灰与土的作用，也不能预测石灰土力学强度的增长。因此，在西方国家的实际应用中，一般还需要力学性试验予以配合。pH 值试验方法适用于各种不同的石灰，但对水泥土改良不适用。

膨胀土添加不同剂量的石灰后，石灰的水化使改良土的 OH^- 浓度增大，当石灰增加到一定剂量时，石灰土溶液的 OH^- 浓度的变化趋缓，此时 OH^- 浓度就逐渐稳定。根据美国 ASTM 标准（ASTM D6276），pH 值为 12.4 时的石灰用量为合理的用量。我们对国内广西、湖南、内蒙古等地的八种膨胀土进行了 pH 值试验，结果如图 2-48 所示，试验得到的石灰掺量为 3%～7%，与用力学方法得到的石灰掺量相同。对于广西灰白膨胀土的生石灰掺入量应大于 5%～6%。

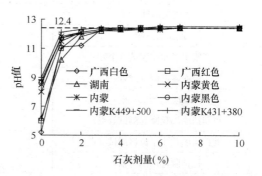

图 2-48　pH 值与石灰剂量关系曲线

第三章 公路膨胀土地基与基础大型模型试验研究

第一节 大型模型试验方法

一、模型试验概况

试验在南京水利科学研究院大型模型槽里进行，该模型槽的有效尺寸（长×宽×高）为 10m×2.5m×4.1m，研究了深层浸水条件下膨胀土变形规律及其对构造物的影响。试验布置了不动挡墙、可动挡墙、桩基础等构造物，进行了含水率、表面隆起、深层隆起、挡墙水平位移、挡墙土压力、地基承载力、桩基承载力、桩身轴力等测试。试验概况见表3-1。

大型模型试验概况　　　　　　　表 3-1

模型尺寸（长×宽×高）(cm)	750×250×360	250×250×360
干密度（g/cm³）	1.45	1.6
膨胀土用量（t）	114.5	42.1
浸水管（根）	22	8
膨胀土含水率测试（个）	2	2
表面隆起测试（点）	20	12
深层隆起测试（根）	3	1
可动挡墙墙顶隆起测试（点）	1	
可动挡墙墙顶水平位移测试（点）	1	
桩顶隆起测试（根）	2	2
可动挡墙土压力测试（点）	4	
不动挡墙土压力测试（点）	9	9
桩身轴力测试（根）	2	2
浸水前地基静载试验（组次）	1	1
浸水后地基静载试验（组次）	1	2
浸水前单桩静载试验（组次）	1	1
浸水后单桩静载试验（组次）	1	1

二、试验膨胀土

试验用膨胀土取自南京汤山的灰白色膨胀土，其主要性质指标见表3-2。土料经过风干、粉碎，含水率约为17%。将模型槽分隔成2个区，其中一区长7.5m，填筑干密度为

$\rho_d = 1.45 \text{g/cm}^3$，另一区长 2.5m，填筑干密度为 $\rho_d = 1.6 \text{g/cm}^3$。土料分层填筑，每层控制压实后的厚度为 20cm。根据每层土的干密度和体积，计算出所需土料重量，松铺好，采用振动碾进行碾压夯实。根据仪器布置情况，在相应位置埋设仪器。填土高度为 3.6m。

表 3-2 膨胀土的主要性质指标

液限（%）	塑限（%）	自由膨胀率（%）	最大干密度（g/cm³）	最优含水率（%）
102	46	140	1.77	15.5
$w_0 = 17\%$，$\rho_d = 1.45 \text{g/cm}^3$			$w_0 = 17\%$，$\rho_d = 1.6 \text{g/cm}^3$	
无荷膨胀率（%）	膨胀力（kPa）		无荷膨胀率（%）	膨胀力（kPa）
7.8	463		11.9	701

三、浸水系统

试验模拟深层浸水。浸水管采用 PVC 管，在管上密布出水小孔，管外包土工滤膜，以防止土粒堵阻出水孔。浸水管主要布置在模型槽槽壁和中部，垂直埋设于土中。共设置了 26 根浸水管，4 根沉降管亦作浸水管，如图 3-1（a）所示。浸水时，不断向管内加水。

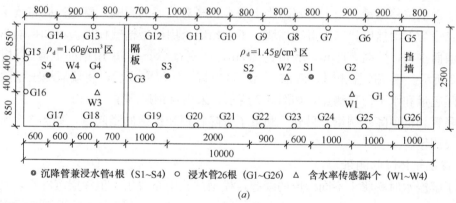

(a)

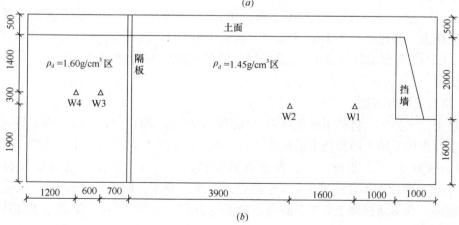

(b)

图 3-1 浸水系统布置图（单位：mm）
(a) 浸水系统平面图；(b) 含水率传感器立面图

四、测试系统

1. 含水率测量

含水率测量传感器采用 TDR（time domain reflectometry）含水率计。TDR 是根据探测器发出的电磁波在不同介电常数物质中的传输时间的不同，而计算出被测物含水率。电磁波的传播速度与传播媒体的介电常数有密切关系，而土壤基质、水和空气的介电常数有很大差异（20℃时，水的介电常数为80，空气的介电常数为1，干燥土壤的介电常数介于3～7）。故土壤含水率的变化对介电常数有明显的影响，由此电磁波的传播速度，便可确定其含水率。

共埋设了四个测头，$\rho_d=1.45g/cm^3$ 区和 $\rho_d=1.45g/cm^3$ 区各两个，距浸水管的最近距离均为 40cm 和 60cm，布置如图 3-1 所示。含水率计测出的为体积含水率，已知干密度可换算成质量含水率。

2. 表面变位测量

地表隆起测量。布置了八个地表隆起测量断面，每个断面 4 个测点，共 32 个测点。其中 $\rho_d=1.45g/cm^3$ 区 5 个断面，$\rho_d=1.6g/cm^3$ 区 3 个断面，布置如图 3-2 所示，采用直钢尺测量。

挡墙水平位移测量。为了了解膨胀土浸水膨胀对挡墙的影响，模型试验布置了两种形式挡墙：一为不动挡墙，二为可动挡墙。不动挡墙采用模型槽壁模拟。可动挡墙为重力式挡墙，墙面垂直，墙高 200cm，墙顶宽 20cm，墙底宽 70cm，采用钢筋混凝土材料预制，如图 3-2 所示。填筑膨胀土时，墙前、后一道填筑，填筑完成后，将墙后填土挖除。在墙顶布置隆起量和水平位移测点，如图 3-2 所示，采用直钢尺测量。

沉降管和桩顶隆起测量。另外，测量了沉降管顶和桩顶的隆起量，如图 3-2 所示，采用直钢尺测量。

3. 深层土体隆起测量

为了解浸水时膨胀土不同深度的隆起，模型试验中布置了 4 根深层沉降管，其中 $\rho_d=1.45g/cm^3$ 区 3 根，$\rho_d=1.6g/cm^3$ 区 1 根。在 $\rho_d=1.45g/cm^3$ 区中，采用钢筋混凝土块来增加基底压力，基底尺寸为 1m×1m，S1 基底压力为 0，S2 基底压力为 12kPa，S3 基底压力为 24kPa。每根沉降管设 10 个沉降环。深层沉降管布置如图 3-2 所示，采用电磁式沉降仪测量。

4. 挡墙土压力测量

膨胀土浸水膨胀，将产生膨胀压力，从而影响挡土结构物的稳定性。为了研究膨胀土浸水膨胀时作用于挡土结构物上的膨胀压力，模型试验中布置了三个土压力测试断面，$\rho_d=1.45g/cm^3$ 区设 2 个断面，一个断面在可动挡墙上，4 个测点，沿深度分布，间距 50cm，另一个断面在不动挡墙上，9 个测点，沿深度分布，间距 40cm；$\rho_d=1.6g/cm^3$ 区设 1 个断面，在不动挡墙上，9 个测点，沿深度分布，间距 40cm。仪器布置如图 3-2 所示，采用钢弦式土压力计测量。

当膨胀土填筑到土压力计的埋设深度后，再填筑 20cm，然后局部挖除填土，将土压力计固定在预定位置上，再回填中粗砂，继续填筑膨胀土。

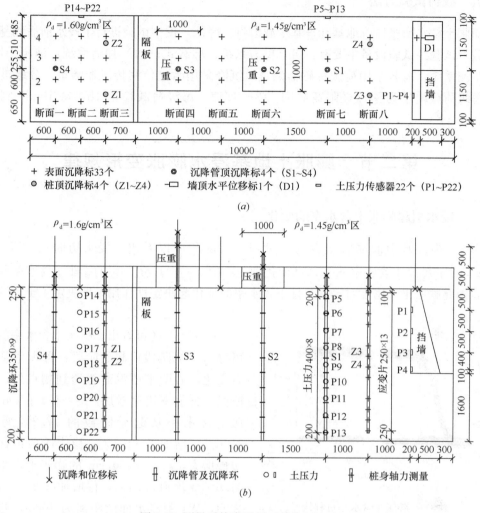

图 3-2 测量系统布置图（单位：mm）
(a) 平面图；(b) 立面图

5. 桩身轴力测量

膨胀土浸水膨胀，将使其中的桩内力发生变化，从而影响桩基承载力。模型试验研究了膨胀土浸水膨胀时引起桩的胀切力及浸水前后桩基承载力，试验布置了四根桩，$\rho_d=1.45\text{g/cm}^3$ 区和 $\rho_d=1.6\text{g/cm}^3$ 区各 2 根，桩采用外径 50mm、壁厚 5mm 的铝合金管模拟，桩底开口以模拟摩擦桩，桩侧粘粉砂以模拟侧壁摩阻力，每根桩均贴有电阻应变片，测量桩身轴力，布置如图 3-2 所示。

电阻应变片帖成全桥电路，温度互为补偿，并可消除弯曲影响。电阻应变片选用基底为 3mm×5mm、电阻值为 120±0.1%Ω、具有一定防水性的聚氨酯精密级应变片。应变片测试灵敏系数为 2，最大应变 2%。用 502 胶水粘贴，703 胶防水。试验前对桩上的电阻应变片进行了标定，线性关系良好。

五、载荷试验方法

膨胀土浸水膨胀后,地基和桩基承载力将会降低。模型试验进行了浸水前后地基和单桩承载力试验。试验设备主要有:(1)反力系统:堆载式;(2)加荷系统:油压千斤顶;(3)量测系统:荷载采用荷载传感器测量,沉降采用激光位移传感器测量。分级进行加荷,每级荷载增量为预计极限荷载的 1/8~1/12。每级荷载稳定 1h,每 10min 测读一次数。

第二节 膨胀土地基浸水膨胀变形规律

一、浸水引起膨胀土含水率的变化

图 3-3 为浸水引起膨胀土含水率过程线,从此可以看出,浸水历时约 85d,$\rho_d=1.45\text{g/cm}^3$ 的膨胀土含水率从 17.2% 变化到 32.4%,$\rho_d=1.6\text{g/cm}^3$ 的膨胀土含水率基本无变化,因此膨胀土干密度对浸水条件下含水率的变化起决定性作用,即决定了土体的渗透系数。

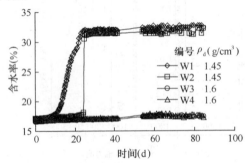

图 3-3 膨胀土含水率过程线

从图 3-3 还可看出,膨胀土含水率的变化可分为三个阶段,起始阶段:含水率基本没有变化,表明水还没有渗透到测点处;突变阶段:含水率快速增加,$\rho_d=1.45\text{g/cm}^3$ 的膨胀土含水率从起始阶段的 17.2% 变化到 31.6%,增加了 14.4%;稳定阶段:含水率缓慢增大,$\rho_d=1.45\text{g/cm}^3$ 的膨胀土含水率从 31.6% 变化到 32.4%,仅增加 0.8%。表 3-3 表明,W1 距浸水面的距离为 40cm,起始阶段历时 137h,突变阶段历时 420h;W2 距浸水面的距离为 60cm,起始阶段历时 429h,突变阶段历时 172h。因此,测点到浸水面的距离影响各阶段的历时。从浸水历时可以分析膨胀土的入渗速度和渗透系数,W1 和 W2 测点的水头均为 1.5m,入渗速度分别为 $8.11\times10^{-5}\text{cm/s}$ 和 $3.88\times10^{-5}\text{cm/s}$,水力坡降分别为 3.75 和 2.5,渗透系数分别为 $2.16\times10^{-5}\text{cm/s}$ 和 $1.55\times10^{-5}\text{cm/s}$,$\rho_d=1.45\text{g/cm}^3$ 的膨胀土平均渗透系数为 $1.86\times10^{-5}\text{cm/s}$。

$\rho_d=1.45\text{g/cm}^3$ 时膨胀土含水率的变化情况 表 3-3

测头编号	起始阶段		突变阶段		稳定阶段	
	平均含水率(%)	浸水历时(h)	含水率(%)	浸水历时(h)	含水率(%)	浸水历时(h)
W1	17.2	137	31.9	577	32.7	2033
W2	17.2	429	31.2	601	32.2	2033

二、浸水引起膨胀土地表隆起

1. 不同土体密度的比较

图 3-4 分别为 $\rho_d=1.6\text{g/cm}^3$ 和 $\rho_d=1.45\text{g/cm}^3$ 时膨胀土地表隆起量过程线，从图中可以看出，随着浸水时间的增加，土体表面隆起也不增大，但增长幅度越来越小；土体密度不同，隆起量也不同，$\rho_d=1.6\text{g/cm}^3$ 时土体表面隆起量小于 $\rho_d=1.45\text{g/cm}^3$ 时土体表面隆起量，这与室内膨胀土膨胀规律结果不一致，主要原因是由于 $\rho_d=1.6\text{g/cm}^3$ 时土体渗透性小，影响土体膨胀，从深层土体隆起更可说明这影响。

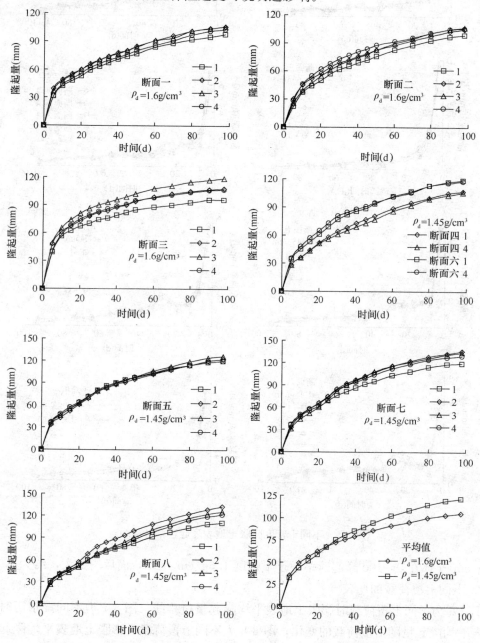

图 3-4 不同干密度膨胀土地表隆起量过程线

图 3-5 分别为 $\rho_d=1.6\text{g/cm}^3$ 和 $\rho_d=1.45\text{g/cm}^3$ 时膨胀土地表隆起速率过程线，从图中看到，浸水 10d 的平均隆起速率较大，而后隆起速率随着浸水时间的增加而减小；干密度

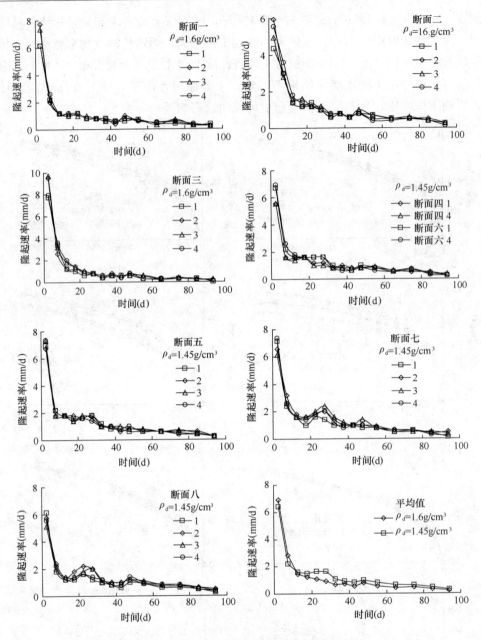

图 3-5 不同干密度膨胀土地表隆起速率过程线

$1.45g/cm^3$ 土体在 0～10d 隆起速率小于干密度 $1.6g/cm^3$ 土体，而后均要大，约为 1.5 倍。

2. 不同上覆荷载的比较

图 3-6 为不同上覆荷载时膨胀土地表平均隆起量过程线，图 3-7 为不同浸水历时膨胀土地表平均隆起量随上覆荷载的变化，图 3-8 为不同上覆荷载时膨胀土地表平均隆起速率过程线，图 3-9 为不同浸水历时膨胀土地表平均隆起速率随上覆荷载的变化。从图中可以看出，随着上覆荷载的增加，膨胀土地表隆起减小，上覆荷载越大，隆起速率越小，表明上覆荷载能有效抑制膨胀土膨胀变形。

第二节 膨胀土地基浸水膨胀变形规律

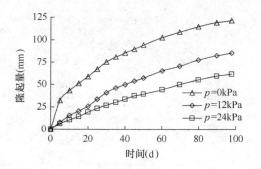

图 3-6 不同上覆荷载时膨胀土地表平均隆起量过程线

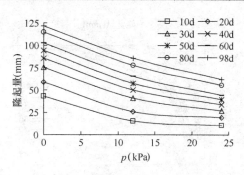

图 3-7 膨胀土地表平均隆起量与上覆荷载的关系

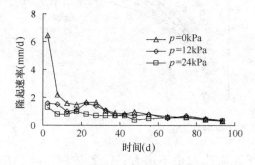

图 3-8 不同上覆荷载时膨胀土地表平均隆起速率过程线

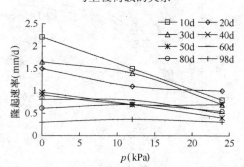

图 3-9 膨胀土地表平均隆起速率与上覆荷载的关系

三、浸水引起膨胀土深层隆起

图 3-10 为膨胀土深层隆起量过程线，图 3-11 为膨胀土深层隆起量沿深度的分布，从

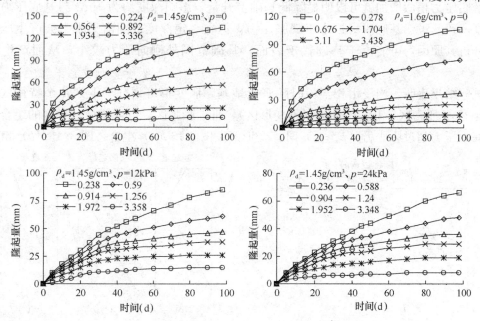

图 3-10 膨胀土深层隆起量过程线

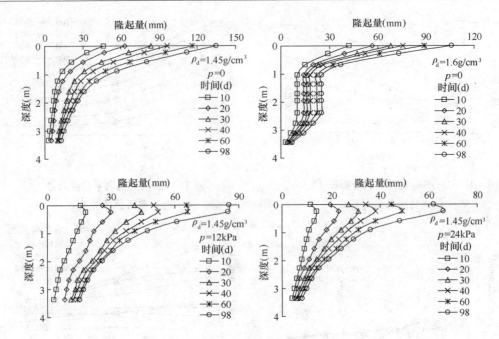

图 3-11　膨胀土深层隆起量沿深度分布

图中可以看出，随着浸水时间的增加，膨胀土深层隆起也不增大；位置越深，隆起量越小；上覆压力越大，深层隆起量越小；密度不同，隆起量也不同，$\rho_d=1.6g/cm^3$ 时在深 1~2.5m 范围内土体无膨胀变形，主要原因是由于 $\rho_d=1.6g/cm^3$ 时土体渗透性小，影响膨胀土浸水膨胀。

图 3-12 为不同上覆压力条件下膨胀土膨胀稳定后深层隆起量沿深度的分布，从此看到，基底压力稍微增加就可以明显降低基础上升量，影响深度约为 1m，与基底压力的影响深度一致。虽然基底压力远小于膨胀压力，但在一定深度范围内膨胀土会产生压缩变形，分析其原因，可能由于基础置于表面，基础范围外侧向压力较小，从而产生侧向变形。

试验结果表明，当浸水相当深时膨胀土地基膨胀变形可划分为下列几个特征区（图 3-13）：Ⅰ—压密区，Ⅱ—中性区（不变形区），Ⅲ—膨胀区，也可能是三个区的组合。当基础底面压力超过膨胀力（$p>p_e$）时，变形区按图 3-13（a）组合，图 3-13（b）相当于

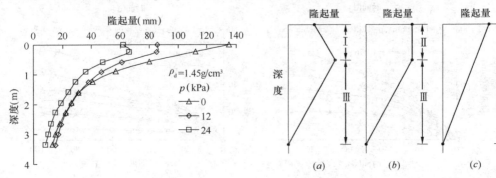

图 3-12　膨胀土最终深层隆起量沿深度分布　　图 3-13　膨胀土膨胀变形区分示意图

条件 $p=p_e$,图 3-13 (c) 相当于条件 $p<p_e$。变形区的高度不仅与外加压力有关,且与基础大小和形状有关。当基础面积和压力增加时Ⅰ和Ⅱ区范围将增大。在土自重作用下土体中仅能形成膨胀区Ⅲ (图 3-13 (c))。

四、膨胀土地基膨胀变形计算方法

上部荷载和水分的变化都能引起膨胀土地基变形,上部荷载引起的膨胀土地基沉降,其计算方法与其他地基沉降的计算方法一样,而水分的变化引起膨胀土地基上升或下沉量的估算方法还不完善。水分的变化可以用含水率的变化表示或吸力的变化表示,有人用吸力变化表示膨胀土地基的升降位移,也有人用含水率变化表示膨胀土地基的升降位移。在预估膨胀土地基浸水变形方面,工程设计中较为流行的是分层总和法。其基本思路是考虑土层在某一压力下的膨胀率、土层或某一区域土的影响系数、土层厚度,从而推求膨胀土的变形量。索洛昌通过室内外试验提出了考虑不同压力下膨胀土膨胀量非线性的浸水变形计算公式

$$S_e = \sum_{i=1}^{n} \delta_{epi} \cdot k_{swi} \cdot h_i \tag{3-1}$$

式中　　S_e——地基土的膨胀变形量;

δ_{epi}、k_{swi}、h_i——分别为第 i 土层在某一压力下的相对膨胀量、土层工作系数、土层厚度。

《膨胀土地区建筑技术规范》GBJ 112—87 采用的膨胀土浸水膨胀变形计算公式为

$$S_e = \psi_e \sum_{i=1}^{n} \delta_{epi} \cdot h_i \tag{3-2}$$

式中　ψ_e——计算膨胀变形量的经验系数,宜根据当地经验确定,若无可依据经验时,三层及三层以下建筑物,可采用 0.6;

δ_{epi}——基础底面下第 i 层土在该层土的平均自重压力与平均附加压力之和作用下的膨胀率,由室内试验确定;

h_i——第 i 层土的计算厚度;

n——自基础底面至计算深度内所划分的土层数,计算深度应根据大气影响深度确定,有浸水可能时,可按浸水影响深度确定。

式 (3-2) 用综合影响系数代替了式 (3-1) 的土层工作系数。分析上述模型,发现它们均忽略了土层初始相对膨胀势差异性的影响,而这种影响对真实反映土体的实际变形是相当重要的,室内小试样测定的土层膨胀率 δ_{epi} 是各土层在某一干密度和初始含水率条件下进行的,而实际工程中大气影响深度是有限的,且不同深度土层含水率变化不同,一般深度越浅,含水率变化越大,越深,变化越大。

1. 膨胀力和膨胀率与含水率的关系

在试验室,可通过控制膨胀土样的干密度而改变其含水率,再测定其膨胀力和无荷膨胀率,从而得出膨胀力和膨胀率与膨胀土初始含水率的关系(图 3-14)。这种关系一般为反"S"形曲线关系,存在两个拐点,曲线近似于由第一拐点之前和第二拐点之后的两段水平线以及两拐点之间的近似直线段所组成。第一拐点对应的含水率为缩限含水率

(w_S)，初始含水率 $w_0 < w_S$ 时，膨胀力为最大膨胀力 p_{em}，膨胀率为最大膨胀率 δ_{e0m}，并不随 w_0 而变化。第二拐点对应的含水率为胀限含水率（w_H），$w_0 > w_H$ 时，膨胀力和膨胀率均为 0。当 w_0 介于 w_S 与 w_H 之间时，膨胀力和膨胀率与 w_0 成反比线性关系。因此，膨胀力 p_e 和膨胀率 δ_{e0} 与起始含水率 w_0 的关系表示为：

$$p_e = \begin{cases} p_{em} \\ \dfrac{w_H - w_0}{w_H - w_S} p_{em} \\ 0 \end{cases} \quad \delta_{e0} = \begin{cases} \delta_{e0m} & (w_0 \leqslant w_S) \\ \dfrac{w_H - w_0}{w_H - w_S} \delta_{e0m} & (w_S \leqslant w_0 \leqslant w_H) \\ 0 & (w_0 \geqslant w_H) \end{cases} \tag{3-3}$$

为表达方便起见，式（3-3）可写成：

$$p_e = A \cdot \Delta w \tag{3-4}$$

$$\delta_{e0} = B \cdot \Delta w \tag{3-5}$$

式中　A——$p_e \sim w_0$ 曲线直线段斜率，可由不同初始含水率的膨胀力试验求得；

　　　B——$\delta_{e0} \sim w_0$ 曲线直线段斜率，可由不同初始含水率的膨胀率试验求得；

　　　Δw——含水率增加值，可按下式确定：

$$\Delta w = \begin{cases} 0 & (w_0 \leqslant w_1 \leqslant w_S \text{ 或 } w_1 \geqslant w_0 \geqslant w_H) \\ w_1 - w_S & (w_0 \leqslant w_S \leqslant w_1 \leqslant w_H) \\ w_1 - w_0 & (w_S \leqslant w_0 \leqslant w_1 \leqslant w_H) \\ w_H - w_S & (w_0 \leqslant w_S \leqslant w_H \leqslant w_1) \\ w_H - w_0 & (w_S \leqslant w_0 \leqslant w_H \leqslant w_1) \end{cases} \tag{3-6}$$

式中　w_0、w_1——分别为初始和最终含水率。

式（3-4）和式（3-5）表明，膨胀力和无荷膨胀率之间呈线性关系：

$$p_e = \frac{B}{A} \delta_{e0} \tag{3-7}$$

2. 膨胀土地基含水率的变化规律

现场测试和调查研究表明，在平坦地面下，膨胀土地基含水率变化主要受大气降雨和地表蒸发的影响，因而表现出季节性变化和沿深度方向的变化。如图 3-15 所示，在长期干旱期间，膨胀土地基含水率随深度增大而增加，并在某一深度之后趋于稳定值。在雨季，

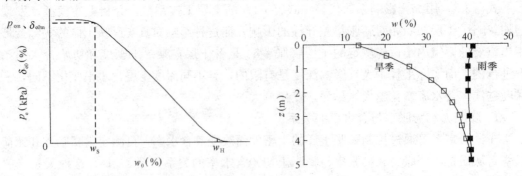

图 3-14　膨胀力和膨胀率与初始含水率 w_0 的关系　　图 3-15　不同季节膨胀土地基含水率沿深度分布

含水率随深度增大而略有减小，并很快趋于稳定值，变化的幅度远比旱季要小。因此，膨胀土地基含水率的变化值 Δw 随深度增大而逐渐减小，并在气候影响层深度处（z_w）趋近于 0。z_w 即是含水率季节性变化的影响深度，其值与雨量、雨强、植被、地形、土体结构和渗透性等地质地理因素有关，一般在 5m 以内。关于 Δw 随深度的变化，蒋忠信等提出如下的对数曲线形式

$$\Delta w = \Delta w_0 e^{-az} \tag{3-8}$$

式中 Δw_0——土体含水率最大变化值，即地表处含水率变化值；

a——与气候条件、膨胀土性质等有关的系数，$a>0$。

由式（3-8）计算不同深度处含水率的变化值，存在以下两个问题：一是系数 a 的确定需要通过长时期的现场不同深度处含水率变化，通常较难实现；二是只有 $z\to\infty$ 时，$\Delta w\to 0$，与实际情况不符。为简化计算起见，在大气影响深度范围内，假设 Δw 随深度线性减小，在大气影响深度以下，含水率不变化，Δw 可表示为

$$\Delta w = \begin{cases} \Delta w_0 \dfrac{z_w - z}{z_w} & (z \leqslant z_w) \\ 0 & (z \geqslant z_w) \end{cases} \tag{3-9}$$

式中 z_w——大气影响深度。

3. 膨胀率与上覆压力的关系

室内有侧限条件下膨胀率与上覆压力关系（图 3-16）表明，膨胀率随着压力的加大而减小，且压力较小时，膨胀率减小得最厉害，随着压力增大，膨胀率减小程度就越小。当压力达到膨胀压力 p_e 时，膨胀率为于 0。图 3-16 还表明，初始含水率不同，相同压力下的膨胀率也不同，初始含水率越低其

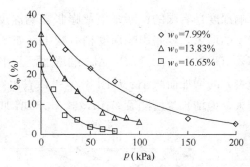

图 3-16 膨胀率与上覆压力的关系

所对应的膨胀率反而越高，但不同初始含水率的膨胀率与压力的关系形状相似，可用椭圆形曲线来表示，即

$$\left(\dfrac{\delta_{e0} - \delta_{ep}}{\delta_{e0}}\right)^2 + \left(\dfrac{p_e - p}{p_e}\right)^2 = 1 \tag{3-10}$$

式中 δ_{e0}——含水率增加 Δw 条件下，无荷膨胀率；

δ_{ep}——含水率增加 Δw 条件下，上覆压力为 p 时的膨胀率；

p_e——含水率增加 Δw 条件下的膨胀力；

p——上覆土压力。

4. 膨胀率的分布规律

设地面水平，任一深度处附加压力为 q，土的重度为 γ，则上覆压力 $p=q+\gamma z$，将式（3-4）、式（3-5）和式（3-9）代入式（3-10）可得膨胀率为

$$\delta_{ep} = \left[A \cdot \Delta w \dfrac{z_w - z}{z_w} - \sqrt{2A \cdot \Delta w_0 \dfrac{z_w - z}{z_w}(q+\gamma z) - (q+\gamma z)^2}\right] \dfrac{B \cdot \Delta w_0}{A \cdot \Delta w_0} \tag{3-11}$$

从式（3-11）可以看出，膨胀率与 A、B、Δw_0、z_w、q、γ 有关，图 3-17 为其沿深度

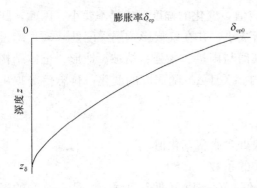

图 3-17 膨胀率的一般分布形态

的一般分布形态。从此可以看出，在地表，膨胀率最大，为

$$\delta_{ep0} = (A \cdot \Delta w_0 - \sqrt{2A \cdot \Delta w_0 \cdot q - q^2}) \frac{B \cdot \Delta w_0}{A \cdot \Delta w_0} \quad (3-12)$$

膨胀率随着深度的增加而减小，且深度较小时，减小幅度较大，深度较大时，减小幅度较小，在 z_δ 处，膨胀率为 0，z_δ 为膨胀影响深度

$$z_\delta = \frac{A \cdot \Delta w_0 - q}{A \cdot \Delta w_0 + \gamma z_w} z_w \quad (3-13)$$

且 $z_\delta < z_w$。

现分析 $A \cdot \Delta w_0$、$B \cdot \Delta w_0$、z_w、q、γ 对膨胀率的影响。膨胀率及膨胀影响深度随着 $A \cdot \Delta w_0$ 和 $B \cdot \Delta w_0$ 成比例的增大而增大（如图 3-18a 所示）；膨胀影响深度随着 z_w 的增大而增大（如图 3-18b 所示），当 $z_w \to \infty$ 时，即地基均匀浸水，$z_\delta = \frac{A \cdot \Delta w_0 - q}{\gamma}$，表明膨胀影响深度是有限的；膨胀率及膨胀影响深度随着 q 的增大而减小（如图 3-18c 所示）；随着 γ 的增大，膨胀影响深度稍有减小（如图 3-18d 所示）。从图 3-19 可以看出，地表膨胀率 δ_{ep0} 随着 $A \cdot \Delta w_0$ 和 $B \cdot \Delta w_0$ 的增加而几乎线性增大，随着 q 的增加而减小，且减小幅度随着 q 的增加而减小。从图 3-20 可以看出，膨胀影响深度 z_δ 随着 $A \cdot \Delta w_0$、z_w 的增加而增大，但增长幅度随着 $A \cdot \Delta w_0$、z_w 的增加而有所减小；z_δ 随着 q、γ 的增加而减小，但

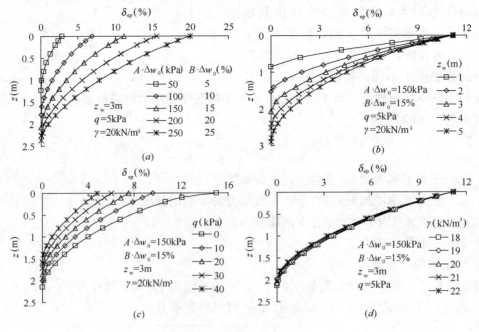

图 3-18 膨胀率沿深度分布

(a) $A \cdot \Delta w_0$ 和 $B \cdot \Delta w_0$ 变化；(b) z_w 变化；(c) q 变化；(d) γ 变化

其影响程度均不大。综上所述，$A \cdot \Delta w_0$、$B \cdot \Delta w_0$ 和 z_w 对膨胀率的影响较大，而 q 和 γ 的影响较小。

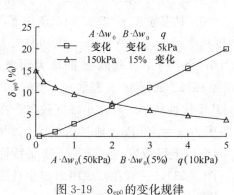

图 3-19 δ_{ep0} 的变化规律

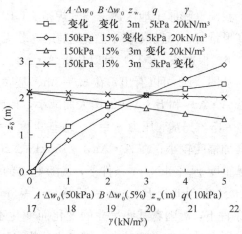

图 3-20 z_δ 的变化规律

5. 膨胀变形的计算方法

从理论上来说，对式（3-11）积分，就可以得出膨胀变形的计算公式，但从式（3-11）可以看出，膨胀率与地基附加应力 q 有关，而 q 又与基础形式、尺寸、基底压力分布、深度等有关，即 q 随深度变化的关系式较为复杂，一般情况下得出式（3-11）的积分比较困难，因此，建议采用分层总和法计算膨胀变形，计算公式为

$$S_e = \sum_{i=1}^{n} \delta_{epi} \cdot h_i \tag{3-14}$$

式中 S_e——地基土的膨胀变形量；

δ_{epi}——基础底面下第 i 层土在该层土的膨胀率，可由式（3-11）计算得出；

h_i——第 i 层土的计算厚度；

n——自基础底面至计算深度内所划分的土层数，计算深度取膨胀土层厚度和膨胀影响深度 z_δ 的小值。

式（3-14）与式（3-2）的区别在于：式（3-14）在计算膨胀率时考虑了大气影响使膨胀土含水率变化值随深度减小的情况，式（3-2）的膨胀率未考虑大气影响的情况，从而引入经验系数 ψ_e。

6. 膨胀变形的试验验证

现在根据前面的试验结果，对膨胀变形计算公式进行验证。在土体 $\rho_d = 1.45 \text{g/cm}^3$ 的试验中，土层含水率变化沿深度均匀分布，则 $z_w \to \infty$，$\dfrac{z_w - z}{z_w} \to 1$；含水率变化达最大值，则 $A \cdot \Delta w_0 = p_e = 463 \text{kPa}$，$B \cdot \Delta w_0 = \delta_{e0} = 7.8\%$；无表面荷载，则 $p = \gamma z$，$\gamma = 19 \text{kPa}$。图 3-21 示出了土体 $\rho_d = 1.45 \text{g/cm}^3$ 膨胀变形

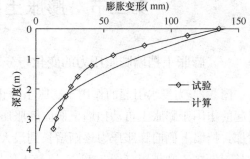

图 3-21 土体膨胀变形计算和试验结果的比较

随深度变化的试验和计算结果，从此可看出，计算和试验的膨胀变形的变化规律基本一致，且误差较小，表明该膨胀变形计算方法符合实际。

我国《膨胀土地区建筑技术规范》GBJ 113—87 建议采用式（3-2）计算地基土的膨胀变形量时，ψ_e 宜根据当地经验确定，若无可依据经验时，三层及三层以下建筑物，可采用 0.6。根据式（3-14）可以分析 $A \cdot \Delta w_0$、$B \cdot \Delta w_0$、z_w、q_0、基底尺寸 L、γ 对 ψ_e 的影响。从图 3-22 可以看出，在 $z_w=3m$、基底压力 $q_0=0$、地基重度 $\gamma=20kN/m^3$ 条件下，ψ_e 随着 $A \cdot \Delta w_0$ 和 $B \cdot \Delta w_0$ 的增大而减小，但减小幅度越来越小；在 $A \cdot \Delta w_0=150kPa$、$B \cdot \Delta w_0=15\%$、基底压力 $q_0=0$、地基重度 $\gamma=20kN/m^3$ 条件下，ψ_e 随着 z_w 的增大而增大，但增加幅度较小；在 $A \cdot \Delta w_0=150kPa$、$B \cdot \Delta w_0=15\%$、$z_w=3m$、基底尺寸 $2m \times 2m$、地基重度 $\gamma=20kN/m^3$ 条件下，ψ_e 随着 q_0 的增大而几乎线性减小，且减小幅度较大；在 $A \cdot \Delta w_0=150kPa$、$B \cdot \Delta w_0=15\%$、$z_w=3m$、基底压力 $q_0=40kPa$、地基重度 $\gamma=20kN/m^3$ 条件下，ψ_e 随着基底尺寸的变化而变化不大。综合以上可以发现，膨胀土膨胀特性和基底压力对 ψ_e 的影响较大，进一步分析可以看出（图 3-23），只有在基底压力很小且膨胀率和膨胀压力不大的情况下，取 $\psi_e=0.6$ 才恰当，其他情况 ψ_e 明显小于 0.6。

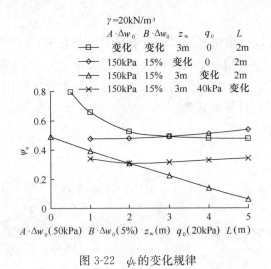

图 3-22 ψ_e 的变化规律

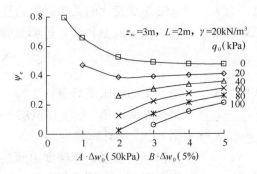

图 3-23 ψ_e 随 $A \cdot \Delta w_0$、$B \cdot \Delta w_0$ 和 q_0 的变化

第三节 膨胀土挡墙膨胀压力规律

一、膨胀土挡墙膨胀压力的变化与分布

图 3-24 为浸水引起的作用于膨胀土静止挡墙上侧向膨胀压力过程线，图 3-25 为浸水引起的作用于膨胀土可动挡墙上侧向膨胀压力过程线，从图中可以看出，随着浸水时间的增加，挡墙上侧向膨胀压力逐渐增长到最大值，且深度越小，达到最大膨胀压力所需时间越长，反之，则越短（图 3-26）。达最大值后，静止挡墙上膨胀压力基本稳定在最大值附近，可动挡墙上膨胀压力则逐渐减小至稳定值。土体干密度越大，则膨胀压力也越大。

第三节 膨胀土挡墙膨胀压力规律

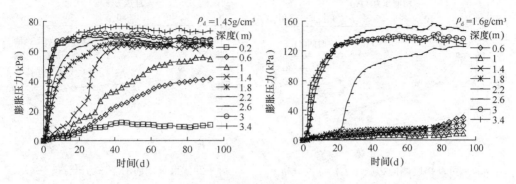

图 3-24 静止挡墙侧向膨胀压力过程线

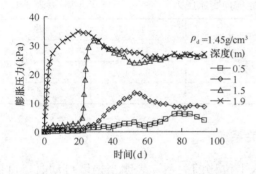

图 3-25 可动挡墙侧向膨胀压力过程线

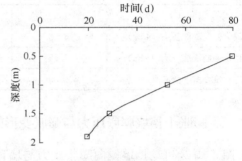

图 3-26 可动挡墙达到最大膨胀压力所需时间随深度的变化

图 3-27 为浸水引起的作用于膨胀土静止挡墙上侧向膨胀压力沿深度的分布，图 3-28 为浸水引起的作用于膨胀土可动挡墙上侧向膨胀压力沿深度的分布，图 3-29 为最大侧向膨胀压力沿深度的分布，表 3-4 列出了可动挡墙上的最大和稳定侧向膨胀压力。从此可以看出，在 1.5m 内，侧向膨胀压力随深度增加而显著增大，在 1.5m 以下，侧向膨胀压力随深度的增长率明显较小；可动挡墙上的最大侧向膨胀压力与静止挡墙上的最大侧向膨胀压力之比约为 0.45；可动挡墙上的最大侧向膨胀压力与稳定侧向膨胀压力之比约为 1.3~1.5。

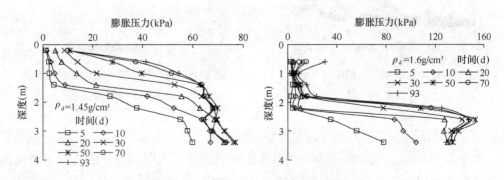

图 3-27 静止挡墙侧向膨胀压力沿深度分布

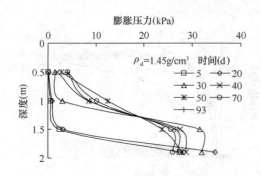

图 3-28 可动挡墙侧向膨胀压力沿深度分布

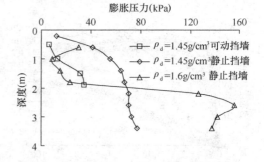

图 3-29 最大侧向膨胀压力沿深度分布

可动挡墙最大和稳定侧向膨胀压力 表 3-4

深度（m）	0.5	1.0	1.5	1.9
最大侧向膨胀压力（kPa）	6.52	13.50	31.71	34.81
稳定侧向膨胀压力（kPa）	4.69	9.00	23.74	25.64
最大值/稳定值	1.39	1.50	1.34	1.36

二、膨胀土挡墙膨胀压力与膨胀变形的关系

图 3-30 为可动挡墙侧向膨胀压力与墙顶水平位移的关系，表明当挡墙可动时，可以明显减小膨胀压力。随着膨胀土浸水时间的增加，膨胀压力和墙顶水平位移均在不断增大，当墙顶水平位移增加到某一数值时，膨胀压力达到最大值，然后随着水平位移的进一步增大，膨胀压力逐渐减小到稳定值。不同深度处膨胀压力达到最大值对应的水平位移不同，越深，最大膨胀压力越大，而水平位移越小；越浅，最大膨胀压力越小，而水平位移越大。最大膨胀压力与相应的水平位移呈线性减小的关系（图 3-31）。

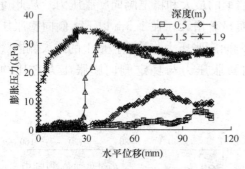

图 3-30 可动挡墙侧向膨胀压力与墙顶水平位移的关系

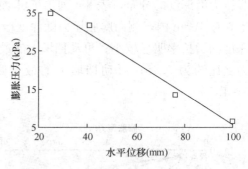

图 3-31 可动挡墙最大侧向膨胀压力与墙顶水平位移的关系

根据量测土层的分层隆起量可以求得相对膨胀量，从而建立膨胀压力与相对膨胀量的关系。图 3-32 为可动挡墙膨胀压力与相对膨胀量的关系，表明随着膨胀土浸水时间的增加，膨胀压力和相对膨胀量均在不断增大，当相对膨胀量增加到某一数值时，膨胀压力达到最大值，然后随着相对膨胀量的进一步增大，膨胀压力逐渐减小到稳定值。不同深度处

膨胀压力达到最大值对应的相对膨胀量不同,越深,最大膨胀压力越大,而相对膨胀量越小,越浅,最大膨胀压力越小,而相对膨胀量越大。根据图 3-32 可以求得最大膨胀压力与相应的相对膨胀量的关系,如图 3-33 所示,从图中可以看出,随着土层相对膨胀量的增加,挡墙上的膨胀压力则急剧降低;当挡墙可动时,膨胀时会产生水平位移,相同相对膨胀量情况下,膨胀压力明显小于挡墙不动情况;当挡墙不动时,即在膨胀时无水平变形情况下,相对膨胀量为零时的膨胀压力在理论上应等于膨胀土的膨胀力。

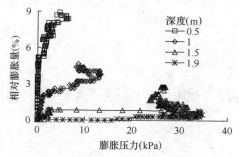
图 3-32 可动挡墙侧向膨胀压力与土体相对膨胀量的关系

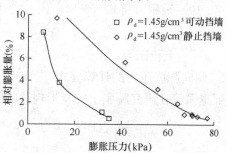
图 3-33 挡墙最大侧向膨胀压力与土体相对膨胀量的关系

三、膨胀土挡墙侧向膨胀压力计算方法

土压力是作用在支挡结构上最为重要的荷载,其计算结果是否合理直接关系到支挡结构的成败。膨胀土遇水膨胀特性决定了膨胀土挡墙上的土压力不同于一般黏性土,Moza K. K.、Katti R. K. 和 Katti D. R. 分别对砂土、一般黏性土和膨胀土进行了土体饱和前后的土压力对比试验,试验结果表明,砂土和一般黏性土饱和前后主动土压力略有增加,但饱和后膨胀土的主动土压力增大很多,达到十几倍。这是因为膨胀土含有大量的强亲水性黏土矿物,其抗剪强度对含水率的变化特别敏感,含水率对膨胀土的土压力影响甚为显著,在分析土压力时对此应予重视。因此,在膨胀土地区的土压力计算必须考虑这些因素的影响。

1. 膨胀力与膨胀变形的关系

作用于膨胀土支挡结构任一深度上的侧向膨胀力 p_z,与膨胀土的性质、含水率和支挡结构变形有关。当膨胀土充分吸水膨胀,支挡结构不允许变形的情况下,膨胀土对支挡结构产生最大的侧向膨胀力 p_e,可由式(3-4)表示。一般情况下,大气影响深度范围内的膨胀土,既会发生一定的膨胀变形,又会产生一定的膨胀压力。假设膨胀压力与膨胀变形呈线性关系,可表示为

$$p_{e\delta} = \frac{\varepsilon_{v0} - \varepsilon_{vp}}{\varepsilon_{v0}} p_e \tag{3-15}$$

式中 $p_{e\delta}$——体应变为 ε_{vp} 时对应的膨胀压力;

ε_{vp}——膨胀压力为 $p_{e\delta}$ 时对应的膨胀体应变;

p_e——膨胀力;

ε_{v0}——膨胀压力为 0 时的膨胀体应变。

有侧限条件下，膨胀体应变等于膨胀率，则式（3-15）可写为

$$p_{e\delta} = \frac{\delta_{e0} - \delta_{ep}}{\delta_{e0}} p_e \tag{3-16}$$

式中　δ_{ep}——膨胀压力为 $p_{e\delta}$ 对应的膨胀率；

　　　δ_{e0}——膨胀压力为 0 时的膨胀率。

膨胀土含水率变化可由式（3-9）表示。室内有侧限条件下膨胀率与上覆压力关系可由式（3-10）表示。将式（3-10）代入式（3-16），得

$$p_{e\delta} = \sqrt{2p \cdot p_e - p^2} \tag{3-17}$$

式中　p——上覆压力。

2. 侧向膨胀压力的计算公式

邹越强等在研究膨胀土的变形规律时曾得到完全侧限条件下膨胀土遇水引起的侧压力公式

$$\sigma_x = \sigma_y = \frac{\mu}{1-\mu}\sigma_z + \frac{1-2\mu}{1-\mu}p_e \tag{3-18}$$

式中　μ——泊松比；

　　　σ_x、σ_y、σ_z——水平向和垂直向应力；

　　　p_e——膨胀力。

由式（3-18）可见在土质相同，击实能量相同，完全侧限的条件下，膨胀土遇水产生的侧压力与 σ_z、μ 和 p_e 有关。当 $\sigma_z = p_e$ 时，$\sigma_x = \sigma_y = p_e$，即三个方向的变形均为 0，压力为 p_e。Komomik 用单轴方法和 Baker 用三轴方法均得到这个结论。

取式（3-18）右边的第二项，并考虑膨胀变形的影响，用 $p_{e\delta}$ 替代 p_e，则得有侧限时任一深度 z 处膨胀土遇水膨胀所产生的侧向膨胀压力 p_z 为

$$p_z = \frac{1-2\mu}{1-\mu} p_{e\delta} \tag{3-19}$$

根据式（3-4）、式（3-9）、式（3-17）和式（3-19），对于直墙背的支挡结构物，地面水平，地表作用均布荷载 q，设重度为 γ，则上覆压力 $p = q + \gamma z$，并考虑挡墙的水平位移，其后任一深度 z 处的侧向膨胀压力计算公式为

$$p_z = \beta \frac{1-2\mu}{1-\mu} \sqrt{2A \cdot \Delta w_0 \frac{z_w - z}{z_w}(q+\gamma z) - (q+\gamma z)^2} \tag{3-20}$$

式中　β——支挡结构水平位移引起的侧向膨胀压力折减系数，当挡墙不允许水平位移时，$\beta = 1$。

对于挡土墙，由于反滤层材料性质厚度和受力点高度的不同，其压缩变形量也不同。鉴于影响因素复杂，要通过大量的现场测试来确定不同材料、不同厚度、不同高度处反滤层的压缩变形以拟合系数 β 是相当困难的，只能采用近似的方法选取 β 值。我们的试验结果表明，挡墙可动时的侧向膨胀压力只有挡墙不动时的 0.5 左右，张颖均的试验研究表明，挡土墙后设置厚 0.3~0.6m 的砂卵石层可降低侧向膨胀力的 25%~30%。偏于安全考虑，对无支撑挡土墙的水平位移折减系数 $\beta = 0.75$。

3. 侧向膨胀压力的试验验证

现在根据我们前面的试验结果，对侧向膨胀压力计算公式进行验证。在土体 $\rho_d =$

1.45g/cm³ 的试验中，土层含水率变化沿深度均匀分布，则 $z_w \to \infty$，$\frac{z_w - z}{z_w} \to 1$；含水率变化达最大值，则 $A \cdot \Delta w_0 = p_e = 463$kPa；地面水平，无表面荷载，则 $p = \gamma z$，$\gamma = 19$kPa；$\mu = 0.4$，挡墙不动时，$\beta = 1$，可动时，$\beta = 0.5$。由以上条件，式（3-20）可简化为：

$$P_z = \frac{\beta}{3}\sqrt{2 \times 463 \times 19 \times z - (19 \times z)^2}$$

图 3-34 示出了土体 $\rho_d = 1.45$g/cm³ 的挡墙可动和不动情况侧向膨胀压力随深度变化的试验和计算结果，从此可看出，计算和试验的侧向膨胀压力的变化规律基本一致，且误差较小，表明本章提出的侧向膨胀压力的计算方法符合实际。

4. 侧向膨胀压力的分布规律

分析式（3-20）可以得出，地表侧向膨胀压力 p_{z0} 为

$$p_{z0} = \beta \frac{1-2\mu}{1-\mu}\sqrt{2A \cdot \Delta w_0 \cdot q - q^2} \tag{3-21}$$

最大侧向膨胀压力 p_{zmax} 及其出现深度 z_{pmax} 分别为

$$p_{zmax} = \beta \frac{1-2\mu}{1-\mu} \frac{A \cdot \Delta w_0 (\gamma z_w + q)}{\sqrt{\gamma z_w (2A \cdot \Delta w_0 + \gamma z_w)}} \tag{3-22}$$

$$z_{pzmax} = \frac{A \cdot \Delta w_0 (\gamma z_w - q) - \gamma z_w q}{(2A \cdot \Delta w_0 + \gamma z_w)\gamma} \tag{3-23}$$

侧向膨胀压力的作用深度为

$$z_{max} = \frac{2A \cdot \Delta w_0 - q}{2A \cdot \Delta w_0 + \gamma z_w} z_w \tag{3-24}$$

图 3-35 为根据式（3-20）计算的侧向膨胀压力沿深度的一般分布形态。从此可以看出，当深度较小时，随着深度的增加，侧向膨胀压力不断增大，在 z_{pmax} 处，侧向膨胀压力达到最大值 p_{zmax}，当深度大于 z_{pmax} 时，随着深度的增加，侧向膨胀压力不断减小，在 z_{max} 时，侧向膨胀压力为 0。因此，如挡墙高度大于 z_{max}，则侧向膨胀压力的影响范围为 z_{max}，在深度 z_{max} 以下，无侧向膨胀压力的作用，如挡墙高度小于 z_{max}，则整个挡墙上均有侧向膨胀压力作用。侧向膨胀压力呈以 $z = z_{pmax}$ 为对称轴的对称分布形态。当 $q = 0$ 时，$z_{max} = 2z_{pmax}$。

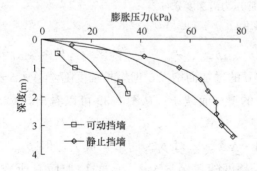

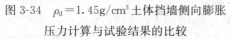

图 3-34 $\rho_d = 1.45$g/cm³ 土体挡墙侧向膨胀压力计算与试验结果的比较

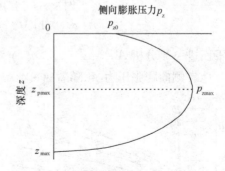

图 3-35 侧向膨胀压力的一般分布形态

从式（3-20）可以看出，侧向膨胀压力与 β、μ、A、Δw_0、z_w、q、γ 有关，下面设 $\beta = 1$、$\mu = 0.4$，以分析 $A \cdot \Delta w_0$、z_w、q、γ 对侧向膨胀压力的影响。从图 3-36（a）可以

看出，随着 $A \cdot \Delta w_0$ 的增大，侧向膨胀压力也增大，且最大侧向膨胀压力 p_{zmax}、最大侧向膨胀压力出现深度 z_{pmax}、侧向膨胀压力最大影响深度 z_{max} 也不断增大。从图 3-36（b）可以看出，随着 z_w 的增大，侧向膨胀压力也增大，且最大侧向膨胀压力 p_{zmax}、最大侧向膨胀压力出现深度 z_{pmax}、侧向膨胀压力最大影响深度 z_{max} 也不断增大。从图 3-36（c）可以看出，随着 q 的增大，侧向膨胀压力也增大，且地表侧向膨胀压力明显增大，最大侧向膨胀压力 p_{zmax} 有所增大，最大侧向膨胀压力出现深度 z_{pmax}、侧向膨胀压力最大影响深度 z_{max} 有所减小。从图 3-36（d）可以看出，随着 γ 的增大，侧向膨胀压力稍有增大，最大侧向膨胀压力 p_{zmax} 稍有增大，最大侧向膨胀压力出现深度 z_{pmax}、侧向膨胀压力最大影响深度 z_{max} 稍有减小。

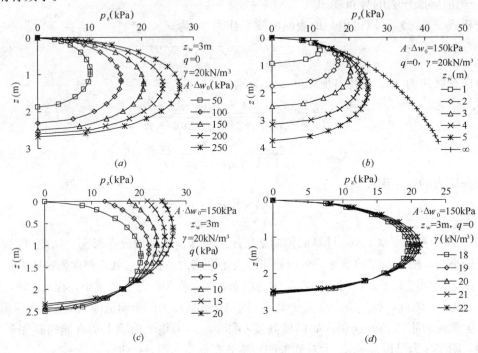

图 3-36 侧向膨胀压力沿深度分布
(a) $A \cdot \Delta w_0$ 变化；(b) z_w 变化；(c) q 变化；(d) γ 变化

下面进一步分析 $A \cdot \Delta w_0$、z_w、q、γ 对 p_{z0}、p_{zmax}、z_{pmax}、z_{max} 的影响。从图 3-37 可以看出，地表侧向膨胀压力 p_{z0} 随着 $A \cdot \Delta w_0$ 和 q 的增加而增大，但增长幅度随着 $A \cdot \Delta w_0$ 和 q 的增加而减小。从图 3-38 可以看出，p_{zmax} 随着 $A \cdot \Delta w_0$、z_w、q、γ 的增加而增大，其中 $A \cdot \Delta w_0$、z_w 对 p_{zmax} 的影响最大，但 p_{zmax} 的增长幅度随着 $A \cdot \Delta w_0$、z_w 的增加而有所减小，随着 q 的增加 p_{zmax} 线性增大，但其对 p_{zmax} 的影响明显小于 $A \cdot \Delta w_0$、z_w 的影响，随着 γ 的增加 p_{zmax} 接近线性增大，但增长幅度很小。从图 3-39 可以看出，在 $A \cdot \Delta w_0$ 较小时，z_{pmax} 和 z_{max}

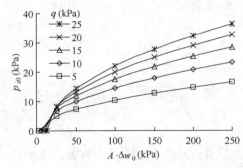

图 3-37 地表侧向膨胀压力 p_{z0} 的变化规律

随着 $A\cdot\Delta w_0$ 的增大而迅速增大，而后随着 $A\cdot\Delta w_0$ 的增加而增长幅度明显减小，随着 z_w 的增加，z_{pmax} 和 z_{max} 明显增大，z_{pmax} 和 z_{max} 随着 q、γ 的增加而减小，其中 γ 的影响很小，q 对 z_{pmax} 的影响要比对 z_{max} 的大。综上所述，$A\cdot\Delta w_0$ 和 z_w 对侧向膨胀压力的影响很大，而 q 和 γ 的影响较小。

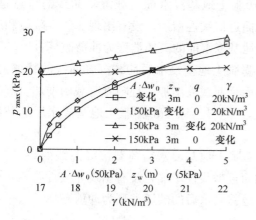

图 3-38　最大侧向膨胀压力 p_{zmax} 的变化规律　　图 3-39　z_{pmax} 和 z_{max} 的变化规律

5. 侧向膨胀压力的合力

由式 (3-20) 的膨胀压力的分布，可以计算出膨胀压力的合力 E_{pp} 及其作用深度 z_{pp}。当挡墙高度 $H < z_{max}$ 时，

$$E_{pp} = \frac{1}{2} z_{pmax} p_{z0} + \frac{1}{2}(H - z_{pmax}) p_{zH} + \frac{1}{2}\left(\frac{q}{\gamma} + z_{pmax}\right)$$

$$p_{zmax}\left(\arcsin \frac{H - z_{pmax}}{q/\gamma + z_{pmax}} + \arcsin \frac{z_{pmax}}{q/\gamma + z_{pmax}}\right) \tag{3-25}$$

$$z_{pp} = z_{pmax} - \frac{z_w}{3\gamma(2A\cdot\Delta w_0 + \gamma z_w)}\left(\frac{1-\mu}{\beta(1-2\mu)}\right)^2 \frac{p_{zH}^3 - p_{z0}^3}{E_{pp}} \tag{3-26}$$

式中　p_{zH}——墙底处的侧向膨胀压力。

$$p_{zH} = \beta \frac{1-2\mu}{1-\mu}\sqrt{2A\cdot\Delta w_0 \frac{z_w - H}{z_w}(q + \gamma H) - (q + \gamma H)^2} \tag{3-27}$$

当挡墙高度 $H \geqslant z_{max}$ 时，取 $H = z_{max}$，则 $p_{zH} = 0$，式 (3-25) 和式 (3-26) 可简化为

$$E_{pp} = \frac{1}{2} z_{pmax} p_{z0} + \frac{1}{2}\left(\frac{q}{\gamma} + z_{pmax}\right) p_{zmax} \left(\frac{\pi}{2} + \arcsin \frac{z_{pmax}}{q/\gamma + z_{pmax}}\right) \tag{3-28}$$

$$z_{pp} = z_{pmax} + \frac{z_{max} q p_{z0}}{3\gamma E_{pp}} \tag{3-29}$$

第四节　膨胀土地基承载变形特性

一、浸水对承载变形特性的影响

为了研究浸水对膨胀土地基承载变形特性的影响，分别对浸水前后膨胀土地基进行了

承载力试验，图 3-40 为荷载沉降曲线。从图 3-40（a）可以看出，$\rho_d=1.45\text{g/cm}^3$ 膨胀土地基浸水前荷载沉降曲线的特点是，在荷载达到比例界限荷载（$p_0=536.5\text{kPa}$）之前，沉降随着荷载的增加而近似线性增加，荷载在比例界限荷载与极限荷载（$p_u=937.4\text{kPa}$）之间，沉降随着荷载的增加而呈非线性增加，荷载超过极限荷载之后，沉降随着荷载的增加而急剧增加。因此，$\rho_d=1.45\text{g/cm}^3$ 膨胀土地基浸水前的破坏类型为整体破坏。

从图 3-40（b）可以看出，$\rho_d=1.6\text{g/cm}^3$ 膨胀土地基浸水前荷载沉降曲线的特点是，在整个试验荷载范围内，沉降随着荷载的增加而近似线性增加，没有出现非线性阶段和沉降急剧增加现象。因此，$\rho_d=1.6\text{g/cm}^3$ 膨胀土地基浸水前的破坏类型为冲剪破坏。

从图 3-40（c）可以看出，$\rho_d=1.45\text{g/cm}^3$ 膨胀土地基浸水后荷载沉降曲线的特点是，在整个试验荷载范围内，沉降随着荷载的增加而呈非线性增加，且随着荷载的增加，沉降增量也越来越大，曲线拐点不是很明显。因此，$\rho_d=1.45\text{g/cm}^3$ 膨胀土地基浸水后的破坏类型为局部剪切破坏。

从图 3-40（d）可以看出，$\rho_d=1.6\text{g/cm}^3$ 膨胀土地基浸水后荷载沉降曲线的特点是，在整个试验荷载范围内，沉降随着荷载的增加而近似线性增加，没有出现非线性阶段和沉降急剧增加现象。因此，$\rho_d=1.6\text{g/cm}^3$ 膨胀土地基浸水后的破坏类型为冲剪破坏。

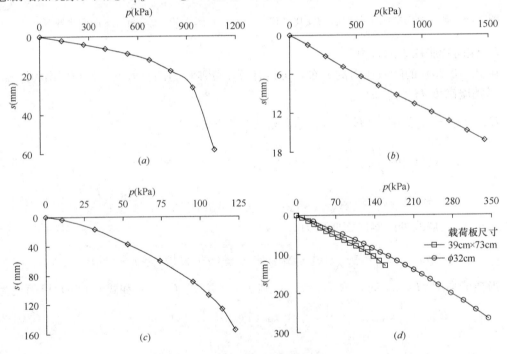

图 3-40　膨胀土地基荷载沉降关系曲线
（a）$\rho_d=1.45\text{g/cm}^3$、浸水前；（b）$\rho_d=1.6\text{g/cm}^3$、浸水前；（c）$\rho_d=1.45\text{g/cm}^3$、浸水后；
（d）$\rho_d=1.6\text{g/cm}^3$、浸水后

从以上分析可以看出，膨胀土地基干密度对其承载特性和破坏形式影响较大。表 3-5 列出了载荷试验的典型结果，从此可以看出，浸水后膨胀土地基极限承载力只有浸水前的 12%～14%，而比例界限段的斜率则增加 50～65 倍，表明浸水将显著影响膨胀土地基的承载力。

第四节 膨胀土地基承载变形特性

载荷试验结果　　　　　　　　　　　表 3-5

干密度（g/cm³）	1.45	1.6	1.45	1.6	1.6
浸水前后	前	前	后	后	后
荷载板尺寸（cm）	$\phi 20$	$\phi 20$	73×39	$\phi 32$	73×39
比例界限段斜率（mm/kPa）	0.0161	0.0109	0.8240	0.6764	0.7598
极限荷载（kPa）	937.4	1384.6	114.0	234.0	158.1

二、膨胀土地基承载力的探讨

1. 承载力与含水率的关系

膨胀土地基含水率对其承载力具有很大的影响。吴礼年对合肥膨胀土地基承载力与天然含水率的关系进行分析，得出它们呈线性关系，如图 3-41 所示，其表达式为

$$p_0 = -14.754w + 662.91 \tag{3-30}$$

式中　p_0——比例界限荷载（kPa）；

　　　w——天然含水率（%）。

徐永福等研究了膨胀土承载力的对数与含水率的相关性，发现承载力的对数与含水率的相关性比承载力与含水率的相关性好（图 3-42）。因此，建议膨胀土承载力的对数与含水率呈直线相关，而不是承载力与含水率呈直线相关，并给出了各地区的相关关系表达式

$$\left.\begin{array}{ll} 邯郸 & \lg p_0 = -0.0668w + 3.835 \\ 合肥 & \lg p_0 = -0.0635w + 3.834 \\ 荆门 & \lg p_0 = -0.0366w + 3.239 \\ 鸡街 & \lg p_0 = -0.0637w + 3.901 \\ 鸡街 & \lg p_0 = -0.0374w + 3.256 \\ 蒙自 & \lg p_0 = -0.0639w + 4.418 \\ 大石坝 & \lg p_0 = -0.0195w + 3.065 \end{array}\right\} \tag{3-31}$$

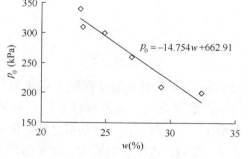

图 3-41　承载力与含水率的线性关系

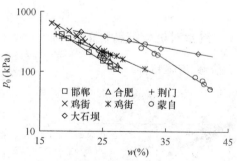

图 3-42　承载力的对数与含水率的关系

2. 承载力的确定

徐永福等在研究膨胀土土压力分布规律的基础上，在太沙基承载力公式中添加了膨胀力引起的承载力项，从而使太沙基承载力公式适用于膨胀土地基。

$$q_u = cN_c + qN_q + \frac{1}{2}\gamma BN_\gamma + p_e N_e \tag{3-32}$$

式中 N_c、N_q、N_γ——太沙基承载力系数,$N_c = \tan\psi + \dfrac{\cos(\psi-\varphi)}{\cos\psi\sin\varphi}\left[e^{\left(\frac{3}{2}\pi+\varphi-2\psi\right)\tan\varphi}(1+\sin\varphi)-1\right]$,$N_q = \dfrac{\cos(\psi-\varphi)}{\cos\psi\sin\varphi}e^{\left(\frac{3}{2}\pi+\varphi-2\psi\right)\tan\varphi}\tan\left(\dfrac{\pi}{2}+\dfrac{\varphi}{2}\right)$,

$$N_\gamma = \dfrac{1}{2}\tan\psi\left[\dfrac{k_{p\gamma}\cos(\psi-\varphi)}{\cos\varphi\cos\psi}-1\right];$$

N_e——膨胀力引起的承载力系数,$N_e = \dfrac{5}{3}$。

对于非饱和膨胀土地基而言,极限承载力由两部分组成,饱和土地基极限承载力(式(3-32)右边前3项)和膨胀力引起的承载力[式(3-32)右边第4项]。根据天然非饱和膨胀土的承载力公式[式(3-32)]可以得到饱和土地基承载力与非饱和土地基承载力的关系,即

$$\text{非饱和土地基承载力} = \text{饱和土地基承载力} + \dfrac{5}{3}p_e \qquad (3\text{-}33)$$

式(3-33)中 $5p_e/3$ 表示浸水前后膨胀土地基承载力的变化值,试验和计算结果列于表3-6,由此可见,计算结果与试验值比较吻合,表明用式(3-33)计算由膨胀力引起的承载力比较符合实际情况。

试验和计算的极限承载力比较   表3-6

干密度	极限承载力试验值(kPa)			膨胀力	$5p_e/3$	误差
(g/cm³)	浸水前	浸水后	变化值	(kPa)	(kPa)	(%)
1.45	937.4	114.0	823.4	463	771.7	-6.3
1.6	1384.6	234.0	1150.6	701	1168.3	1.5
		158.1	1226.5			-4.7

第五节　膨胀土中的桩基础

一、浸水对桩承载特性的影响

1. 荷载-沉降特性

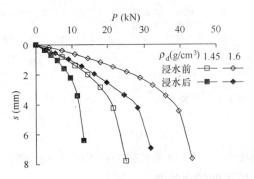

图3-43　不同干密度土体浸水前后桩基荷载沉降关系

图3-43为不同干密度膨胀土浸水前后单桩的荷载沉降曲线。从此可以看出,荷载-沉降曲线存在明显的拐点,在拐点之前,曲线比较平缓,之后,沉降急剧增大。在平缓段,土体干密度越大,曲线变化越平缓,浸水前比浸水后平缓。拐点所对应的荷载为极限荷载,如表3-7所示。干密度越大,极限承载力越大,浸水前 $\rho_d = 1.6\text{g/cm}^3$ 时极限承载力比 $\rho_d = 1.45\text{g/cm}^3$ 时高83%,浸水后高147%。浸水使极限承载力明显下降,$\rho_d = 1.45\text{g/cm}^3$ 时下

第五节 膨胀土中的桩基础

降47%，$\rho_d=1.6\text{g/cm}^3$时下降29%。

浸水前后单桩的承载变形特征值 表3-7

干密度	浸水前		浸水后	
(g/cm³)	极限承载力（kN）	沉降（mm）	极限承载力（kN）	沉降（mm）
1.45	21.6	4.2	11.4	3.4
1.6	39.6	4.4	28.2	4.2

2. 桩身轴力分布

图3-44为桩身轴力随桩顶荷载的变化，从此可以看出，桩身轴力随着桩顶荷载的增大而增大，但不同深度增长规律不同，深度越浅，增长幅度越大，越深增长幅度越小。靠近桩顶，桩身轴力随桩顶荷载几乎是线性增长，而靠近桩底，则在桩顶荷载较小时，桩身轴力增长不明显，超过一定荷载时，才有所增长。

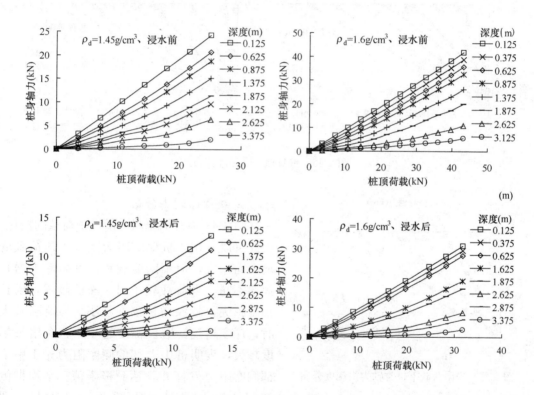

图3-44 桩身轴力随桩顶荷载的变化

图3-45为桩身轴力沿深度的分布，由此可以看出，在膨胀土中，桩身轴力是随着桩顶荷载的增大而增大的，桩身各个截面都反映出这种变化，尤其对于桩中上部的截面，其轴力随桩顶荷载增大而增大的程度更大，其原因是接近地表处的桩身受到的总侧摩阻力相对较小，因此，轴力衰减相对较小，荷载主要由桩本身承受。当桩顶荷载较小时，深度浅处的桩身轴力沿深度的减小比深度深处的大，表明桩中上部的侧摩阻力先于中下部侧摩阻力发挥并先达到极限值。桩顶荷载较大时，桩身荷载沿深度几乎是线性分布（图3-46），

表明桩侧摩阻力发挥到极限值。

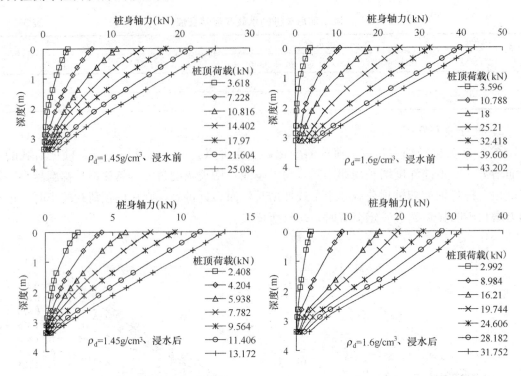

图 3-45 桩身轴力沿深度分布

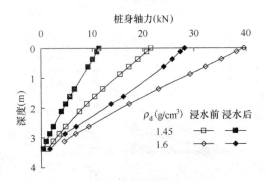

图 3-46 极限荷载下桩身轴力沿深度分布

3. 桩侧摩阻力分布

图 3-47 为桩侧摩阻力随桩顶荷载的变化，由此可以看出，桩侧摩阻力随着桩顶荷载的增大而增大，但不同荷载和深度条件下增长规律不同，当荷载较小时，深度越浅，增长幅度越大，越深增长幅度越小。当荷载较大时，深度越浅，增长幅度越小，越深增长幅度越大，表明桩中上部的侧摩阻力先于中下部侧摩阻力发挥并先达到极限值。平均桩侧摩阻力随桩顶荷载几乎是线性增长（图 3-48），当桩顶荷载接近和超过极限荷载后，桩侧摩阻力增长幅度才有所减小，表明桩端阻力较小。

图 3-49 为桩侧摩阻力沿深度的分布，由此可以看出，在膨胀土中，桩侧摩阻力随着桩顶荷载的增大而增大，且中上部的侧摩阻力先于中下部侧摩阻力发挥。图 3-50 为极限荷载下桩侧摩阻力沿深度的分布，表明不同干密度、浸前后桩侧摩阻力相差较大（表 3-8）。土体干密度越大，桩侧平均摩阻力越大，浸水后桩侧平均摩阻力只有浸水前的 54%～70%。

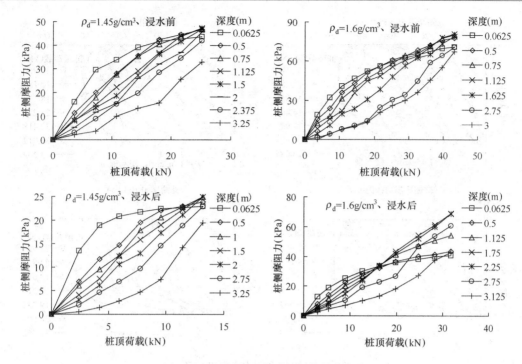

图 3-47 桩侧摩阻力随桩顶荷载的变化

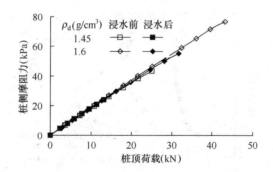

图 3-48 平均桩侧摩阻力随桩顶荷载的变化

极限荷载下桩侧平均摩阻力			表 3-8
干密度（g/cm³）	浸水前（kPa）	浸水后（kPa）	浸水后/浸水前
1.45	38.2	20.8	0.54
1.6	71.5	50.0	0.70
1.6/1.45	1.87	2.40	

二、浸水过程中桩的上升和胀切力

1. 桩的上升量

膨胀土浸水过程中，随着土层的隆起，桩侧和土之间将产生摩阻力使桩上升。试验中测量了桩顶无荷条件下桩顶上升量和桩身轴力的变化情况，图 3-51 为浸水时膨胀土中桩顶上升量过程线，图 3-52 为桩顶相对上升量（桩顶上升量与地表隆起量之比）的过程线。

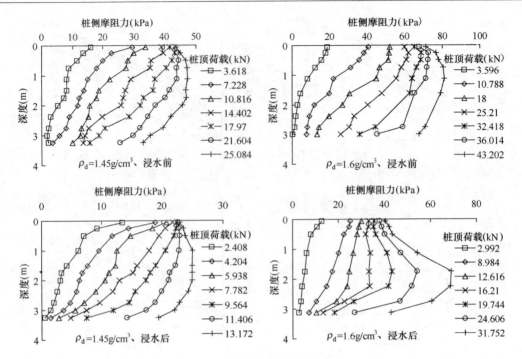

图 3-49 桩侧摩阻力沿深度分布

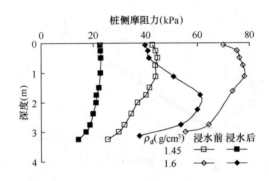

图 3-50 极限荷载下桩侧摩阻力沿深度分布

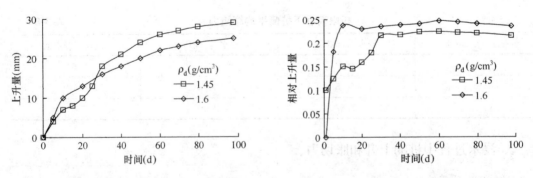

图 3-51 土体膨胀过程中桩顶上升量过程线　　图 3-52 土体膨胀过程中桩顶相对上升量过程线

从图中看出，桩的上升与土层的隆起是同时发生的，且在试验过程任何时间内桩顶上升量均大于桩端土层隆起量。开始时桩顶相对上升量随着浸水时间的增加而增大，浸水达到一定时间后，桩顶相对上升量基本保持不变，约为 0.21~0.24。因此，膨胀时桩端无土压力，而桩的上升由桩周土隆起引起。

索洛昌的现场试验表明（图 3-53），在各种土中桩的相对上升量与桩长之间呈非线性关系。即桩的相对上升量随着桩长的增加而降低，但短桩的降低要大。显然在桩长大于一定值时，桩将不发生升高现象。

桩长增加时，桩上升量减小的原因可以解释如下：假设桩未打穿膨胀土层，然后整个膨胀土层浸水。土层的隆起量将决定桩的上升量。然而不同深度土层的隆起是不相同的，上部土体的隆起量最大，并随着深度的增加而减小。因此，上部土层力求把桩抬升到最大限度，而下部土层又使桩的上升最小，结果下部阻碍了桩的上升。所以不同深度土层的不均匀隆起产生了这种"锚固效应"。

我们以干密度为 1.45g/cm³ 膨胀土中桩为例说明这一现象。在桩顶无荷载条件下，由于土体膨胀，土层隆起，其隆起量随深度而减小。图 3-54 中的 CD 曲线系膨胀稳定后土体隆起量沿深度的变化，而 AB 直线为桩的上升量，为 29mm。从图中看出上部土的位移大大超过桩的上升量。土体隆起量和桩上升量之间差异随着深度的增加而缩小，在 AO 深度时（即"中性点"O 点），桩的上升量等于土层的隆起量。因此，中性点以上土体隆起量大于桩的上升量，AO 段土的隆起导致在桩侧产生力图把桩抬高的垂直胀切力；中性点以下土体隆起量小于桩的上升量，在 OB 段上产生阻碍桩上升的"负"摩擦力。这就是说，在土膨胀时桩上存在切向力方向相反的两个区，一个是 OA "主动区"，另一个是 OB "被动区"。

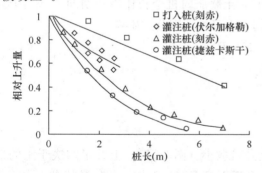

图 3-53　桩的相对上升量与桩长的关系

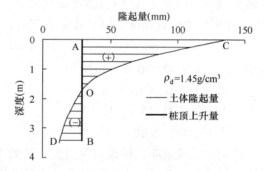

图 3-54　土体隆起量和桩的上升量

在土膨胀过程中，中性点是上下移动的，并改变"主动区"和"被动区"之间的比例，也就是说改变锚固力与力图使桩上升的切向力之间的关系。现在来探讨不同时间内这两个区的变化特征，即土膨胀时中性点的移动。图 3-55 绘制了过程中不同时间土体隆起曲线，在这些曲线上标出了桩顶上升量，将这些点连成线后，得到桩在浸水过程中的中性点移动曲线。从图中看出，AO "主动区"的大小随着土层的隆起而减小，但接近某一值后，虽然土继续隆起，它保持不变。在作用区之间的比例不变之后，桩的上升量约等于 0.5 桩长深度处的土体隆起量，即稳定中性点约在 0.5 桩长处。

从图中曲线看出，桩的上升量大于桩端处土体隆起量。在这种情况下，桩端无附加土压力，桩的上升只是由于"主动区"内桩周土隆起造成的。桩的这一工作特点，对于桩长

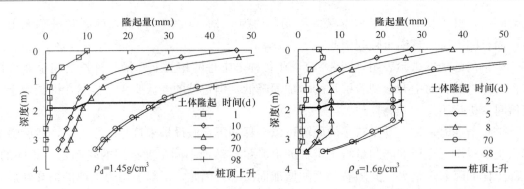

图 3-55 膨胀土浸水膨胀过程中桩中性点的移动

小于膨胀土层是真实的，假如桩的一部分埋在非膨胀土层内，那么在浸水过程中，非膨胀土层将阻碍桩的上升。显然，在非膨胀土层内可以选择合适的锚固深度，使锚固力等于胀切力。

为了研究荷载对桩的影响，索洛昌在刻赤和伏尔加格勒做了试验。在刻赤的萨尔马特黏土里直径 200mm、长 4m 的普通桩是悬空的，在这些桩上分别加了 14kN、25kN、50kN 和 60kN 荷载。此外 2m 的灌注桩上加了 19kN、31kN、46kN 和 75kN 荷载；而 5m 的打入桩（无导孔）加 50kN、100kN、150kN 荷载。在灌注桩的试验中，土层的浸水范围比桩长深 1m，而在打入桩的情况下浸水深度为 10m。

不同荷载下 4m 桩的上升量与土体隆起量的比较表明，被动区的大小随着荷载的增大而线性减小（图 3-56）。当荷载增加到某一值时，土膨胀时桩全长作用一切向力（一个方向），即胀切力。被动区与桩长和荷载有关，其大小可按下列公式确定：

$$L_a = (0.5 - K \cdot P)L \tag{3-34}$$

式中　L_a——被动区长度（m）；

　　　L——桩长（m）；

　　　K——系数（kN^{-1}）；

　　　P——桩顶荷载（kN）。

索洛昌试验查明，桩顶荷载愈大，桩的上升量愈小（图 3-57），上升量取决于土的性质和浸水土层的厚度；在一定的荷载下桩不上升反而是下沉。例如，萨尔马特黏土中荷载为 65kN 时，灌注桩发生下沉（图 3-57）。因此，可以假设存在一个临界桩顶荷载，它与

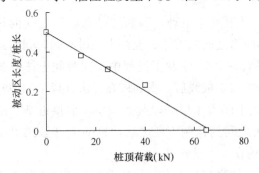

图 3-56 不同荷载下桩被动区的大小

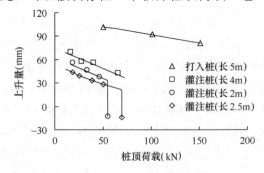

图 3-57 桩的上升量与桩顶荷载的关系

胀切力平衡，使桩不再上升。胀切力不是一个常数，而是随时间变化的，这点已被荷载为50kN时试桩结果所证实。开始浸水时土体隆起，桩侧与土之间产生摩擦力（胀切力），由于它与外荷切力平衡，所以桩上升，后来虽然土继续隆起，但桩却开始下沉。由此可见，选定一种使桩不上升的外荷载是不可能的。

2. 桩的胀切力

试验中测量了土体膨胀时桩身轴力变化情况，如图3-58所示。从图中看出，浸水时膨胀土中桩将出现拉力，浸水初期桩身轴力随时间增大，并达到最大值，然后虽然土继续隆起，但桩身轴力却缓慢减小。土体干密度越大桩身轴力也越大。从桩身轴力沿深度的分布（图3-59）可以看出，桩身轴力呈中间大、两端小的分布形态，在中性点以上，桩身轴力随深度的增加而增大，在中性点处达最大值，然后随着深度的增加而减小。最大桩身轴力就是胀切力，如图3-60所示，胀切力随着浸水时间增大，达到最大值后随着时间有所减小，并趋于稳定，稳定胀切力与最大胀切力之比约为0.9（表3-9）。胀切力与浸水后单桩极限承载力有关，约为单桩极限承载力的1/3左右。

膨胀土中桩的胀切力　　　　　　　　　　表3-9

干密度 (g/cm³)	胀切力（kN）		浸水后极限承载力（kN）	胀切力/极限承载力	
	最大值	稳定值		最大值	稳定值
1.45	4.2	3.8	11.4	0.37	0.33
1.6	9.1	8.2	28.2	0.32	0.29

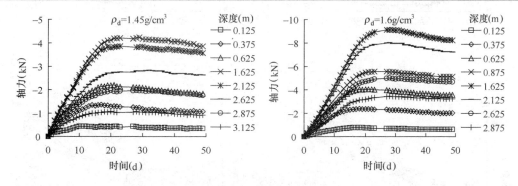

图3-58　膨胀土浸水膨胀过程中桩身轴力过程线

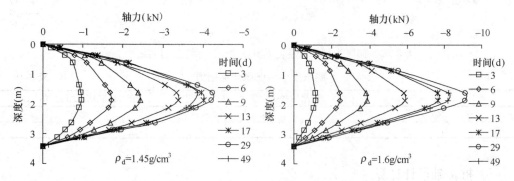

图3-59　膨胀土浸水膨胀过程中桩身轴力沿深度分布

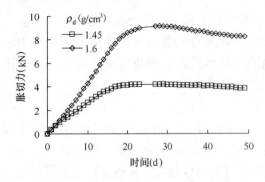

图 3-60 土体膨胀过程中桩胀切力过程线

3. 桩的胀切摩阻力

根据桩身轴力可以计算出桩侧胀切摩阻力的变化情况，如图 3-61 所示。从图中看出，浸水初期桩侧胀切摩阻力随时间增大，并达到最大值，然后虽然土继续隆起，但桩侧胀切摩阻力却缓慢减小，并趋于稳定。土体干密度越大桩侧胀切摩阻力也越大。从桩侧胀切摩阻力沿深度的分布（图 3-62）可以看出，桩侧胀切摩阻力呈两端大、中间小的分布形态，在中性点以上，桩侧胀切摩阻力为正，随深度的增加而减小，在中性点处达为 0，在中性点以下，桩侧胀切摩阻力为负，绝对值随着深度的增加而增大。桩侧胀切摩阻力正部分与负部分绝对值相等，大小相互抵消。最大胀切摩阻力约等于浸水后桩侧摩阻力（表 3-10）。

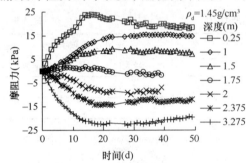
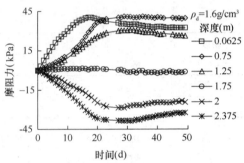

图 3-61 膨胀土浸水膨胀过程中桩侧胀切摩阻力过程线

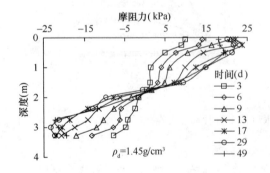
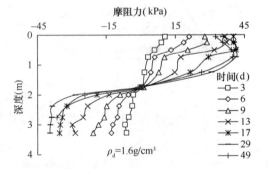

图 3-62 膨胀土浸水膨胀过程中桩侧胀切摩阻力沿深度分布

膨胀土中桩侧胀切摩阻力　　　　　表 3-10

干密度（g/cm³）	浸水后桩侧摩阻力（kPa）	最大桩胀切摩阻力（kPa）
1.45	20.8	23.8
1.6	50.0	42.2

三、桩基础设计计算

膨胀土地区桩基础与普通桩基础的区别在于膨胀土浸水膨胀会影响桩基础的工作性

状,一方面减小桩的承载力,另一方面,膨胀引起桩的胀切力可超过桩侧面的摩擦力,引起桩的上升。所以,膨胀土中桩基础应按下列三种极限状态进行计算:(1)按桩承载力计算,根据浸水膨胀土指标确定桩的承载力,承载力应大于桩顶荷载。(2)按变形计算,计算土膨胀时桩的上升量,上升量应小于建筑物的允许上升量;(3)桩的抗拉强度验算,桩身混凝土抗拉强度应大于由于胀切力作用在桩上而产生的拉应力。

1. 桩承载力的计算

膨胀土中桩的承载力按下式计算:

$$[P] = k(U\sum \tau_i l_i + \sigma_R A) \tag{3-35}$$

式中 $[P]$——单桩轴向受压容许承载力;
k——土的均质系数,取 0.7;
U——桩的周长;
A——桩底横截面面积;
l_i——第 i 层土的厚度;
τ_i——第 i 层土的桩侧容许摩阻力;
σ_R——桩端土的容许承载力。

按式(3-35)计算桩的承载力时,桩端土的承载力和桩周土的摩阻力可用下列两种方法确定:(1)桩的浸水载荷试验,要注意以下几点:①野外试验场面积不小于 150m²。②静载试验在天然含水率条件下开始,桩上先加荷至设计荷载,待变形稳定后,再加水浸湿,待地表实测的隆起量等于 0.9 倍计算地表隆起量时停止浸水,再加荷直至破坏。③不容许采用动力试验方法来确定膨胀土中桩的承载力。(2)按规范提供的天然状态下膨胀土标准承载力和摩阻力值,再乘以承载力降低系数。系数应由野外试验确定。国外资料介绍了几种不同土的降低系数,见表 3-11 所示。无资料时,可取 0.5。

桩承载力降低系数　　　　　　　　　　　　　　　　　　　表 3-11

土类	赫瓦伦黏土	萨尔马特黏土	捷兹卡斯干第四纪黏土
桩侧摩阻力	0.6	0.65	0.37
桩端承载力	0.5	0.5	0.4

2. 桩上升量的计算

索洛昌根据现场试验测得的膨胀土中桩的规律性,应用内力和外力所做的功互等原理,推导出膨胀土中非扩底桩上升量的计算公式:

$$S_p = S_{en} + (S_{e0} - S_{en})\Omega - \frac{\omega}{U}P \tag{3-36}$$

式中 S_p——桩的上升量;
S_{en}——桩端土层的上升量,当穿透膨胀土层时,$S_{en}=0$;
S_{e0}——地表上升量;
U——桩的周长;
P——桩顶荷载;
Ω、ω——系数,按表 3-12 确定。

计算系数 Ω 和 ω 表 3-12

桩长（m）	Ω [当 a （m^{-1}）值为下列值时]						ω (10^{-5}kPa^{-1})
	0.2	0.3	0.4	0.5	0.6	0.7	
3	0.72	0.62	0.53	0.46	0.40	0.30	27
4	0.64	0.53	0.44	0.36	0.31	0.26	15
5	0.59	0.46	0.36	0.29	0.24	0.20	11
6	0.53	0.40	0.31	0.24	0.19	0.16	7
7	0.48	0.35	0.26	0.20	0.15	0.12	5
8	0.44	0.31	0.22	0.17	0.13	0.10	4
9	0.40	0.27	0.19	0.14	0.11	0.08	3
10	0.37	0.24	0.17	0.12	0.09	0.07	2.4
11	0.34	0.21	0.15	0.10	0.08	0.07	2
12	0.31	0.19	0.13	0.09	0.07	0.05	1.6

注：a 是反映膨胀变形沿土层深度减小的特性，对于萨尔马特黏土为 0.31m^{-1}，阿拉尔黏土为 0.36m^{-1}，赫瓦伦黏土为 0.42m^{-1}。

3. 桩身抗拉强度验算

图 3-63 是土浸水膨胀时，桩受力情况示意图，桩侧所受到的胀切力可按下式计算：

$$V_e = L_e \cdot U \cdot \tau_e \tag{3-37}$$

式中　V_e——桩的胀切力；

　　　L_e——主动区长度；

　　　U——桩的周长；

　　　τ_e——桩侧胀切摩阻力。

从式（3-37）可以看出，桩上的胀切力与主动区长度和桩侧胀切摩阻力有关。我国规范规定，胀切摩阻力应由桩基浸水载荷试验来确定。试验结果表明，桩基胀切摩阻力约为浸水后的桩侧摩阻力。美籍华人陈孚华在《膨胀土上的基础》一书中建议：胀切摩阻力 $\tau_e = 0.15 p_e$（膨胀力）。苏联学者索洛昌在《膨胀土上建筑物的设计与施工》一书中提出：最小胀切摩阻力相当于浸湿土桩侧面摩擦力，而最大胀切摩阻力相当于天然土桩侧面摩擦力。因此，胀切摩阻力取为浸水后的桩侧摩阻力较为合适。

主动区的长度与膨胀土性质、桩长和桩顶荷载等有关，应该根据桩基浸水荷载试验来确定，无现场载荷试验资料时，可根据式（3-36）计算出桩的上升量，然后根据式（3-14）计算出膨胀土隆起量随深度的变化曲线，取土层隆起量等于桩的上升量的深度作为主动区长度。陆忠伟建议主动区长度取大气显著影响深度，即 $L_e = 0.45 z_a$，在初步设计时，为安全起见，可取大气影响深度作为主动区的长度。

当桩的胀切力大于作用在桩上外荷载（包括承台和土的自重）时，桩将产生拉应力，桩内抗拉筋的配置可近似按下式计算：

$$A_a = (V_e - Q)/R_a \tag{3-38}$$

式中 A_a——桩所需配筋面积；

V_e——作用在桩上的胀切力；

Q——作用在桩上外荷载（包括承台和土的自重）；

R_a——钢筋抗拉强度。

膨胀土中桩承受的拉力有时较大，过去由于桩配筋不足而被拉断的实例也有发生。如我国云南鸡街地区采用爆扩桩，希望利用它提供较大的抗拔力，以阻止桩的上升，但由于扩大桩配筋不足，在扩大头处桩被拉断，引起房屋上升。所以桩一般应有 0.6%～1.0% 配筋率，且应通长配筋。

4. 桩的锚固长度计算

土浸水膨胀时，桩在被动区将受到锚固力的作用（如图 3-63 所示），锚固力可按下式计算：

$$V_a = L_a \cdot U \cdot [\tau_s] \tag{3-39}$$

式中 V_a——桩的锚固力；

L_a——被动区长度；

U——桩的周长；

$[\tau_s]$——桩侧摩阻力。

为保持桩不被拉出地面，必须满足下式条件：

$$V_a + Q \geqslant V_e \tag{3-40}$$

将式（3-39）代入式（3-40），得膨胀时被动区长度（锚固长度）为：

$$L_a \geqslant \frac{V_e - Q}{U \cdot [\tau_s]} \tag{3-41}$$

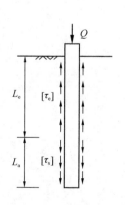

图 3-63 土膨胀时桩受力示意图

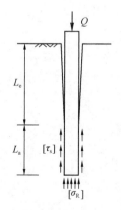

图 3-64 土收缩时桩受力示意图

膨胀土干旱时主动区产生收缩，桩受力示意图如图 3-64 所示，为保证桩能承受上部荷载，必须满足下式条件：

$$Q \leqslant V_a + A \cdot [\sigma_R] \tag{3-42}$$

将式（3-39）代入式（3-42），得收缩时被动区长度（锚固长度）为：

$$L_a \geqslant \frac{Q - A \cdot [\sigma_R]}{U \cdot [\tau_s]} \tag{3-43}$$

式中　Q——作用在桩上的外荷载（包括承台和土的自重）；

　　　A——桩端面积；

　　　$[\sigma_R]$——桩端土的容许承载力。

同时考虑膨胀和收缩变形时，桩长应取按式（3-41）和式（3-43）计算结果中的大值。膨胀土地区建筑物的桩基础承台梁下应留有空隙，其值应大于土层浸水后的最大膨胀量，并且不小于100mm。承台梁两侧应采取措施，防止空隙堵塞。

第四章 公路膨胀土地基与基础离心模型试验研究

第一节 土工离心模型试验技术

一、离心模型试验发展和作用

1869年法国人Philips最早提出了离心模拟试验的准则与模型试验的方法。他认识到通过离心机施加的离心惯性力，就可以使模型的应力与原型相似。Philips最初设想的研究目标是法国到英国横跨英吉利海峡的大铁桥，他想用离心模型试验方法来解决英吉利海峡大铁桥的复杂结构力学问题。他甚至还很具体、富有创造性地设计了模型试验的模型比尺为1：50，在50g离心加速度下进行试验。按他的设想这个模型大铁桥的长度将达到8.6m。Philips还提出用离心模型试验研究在跨海大铁桥建设中可能遇到的地基基础问题。

首次离心模型试验由美国的Bucky于1931年完成，进行了矿山工程地下巷道顶板完整性分析。离心模型试验技术的早期发展主要集中在苏联、美国、日本、英国等国，离心机等试验设备也比较简单，主要用于研究岩石锚固技术、固结理论、边坡稳定等问题。1973年8[th]ICSMFE会议之后，离心模型试验技术进入了蓬勃发展和广泛应用时期。在离心机制模技术、离心机设备以及附属测试装置方面得到了迅猛发展，应用领域也越来越广泛。从1985年以后，离心模型试验技术的适用性在许多国家得到了认可，许多国家建造了离心机，并扩大了研究范围。国际土力学和基础工程协会成立了离心模型试验技术专业委员会，组织召开了一系列离心模型试验技术方面的国际会议，并出版了会议的论文集，这些论文中很多是关于试验技术和试验硬件的研究，并且揭示了离心模型试验的广泛适用性。总之，利用离心模型试验，人们已经在各个领域都取得了大量有益的成果。

我国从20世纪80年代初开始离心模型试验研究，南京水利科学研究院于1983年在国内首次采用离心模型试验研究深圳五湾码头坍塌，其结果与现场码头后倾坍塌状况完全一致，从而找出了码头坍塌的原因。目前已建和在建土工离心机近十台。在三峡、小浪底、瀑布沟等国家重点工程的建设规划设计中发挥了巨大的作用。已建成离心机振动台、模拟断层错动装置等离心机附属设备。离心模型试验技术几乎在岩土工程的各个领域都得到了应用，已成为岩土工程岩土力学领域中最主要的试验研究方法。离心模型试验技术已经被广泛应用于高土石坝、地下结构、挡土墙、路堤和边坡工程中，取得了大量有价值的科研成果，我国的离心设备与研究水平已跻身国际先进行列。

土工离心模型试验技术是一项崭新的土工物理模型技术。通过施加在模型上的离心惯性力使模型的重度变大，从而使模型的应力与原型一致，这样就可以用模型反映、表示原型。离心模型是各类物理模型中相似性最好的模型。我国岩土力学研究的开拓者、两院院士黄文熙先生称"离心模型是土工模型试验技术发展的里程碑"。离心模型方法在国内外受到广泛的重视，模型试验技术也有了飞速的发展与进步，试验的研究内容已涉及了几乎所有的岩土工程研究领域，已成为岩土工程技术研究中的最主要、最有效的研究手段。国内外几十年的经验表明，离心模型试验方法在岩土工程、岩土力学研究中的作用与意义主要表现为以下的几个方面：（1）新现象研究，研究自然现象与复杂工程结构物的工作机理和破坏机理，为建立解释这些复杂现象的理论提供定性依据；（2）模拟原型，研究实际工程问题，比选验证优化设计方案，了解工程运行状况，预测未来的运行安全性与可靠性；（3）参数研究，针对某些理论和工程设计中的关键技术参数，用离心模型可以提供非常有用的数据资料，解决工程技术难题；（4）验证新理论和新方法，用模型试验的结果验证理论与计算方法，检验数学模型；（5）用于教学与工程师的培训。

到目前为止，许多复杂的岩土工程问题如非饱和土问题、污染介质的迁移问题、非线性破坏过程、地震反映问题等，运用计算机数值计算仍有不少困难，而模型试验却可以得到直观、清晰的结果。

二、离心模型试验原理

用模型来模拟原型，就是使模型与原型有相同的力学表现，如果有相同的力学表现，就应该有相同的力学控制方程，如用上标 p 表示原型，m 表示模型，可以把模型与原型的力学平衡方程写成：

$$\text{原型}：\sigma_{ij,j}^{p} + \rho^{p}(g_i^{p} - \ddot{\xi}_i^{p}) = 0 \tag{4-1}$$

$$\text{模型}：\sigma_{ij,j}^{m} + \rho^{m}(g_i^{m} - \ddot{\xi}_i^{m}) = 0 \tag{4-2}$$

式中　σ_{ij}——应力；

ρ——单位质量；

g_i——场加速度（重力加速度）；

ξ——位移。

我们对任一物理变量 x，（x 可以是 σ，ρ，g，l 等），定义其模型值与原型值之比为

$$\bar{x} = x^{m}/x^{p} \tag{4-3}$$

把式（4-3）代入式（4-2），得到，

$$\bar{\sigma} \cdot \sigma_{ij,j}^{p} + \bar{\rho} \cdot \rho_i (\bar{g} \cdot \bar{l} \cdot g_i^{p} - \bar{\xi} \cdot \bar{l} \cdot \bar{t}^{-2} \cdot \ddot{\xi}_i^{p}) = 0 \tag{4-4}$$

式（4-4）是通过模型方程得到的原型方程，如果模型与原型有相同力学表现，或者说要用模型模拟原型的话，式（4-4）应与式（4-1）相同，事实上，式（4-4）与式（4-1）相同的条件就是模型相似的条件：

$$\bar{\sigma} = \bar{\rho} \cdot \bar{g} \cdot \bar{l} \tag{4-5}$$

$$\bar{\sigma} \cdot \bar{t}^2 = \bar{\rho} \cdot \bar{\xi} \cdot \bar{l} \tag{4-6}$$

对于线弹性问题来说，只要合理设计模型，使其满足式（4-5）和（4-6）的条件，就可以实现用模型模拟原型的目的，并无特别的限制条件。而在岩土工程中，土的力学特性呈弹塑性和非线性，且取决于应力水平，即不同的应力水平条件下土体的力学特性不同。因此，满足 $\bar{\sigma} = 1$，即模型应力水平与原型应力水平相等，是岩土力学模型试验的基本要求，也是离心模型试验方法的特点。

式（4-5）中，如果选用原状土制模，即可实现 $\bar{\rho}=1$，再选取如下的条件：

$$\bar{g} \cdot \bar{l} = 1 \tag{4-7}$$

即可实现 $\bar{\sigma}=1$ 的目标。在离心模型试验中我们可以这样选择试验条件：$\bar{g}=N$，$\bar{l}=1/N$，N 为模型比尺，即把模型的几何尺寸缩小到原型的 $1/N$，把模型的场加速度（离心加速度）增大到重力加速度（$1g=9.81\text{m/s}^2$）的 N 倍，就可得到 $\bar{\sigma}=1$，也就确保了模型的每一点应力与原型相同，从而实现用模型表现原型的目的。表 4-1 列出了主要物理量的离心模型相似率。

离心模型相似率 表 4-1

内容分类	物理量	量纲	模型与原型的比例	内容分类	物理量	量纲	模型与原型的比例
几何量	长度	L	$1:N$	外部条件	速度	LT^{-1}	$1:1$
	面积	L^2	$1:N^2$		加速度	LT^{-2}	$N:1$
	体积	L^3	$1:N^3$		集中力	MLT^{-2}	$1:N^2$
材料性质	含水率		$1:1$		均布荷载	$ML^{-1}T^{-2}$	$1:1$
	密度	ML^{-3}	$1:1$		能量、力矩	ML^2T^{-2}	$1:N^3$
	重度	$ML^{-2}T^{-2}$	$N:1$		频率	T^{-1}	$N:1$
	不排水强度	$ML^{-1}T^{-2}$	$1:1$	性状反应	应力	$ML^{-1}T^{-2}$	$1:1$
	内摩擦角		$1:1$		应变		$1:1$
	变形系数	$ML^{-1}T^{-2}$	$1:1$		位移	L	$1:N$
	抗弯刚度	ML^3T^{-2}	$1:N^4$		时间：惯性（动态过程）	T	$1:N$
	抗压刚度	MLT^{-2}	$1:N^2$		渗流、固结或扩散		$1:N^2$
	渗透系数	LT^{-1}	$N:1$		蠕变、黏滞流		$1:1$
	质量	M	$1:N^3$				

三、离心模型试验特点

土力学所以能从固体力学、材料力学中分离出来，成为力学学科的重要分支，是由于岩土类材料具有的特性所决定的。与理想的金属类材料相比，岩土类材料主要有以下的重要特性：①应力相关性。土体模量与强度等力学性质随应力水平（围压）的变化而变化；在研究土的单元力学特性时，常需要采用三轴试验方法，目的就是为了反映土在不同应力水平条件下的性质。而在进行金属材料单元力学特性试验时则不需要三轴试验，采用单轴试验就可以满足要求，因为金属材料的力学性质与应力水平无关。②摩擦性。土体存在内摩擦角，$\tau = c + \sigma\tan\varphi$，存在强度与正应力的耦合；金属类材料的强度一般只有与 c 类似的强度，没有内摩擦角。③非线性。土体的应力应变关系呈非线性与弹塑性，几乎没有弹性变形阶段。④剪胀性。土体剪切会产生体积的变化，存在剪切应力与体积变化的耦合。⑤多相性。土、水、气的多相混合体，带来的特殊问题是非饱和土、渗流问题、固结问题、液化问题等。⑥各向异性。历史沉积产生的成层，以及土石坝的分层填筑。⑦历史相关性。土体诸多的力学性质还取决于达到这一应力状态的历史过程。⑧随时间变化的特性，如固结问题、流变（蠕变）问题。⑨结构性。天然原始状态下土的强度与扰动土的强度有很大的差异。

岩土类材料有别于理想金属材料的上述特性，使岩土材料成为最为复杂、最为一般、有广泛代表性的工程材料之一，因为如果上述的性质完全退化，就得到了理想的金属材料性质。离心模型试验方法在岩土力学研究中的优越性，主要表现为能准确模拟土的应力相关性、剪胀性、摩擦性、非线性与多相性等特性。

图 4-1 是标准砂的三轴试验结果，它反映了土的几个特点：首先，土的应力应变关系是非线性的；其次，土的应力应变、强度、变形模量是随它所受到的应力水平（σ_3）的大小而变化的；第三，土的体积变形在不同应力水平之下表现不同，有时可能是相反的（如剪胀和剪缩）。

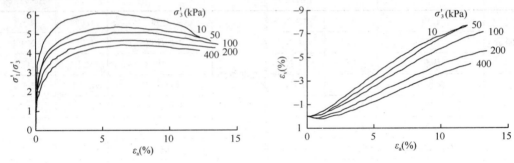

图 4-1　土的典型三轴试验结果

图 4-1 中的曲线是在不同的围压条件下得到的，土所受到的围压压力的大小，实际上代表了不同位置土体的应力应变状态。在离心模型中，由于受到离心惯性力场的作用，模型中每一点的土体应力都与原型对应点的应力相等，模型的土又与原型相同，显然，相同的土体在相同的受力条件作用下，其力学表现必然是相同的。这样就保证了模型与原型的整体相似性。这就是离心模型的基本原理。因此，把模型放到离心机上转，是为了向模型施加离心惯性力，离心惯性力使模型应力与原型相同，从而达到用模型表现、模拟原型的目的。

现在我们来比较一下常规模型与离心模型的区别。在常规模型中，场加速度是常数，为 $1g$（重力加速度），即 $\bar{g}=1$，代入式（4-5）后，可得到

$$\bar{\sigma}=\bar{l} \tag{4-8}$$

式（4-8）表明，常规模型的应力水平是随模型率也就是随模型的几何尺寸的大小而变化的。我们假定模型比尺 $N=40$，此时模型应力是原型应力的 1/40，从图 4-1 看出，用常规模型的应力水平 $\sigma_3=10$kPa 的曲线来代表原型应力水平 $\sigma_3=400$kPa 是不可能得到正确的试验结果的，模型所表现出的力学特性，如变形、土压力、孔隙水压力、破坏机理等就必然与原型有较大的差异。因此，从理论上讲，对常规模型而言，只有当 $N=1$ 时，即原型试验情况，才能真实表现原型。基于这一原因，常规模型试验方法已很少在实际工程的研究中采用。

四、离心模型试验设备

1. 土工离心机

土工离心机是离心模型试验的基本试验设备,其作用是提供试验所需的离心惯性力场。离心机系统通常由拖动系统、调速系统、离心机和模型吊篮组成。南京水利科学研究院拥有400gt、60gt 和 50gt 土工离心机各一台,试验在 50gt 土工离心机上进行,其主要技术指标及模型箱内尺寸见表 4-2。

南科院 50gt 中型土工离心机主要技术性能指标　　　　　　表 4-2

容量	有效半径	模型重量	最大离心加速度	模型箱内尺寸（长宽高）
50gt	2.25m	200kg	250g	687mm×352mm×477mm

2. 测试技术

(1) 模型表面位移:位移测量传感器为德国 Wenglor 公司的高精度激光感应器,这是一种非接触式位移传感器,其量程 50mm,测量分辨率优于 $20\mu m$。

(2) 模型剖面变形:为了实时监测和记录模型侧面上土体变形发展动态,在模型侧面上布设位移变形网格标志,试验时,通过带高分辨率的闭路电视摄像头系统,透过模型箱透明有机玻璃板窗口,即可以观察到路基或路堑剖面的位移发展情况。试验后,根据位移网格结点坐标读数值,可绘制出模型土体所发生的位移矢量图,从而可大致发现模型土体位移模式,如果模型发生了破坏,则可以判断出土体的破坏模式。

(3) 积水水位:降雨所形成的积水深度采用 PDCR 81 型孔隙水压力传感器进行测量。这种微型探头为英国 Druck 公司制造,其尺寸为 $\phi 5\times 10mm$,灵敏度为 $0.025mV/V/kPa$。

(4) 土体含水率:当积水渗入土体,土体的含水率将发生增加。通过对土体含水率的测量,可以掌握雨水入渗进入土层的深度。在本次模型试验中首次尝试在坡体中某些关键部位埋设一种 TDR 含水率传感器,测量含水率的变化。这种袖珍探头为德国 Trime 公司制造,探针直径 2.4mm,长度 50mm,两根探针间距 14mm。

3. 降雨入渗模拟装置

离心模型试验中降雨入渗模拟,可分为直接降雨模拟和入渗效果模拟两种途径。东京工业大学 Kimura 等人和曼彻斯特大学 Craig 等人,曾采用各自设计的降雨模拟器,分别进行了"降雨引发的填方破坏"和"马来西亚热带气候条件下修筑于软黏土地基上堤防长期性状"试验研究。然而直接降雨模拟法不仅对技术要求很高,而且降雨模拟器需要占据模型箱中最重要的空间位置,使得模型测量工作难以展开,这也就是为什么仅有较少文献报道采用直接降雨模拟法的模型试验研究。例如 Bolton 等人在研究"强降雨之后杂填土边坡的破坏机理"时,一部分模型试验中采用了降雨模拟器实施降雨模拟,另一部分模型试验则以径流的形式直接让水进入坡面阶地(一种间接模拟法)。

在原型现场,雨水不可能从路基顶部的不透水面层(水泥路面或沥青路面)直接渗入路基土体中(路面开裂情形另当别论),而是从地基和堤坡面渗入路基土体中;特别是,如果公路路堤或路堑的排水失效,在强降水之后就有可能发生一种非常恶劣情况,即地基和一部分路堤或路堑被积水浸泡。因此,本项目拟从降雨所引发的入渗效果角度对降雨进

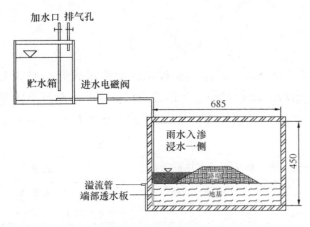

图 4-2 降雨入渗效果模拟装置示意

行模拟,并且模拟雨水所形成的公路路基最不利的情形。这样,模型试验时只需控制积水深度和浸泡时间,就可以模拟控制原型降雨入渗的剧烈程度,从而大大简化试验的难度。图 4-2 是降雨入渗效果模拟装置示意图,它由溢流管和固定在离心机转臂上贮水箱、进水电磁阀等组成。

4. 挡墙土压力测试系统

为了测试膨胀土挡墙上土压力,我们自行研制了一套挡墙土压力测试系统。

(1) 系统整体布置

试验所用模型箱内尺寸长宽高为 0.685m×0.2m×0.4m,系统布置如图 4-3 所示。系统各部分为:挡墙采用分块式的设计,由①~⑤所示的分块墙体上下相叠组成一个模型挡土墙,每一块墙体独立工作,承担各自后面的填筑膨胀土压力。墙体由钢材制成,分块墙体的宽高均为 200mm×60mm,通过钢筋支架在居中位置焊接了一个钢球,以便将墙后的压力传递到测力传感器上,如图 4-4 所示。它们模拟的是墙背直立光滑的重力式刚性挡土墙。各分块墙体在竖向对应位置都打了 2 个穿孔,制备模型时在孔中插上金属杆,将分块的墙体联结成一整体挡墙;模型制备完毕后卸下金属插杆,使各块墙体在试验过程中独立工作。测力传感器⑥采用在铜管上布置全桥电路的方式测量压力,测得的是各块墙体墙背所受压力的合力。传感器由后面的支承板⑦支撑,板上对应位置钻了螺纹孔,装有套筒套着传感器,可以通过旋拧螺纹对传感器与模型墙前端钢球的接触进行微调,保证压力的顺利传递。为了测力的准确,对模型墙体之间、墙体与模型箱底板及边壁的摩擦力要设法消除。墙块之间的接触面打磨光滑并涂油润滑;墙体与模型箱边壁间也用油润滑;用垫有滚棒的铝板如⑧、⑨所示垫高模型墙,用滚动来消除与模型箱底板之间的滑动摩擦力。

(2) 测力传感器

如图 4-3 所示,刚性不动挡土墙的支撑物为铜管,这些铜管上布置了电阻应变片电路以测量压力,测得的是各块墙体墙背所受膨胀土压力的合力。试验中根据受力大小制作了两种测量范围的传感器:上部第①、②块挡墙所受土压力较小,使用管径 8mm、壁厚 0.25mm 的薄壁细黄铜管,贴小尺寸的应变片;下部第③、④、⑤块挡墙所受土压力较大,使用管径 15mm、壁厚 0.7mm 的较粗紫铜管,贴尺寸较大的应变片;在布置好的应变片电路外面涂 703 胶加以防水和保护。电阻应变片按全桥电路布置。

(3) 系统的试验验证

对系统的可行性进行试验验证。用水来代替图 4-3 中所示的膨胀土体,即可进行水压力的离心模型试验,制备模型时用柔软的薄膜盛水形成一个水袋,在水压力的作用下,薄膜紧贴在模型箱边壁和模型挡墙上,水压力就直接作用到了模型墙的墙背。试验采用 10g 一级逐级加载到 50g 的加载方式,每一级荷载下,对各块墙体上所受水压力理论值和测量值进行比较；同时也对每级荷载下挡墙整体所受水压力进行了分析比较，模拟了不同水深下的水压力。共做了三种方案的水压力标定试验：①模型墙下垫不可滑动的有机玻璃；②模型墙下垫可滑动的铝板，墙块之间涂黄油润滑；③模型墙下垫可滑动的铝板。结果表明，前两种方案测量值与理论值误差较大，方案 3 测量值与理论值基本一致，且重复性好（如图 4-5 所示），因此最终选定方案 3 进行膨胀土压力的试验。

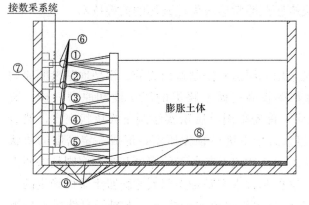

图 4-3　试验装置系统布置图

①～⑤带支架的分块模型墙体，⑥自制测力传感器，⑦可微调传感器支承板，⑧垫板，⑨滚棒

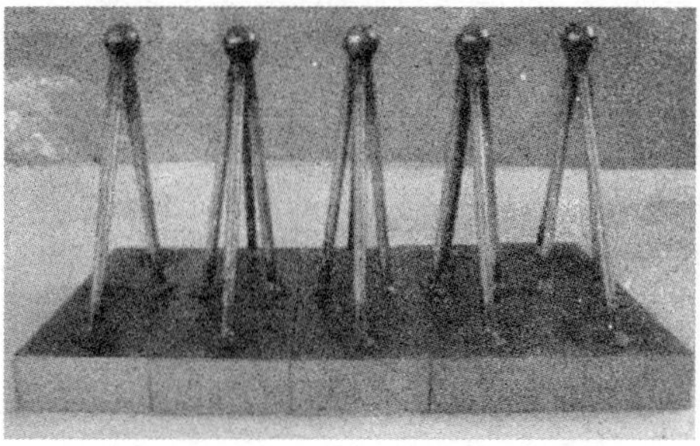

图 4-4　分块式模型挡墙

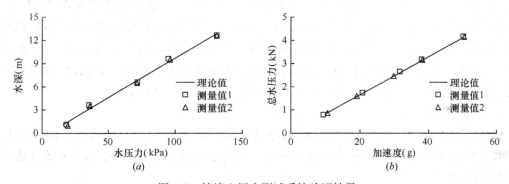

(a)　　　　　　　　　　　　(b)

图 4-5　挡墙土压力测试系统验证结果

(a) 50g 荷载下墙块所受水压力分布；(b) 各级荷载下总水压力

第二节　膨胀土路基离心模型试验研究

一、试验内容和方法

1. 研究内容

（1）填筑含水率对膨胀土路堤性状的影响：研究含水率对所填筑的膨胀土路堤变形性状，尤其是它们在雨水入渗条件下的变形性状的影响。

（2）改良处治对膨胀土路堤性状的影响：研究相同干密度和含水率但不同生石灰掺量所处治的膨胀土路堤的性状，尤其是它们对雨水入渗条件的反应特点，一是对生石灰改良效果进行评价，二是寻求生石灰掺量与处治效果之间的关系，为最佳生石灰掺入量的选取提供依据。

（3）天然干缩裂缝的形成机制和分布特征：模拟降雨形成积水、对部分堤身造成浸泡和自然风干情况下的膨胀土路堤浅表层干缩裂缝的形成过程和分布特征。

（4）路堑边坡在雨水入渗条件下的破坏模式：研究新开挖的膨胀土路堑边坡，在积水短期和长期浸泡条件下的失稳破坏模式和机制，同时研究放缓路堑边坡坡度对防止上述失稳破坏的效果，从而寻求和掌握治理这类膨胀土路堑边坡失稳破坏的关键技术。

2. 试验方法

（1）模型制备

在离心模型试验中，地基和路堤均是采用分层击实法制备而成的。模型地基参照原型地基的物理力学指标，其干密度较低含水率较高；模型路堤的压实度和原型一样，取0.90或者0.95。模型边坡分三步制备而成，首先采用分层击实法制备成块状土样，然后置于土工离心机在设计加速度（100g）超重力场中进行预先压密，形成一定密度的块状膨胀土样，最后按照一定坡度切削而成边坡。路堑边坡制备时的密度和含水率则是参照天然膨胀土条件确定的。路堑边坡制备时的密度和含水率则是参照天然膨胀土条件确定的。

试验土料取自广西南友路 K133+140 标段的灰白色弱膨胀土，土料经自然风干后碾碎，过 2.0mm 筛，重新加水配制并均衡后，用于模型制备。对于堤身土体，选取两种压实度 90% 和 95% 进行控制，相应的干密度就等于 $1.59g/cm^3$ 和 $1.68g/cm^3$；对于地基土层，压实度控制为 80%，相应的干密度就等于 $1.42g/cm^3$，其含水率控制在 27.7%；对于路堑模型，干密度参照南友路 C9～C10 合同段天然土体干密度确定，以尽量模拟原型路堑土体状况，故用于制备路堑边坡模型的土样干密度控制在 $1.33g/cm^3$，含水率为 33%。另外，在路堤模型试验中，配制了 2 种含水率的膨胀土填料，即 21.4% 和 27.7%。改良膨胀土路堤身，试验了 3 种生石灰掺量改良土：3%、5% 和 7%。

（2）试验模型

所开展模型试验，按研究对象分为膨胀土路堤、生石灰处治改良膨胀土路堤和膨胀土路堑，它们的模型高度、坡度和土体含水率、干密度以及生石灰掺量、最大积水深度和浸泡时间详见表 4-3。

路基试验模型　　　　　　　　　　　　　　　　表 4-3

对象	模型	坡高 h_m (mm)	坡比	含水率 w_m (%)	干密度 $\rho_{d,m}$ (g/cm³)	石灰掺量 α_{lime} (%)	积水深度 $h_{max,m}/h_m$	浸泡历时 $t_{w,p}$ (d)
膨胀土路堤	M1	60	1:1.75	21.4	1.68	0	1.00	25
	M2	60	1:1.5	21.4	1.68	0	0.30	40
	M3	60	1:1.5	27.7	1.59	0	0.80	60
	M4	60	1:1.5	27.7	1.59	0	0.85	17
	M5	60	1:1.0	21.4	1.59	0	0.73	70
改良膨胀土路堤	M6	60	1:1.5	14.7	1.57	3.0	0.79	30
	M7	60	1:1.5	13.2	1.53	5.0	1.00	68
	M8	60	1:1.5	12.2	1.51	7.0	0.70	35

第二节 膨胀土路基离心模型试验研究

续表

对 象	模型	坡高 h_m (mm)	坡比	含水率 w_m (%)	干密度 $\rho_{d,m}$ (g/cm³)	石灰掺量 α_{lime} (%)	积水深度 $h_{max,m}/h_m$	浸泡历时 $t_{w,p}$ (d)
膨胀土路堑	M10	160	1:1.1	33.0	1.33	0	0.56	230
	M11	160	1:2.0	33.0	1.33	0	0.39	100

注：1. 路堤地基土：$w_{g,m}=27.7\%$，$\rho_{gd,m}=1.42\text{g/cm}^3$，$h_{g,m}=120\text{mm}$。
  2. 路堑边坡以下土体：$w_{g,m}=33.0\%$，$\rho_{gd,m}=1.33\text{g/cm}^3$。

（3）试验程序

路堤的填筑模拟：按均匀速率升高模型所承受的离心加速度，对于几何比例尺为 1/100 的路堤模型，设计加速度即为 $100g$。当离心加速度达到设计值时，就相当于原型公路路堤竣工时已填筑到设计高度，此时模型的性状即代表原型公路路堤的性状。

路堤的运行期模拟：公路路堤的运行期模拟分无雨水情形和有雨水入渗情形。对于有雨水入渗情形，模拟其最恶劣情形，即公路两侧排水系统功能全部或部分失效，在边坡一侧形成积水，造成地基和部分堤身为积水浸泡。

路堑破坏性试验：为了测定路堑的临界稳定安全高度，将连续升高模型的离心加速度，直到出现破坏迹象。

二、膨胀土路堤变形及破坏性状

共进行了 5 组未处治膨胀土路堤模型试验（模型 M1～M5），试验布置如图 4-6 所示。由于模型试验中所测量的路基表面沉降包括路堤和地基两部分的压缩变形，故在计算相对沉降变形时，分母应取路堤高度和地基厚度之和，即 $H=h+h_g$。图 4-7 是路堤模型的典型结果，表 4-4 详细列出了膨胀土路堤竣工时和浸水后堤顶变形的相对值结果。

膨胀土路堤试验结果   表 4-4

模型	路堤填筑含水率（%）	路堤压实度（%）	竣工期相对变形（%）			浸水后相对变形（%）		
			s_2/H	s_3/H	s_4/H	s_2/H	s_3/H	s_4/H
M1	21.4	95	0.4	0.5	0.4	0.7	0.8	0.6
M2	21.4	95	0.4	0.4	0.3	0.4	0.5	0.3
M3	27.7	90	0.7	0.8	0.7	1.1	1.3	1.2
M4（150g）	27.7	90	0.9	0.9	0.9	1.0	1.1	1.0
M5	21.4	90	0.5	0.6	0.6	0.7	0.9	0.8

按较高压实度标准填筑的膨胀土路堤（原型堤身高度为 6m），在竣工期发生的沉降相对值一般不超过 0.8%，在雨水入渗期，当坡前形成较大深度的积水时，堤顶相对沉降量有较明显的增加，最大增幅可达 0.5%。填筑干密度越大（压实度越高），路堤顶面发生较小，竣工后，沉降随时间的发展速率较小。

相同填筑压实度条件下（0.90）填筑含水率高低对路堤性状有相当大的影响：模型 M2 和模型 M5 填筑含水率分别为 21.4% 和 27.7%，比最优含水率（14.4%）分别高出

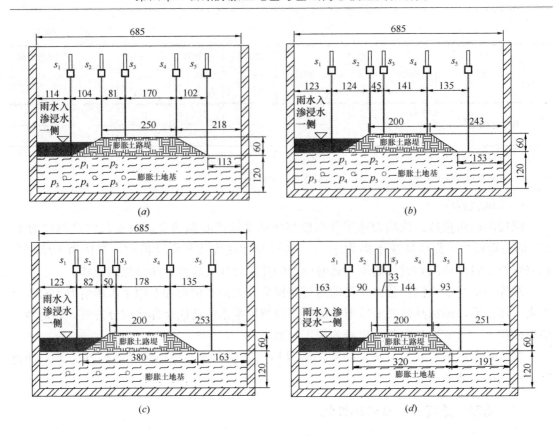

图 4-6　未处治膨胀土路堤试验模型布置图
(a) 模型 M1；(b) 模型 M2 和模型 M3；(c) 模型 M4；(d) 模型 M5

7%和 13.3%，模型 M2 和模型 M5 在竣工期（100g）发生的相对沉降（s_3/h）分别约为 0.8%和 0.6%，而且在竣工后，模型 M2 沉降随时间发展速率很小，基本趋于稳定，模型 M5 仍以一定速率缓慢发展。由此表明，路堤填筑含水率不仅会影响到路基竣工期的相对沉降量，而且影响到路基投入运行后后期沉降变形性状，填筑含水率越高，竣工后发展的相对沉降量越明显。

填筑含水率的影响还表现在路基对积水浸泡反应的差异上，填筑含水率较高的模型 M3 对积水浸泡反应强烈：一是附加沉降量大，二是积水浸泡后，沉降随时间发展的速率更大。积水对路堤浸泡的影响具有后效性，即使在积水退去后，沉降发展速率仍然较大。这种后效性似乎与路堤填筑含水率密切相关，填筑含水率低的模型 M2 和 M5 很不明显。

5 组路堤模型试验后的检查发现，受积水浸泡过的路堤边坡部分，土体变软；同时发现，分层压实制模时在坡面所形成的层面附近，土体变软范围和程度又比其他部位大而严重，并伴有局部鼓胀和土块剥落现象。可见积水容易从这些薄弱环节渗入堤身，其上下周围土体含水率容易出现剧烈变化，导致土体局部膨胀、强度软化、压缩性增大和强度降低。

所有模型路堤均未出现严重的大规模堤身或坡体破坏，雨水入渗所引发的都是浅表层土体的局部软化和坡面土块的剥落破坏，而其他部分土体无明显侧向位移仍保持稳定。从模型剖面位移矢量可以发现，在离心力超重作用和积水浸泡双重作用下，堤身和地基中发

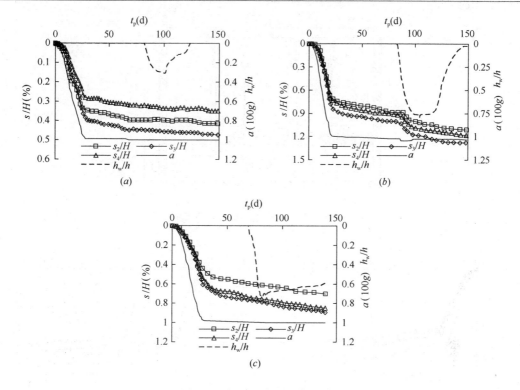

图 4-7 膨胀土路堤沉降过程线
(a) 模型 M2；(b) 模型 M3；(c) 模型 M5

生位移基本呈垂直向，侧向变形不明显，因此土体总体处于稳定状态。

应该提醒的是，降雨引起的积水对地基和堤身坡体的浸泡入渗虽没有造成非常明显的严重破坏，但引发了浅表层土体的局部软化，并伴有坡面土块的剥落破坏现象。这些破坏虽是浅层的，但具有向堤身内部逐渐推进发展的趋势，因此必须引起足够的重视。

三、石灰改良膨胀土路堤变形及破坏模式

进行了 3 组生石灰改良膨胀土路堤模型试验（模型 M6～M8），试验布置如图 4-8 所示，旨在模拟改良土路堤对雨水入渗的反应，生石灰掺量分别为 3％、5％ 和 7％，试验时生石灰改良土龄期均为 7d。图 4-9 分别是 3 组模型路堤在施工模拟期和雨水入渗期的沉降过程线，表 4-5 详细列出了石灰改良膨胀土路堤竣工时和浸水后堤顶变形的相对值结果。

石灰改良膨胀土路堤试验结果 表 4-5

模型	路堤填筑含水率（%）	掺灰量（%）	竣工期相对变形（%）			浸水后相对变形（%）		
			s_2/H	s_3/H	s_4/H	s_2/H	s_3/H	s_4/H
M6	14.7	3	0.22	0.26	0.20	0.27	0.31	0.24
M7	13.2	5	0.17	0.18	0.14	0.22	0.23	0.19
M8	12.2	7	0.23	0.28	0.28	0.29	0.33	0.33

改良膨胀土路堤在施工期发生的堤顶相对沉降约 0.2％～0.3％，在最恶劣的雨水入渗情形——堤身下部为坡前积水所浸泡后，总相对沉降量均不超过 0.35％，比膨胀土路

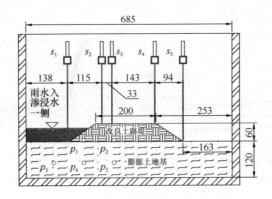

图 4-8 改良膨胀土路堤模型布置图

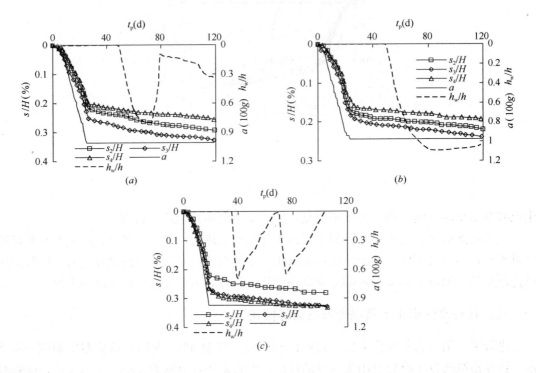

图 4-9 改良膨胀土路堤沉降过程线
(a) 模型 M6；(b) 模型 M7；(c) 模型 M8

堤的要小。5%掺灰量路堤堤顶最大相对沉降量小于0.25%，而3%和7%掺灰量的最大相对沉降量分别为0.32%和0.33%，似乎表明，掺灰量达5%时，对所试验的膨胀土改良效果最佳，过高或过低的掺灰量不一定能达到预期的效果。

受积水浸泡后，即便是发生了积水漫过堤顶从一侧流到另一侧（模型 M7），路堤表面沉降发展速率并未出现明显增大的趋势；积水退去后，堤身表面也未出现开裂或起皮等浅表层破坏；这些现象表明，在积水浸泡期间，雨水很难渗入到改良土堤身土体中，同时也表明改良已有效抑制这种膨胀土原有的胀缩特性。

试验后的检查发现，由于天然膨胀土地基未作改良，在积水浸泡下，地基土体含水率增加而出现软化膨胀，以致出现膨胀后的地基层上抬路堤坡脚的现象。图 4-10 是5%生石灰改良路堤模型 M7 试验后存放了 7d 和 21d 自然风干的情形：受积水浸泡过的地基表面起皮开裂。干缩变形还导致地基土层与模型箱侧壁相分离，表现出非常显著的干缩变形。

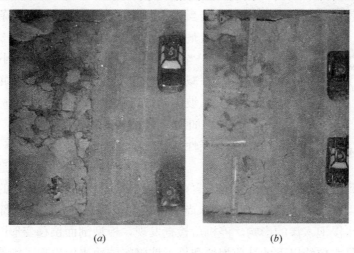

图 4-10　模型 M7 试验自然风干的情形
（a）试验后 7d；（b）试验后 21d

四、雨水入渗条件下膨胀土路堑边坡性状

模型 M10 的制备过程如下，首先采用分层击实法制备厚 350mm 膨胀土样；然后置于 100g 离心加速度的超重条件下压密 30min（相当于原型 7 个月），结果整个土体被压缩了 15mm，干密度由起始的 $1.28g/cm^3$ 提高到 $1.33g/cm^3$；然后将土体切削成高 160mm、坡度 1∶1.1 的边坡，如图 4-11（a）所示，试验模拟了雨水入渗最恶劣的情形——排水不畅，坡前形成积水的情形。

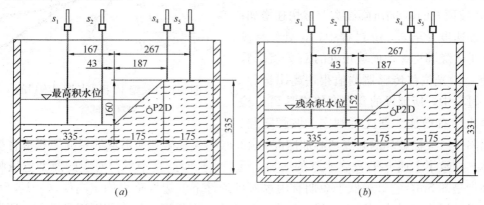

图 4-11　模型 M10 布置图
（a）新开挖边坡的雨水入渗试验；（b）积水浸泡后边坡稳定性试验

图 4-12 给出了雨水入渗前后模型路堑表面沉降和积水深度随时间过程线，可以看出，雨水入渗前，位于坡底两个测点（s_1 和 s_2）的相对沉降均很小，不足 0.1%；而此时位于坡顶的两个测点（s_4 和 s_5）相对沉降量已分别达到了 0.37% 和 0.45%。雨水入渗期间积

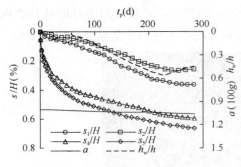

图 4-12 模型 10 雨水入渗期间沉降及积水深度过程线

水最大深度达 90mm，s_1 和 s_2 测点的沉降反应显著，沉降量随着积水深度的增加而不断增加，当积水深度达到最大值时，沉降量也同时达到最大，s_1/h 和 s_2/h 分别约为 0.38% 和 0.27%；当积水渐渐排出，水深慢慢减小时，沉降并未减小。坡底发生了如此明显的沉降反应，并且坡脚处出现相对隆起（期间 $s_2/h<s_1/h$），表明此处土体已为积水浸泡而软化，边坡局部稳定性受到一定的削弱。

然而，坡顶两测点的沉降随原型时间发展规律似乎还未受到坡前积水浸泡的影响。含水率传感器 P2D（图 4-11a）的监测读数也未出现任何变化，再次表明历时 228d 的积水尚未渗透到该测点处，路堑大部分土体此时还没有受到坡前积水浸泡入渗的影响。停机后检查发现，模型剖面位移变形网格未见明显的侧向位移，仅仅是水位线以下的坡前坦地和靠近坡脚的坡面表层出现了泡软褶皱现象。

为了观察膨胀土路堑的破坏模式，将经过雨水入渗试验但整体上仍稳定的边坡模型，在其坡前一侧保留少量积水（图 4-11b），在 1g 条件下静置 2d，让水继续向更深层的土体内入渗。经过 2d 后，含水率传感器 P2D 读数显示积水仍未入渗到此处。这时，再次升高模型的离心加速度，测定边坡在超重荷载条件下的稳定性。整个试验过程中，坡前积水深度基本维持在 55mm 左右。

稳定性模型试验过程中位移传感器的反应如图 4-13 所示，在离心加速度升至 42.8g 时，靠近坡脚处的 s_2 沉降读数开始减小，表明坡脚处土体开始向上隆起；当离心加速度升至 50.2g，坡顶处的 s_4 的沉降读数突然快速增加；当离心加速度升至 55.5g 过程中，s_2 处位移读数显示土体隆起迅速，而坡顶处的 s_4 处沉降骤增，使 s_4 激光位移传感器测值很快超出量程。在这一过程中，所埋设的含水率传感器 P2D 检测到含水率有增加。据此可判定，坡脚隆起、

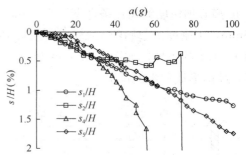

图 4-13 模型 10 积水长期浸泡后的破坏性试验

坡顶塌陷这一失稳破坏的起点离心加速度为 42.8g。失稳破坏所形成的裂缝使积水直接进入土体，导致了上述 P2D 处含水率的增加。受积水长时间浸泡后，对应的原型边坡临界稳定高度是 6.5m，它远远低于短期有雨水入渗条件下的边坡临界稳定高度（>15.5m）。同时，通过图像实时监测发现，滑动是由坡脚逐级向上发展，坍塌范围逐步增大，所形成坍塌土体向坡前坦地大幅度推移，整个破坏过程短暂而具有突发性，最终形成了如俯视图（图 4-14）所显示的破坏形态，显然，这是一种逐级牵引式渐进破坏形态。

在监测到边坡失稳后，试验在离心加速度升至 100g 后即刻停机，对整个模型作了较为详细的测量和分析。首先对破坏形式进行观察分析，并就滑动体范围作了测量；其次，从剖面不同位置取土样测定了含水率分布，从而对积水入渗深度进行了分析；最后，利用

第二节　膨胀土路基离心模型试验研究

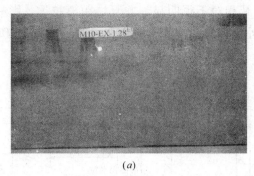 

图 4-14　膨胀土路堑边坡破坏
(a) 模型正视图；(b) 模型俯视图

袖珍贯入仪进行原位不排水剪强度试验，从另一个角度分析了积水入渗深度。

图 4-14 分别给出了破坏后路堑边坡模型正视图和俯视图。从正视图可以发现，滑动体的轮廓线明显，滑动体以外的稳定土体无明显沉降和侧向变位，滑动体与稳定体两部分无明显过渡带；滑裂面呈折线。对模型破坏后的剖面进行测量，绘制出了如图 4-15 所示的位移矢量分布图，清晰地显示了滑裂破坏面；同时可以看到，坡前坍塌土体来自于边坡浅表层厚约 48mm（相当于原型约 2.0m）范围内的土体，显然这是一种典型的浅层破坏。

在模型剖面共测定了 20 个不同位置的含水率，从而得出了破坏时的含水率分布图 4-16，其中 40% 含水率等值线以上土层厚度，在坡前坦地深度约为 32mm（相当于原型约 1.4m），在边坡处厚约为 50mm（相当于原型约 2.1m）。与制模时的 33% 初始含水率相比，浅表层的含水率增大明显，最大增幅达 11%，往下较深部位的含水率变化较小，并逐渐过渡到制模时的初始含水率。对照图 4-15 和图 4-16

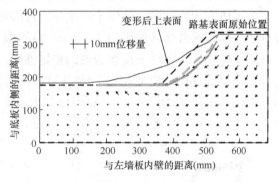

图 4-15　模型 10 破坏时的剖面位移矢量图

可以看出，40% 含水率等值线以上土层厚度与边坡滑动体的厚度大体相同，表明边坡浅层破坏与雨水入渗引起的含水率增加直接相关。

最后，利用袖珍贯入仪对破坏后路堑边坡区域土体进行了原位不排水剪强度试验，绘制了如图 4-17 所示的滑坡区域强度分布图。从图中标出的强度分布区域明显可以看出，受积水浸泡的影响，浅表层土体软化，形成低强度区（不排水剪强度 s_u 小于 15kPa）。比较这一区域范围（图 4-17）与含水率有明显变化的区域范围（图 4-16），发现它们形状大体一致，厚度也相当接近：边坡软化土层（s_u 小于 15kPa）厚度约为 54mm（相当于原型约 2.3m）。而其他区域

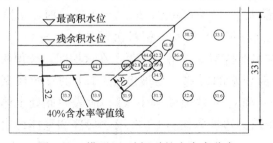

图 4-16　模型 10 破坏时的含水率分布

因与坡前积水区域相距较远，强度衰减相对不很明显，并且，距离越远，影响越小。可见，膨胀土路堑边坡强度软化与其含水率增加直接相关，软化后的坡体最终构成了坍塌的主体（图 4-15）。

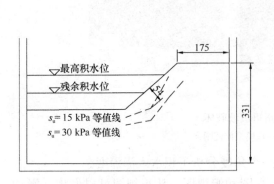

图 4-17　受雨水入渗而形成边坡强度软化层
　　　　（单位：mm）

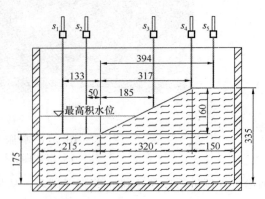

图 4-18　缓坡模型 M11 布置图

五、开挖坡度对膨胀土路堑稳定性的影响

为了研究边坡坡度对膨胀土路堑稳定性的影响，在陡坡路堑模型 M10 的试验基础上，设计了一组较缓坡度（坡比为 1∶2.0）路堑模型 M11 的试验（图 4-18）。该试验同样模拟在雨水长期入渗条件下路堑边坡的稳定性状，进而观察和比较坡度对这种膨胀土路堑稳定性状的影响规律。模型 M11 的制备过程与模型 M10 相同，制备后路堑模型如图 4-18 所示，高 160mm、坡度 1∶2.0。试验模拟雨水入渗最恶劣的情形——排水不畅，坡前形成积水的情形，试验中积水深度最大达 63mm。

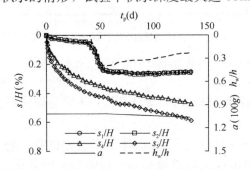

图 4-19　M11 雨水入渗期间沉降及
　　　　积水深度过程线

图 4-19 显示了雨水入渗模拟期间的沉降和积水深度随时间的变化过程线，从中可以看到，在坡前形成积水之前，位于坡底的两个测点（s_1 和 s_2）沉降不多，相对值 s/h 不足 0.1%；而位于坡顶的两个测点（s_4 和 s_5）相对沉降量分别达 0.33% 和 0.42%。而在坡前形成积水过程中，测点 s_1 和 s_2 的沉降反应显著，其沉降量随积水深度的增加而迅速增加，当积水深度达到最大值（$h=63$mm，$h_w/h=0.39$）时，沉降量也同时达到最大，相对沉降值 s/h 为 0.24。

当积水渐渐排出，水深慢慢降低时，沉降量基本保持不变，略有回落。在这期间，坡顶两测点的沉降随原型时间发展规律几乎不受坡前积水的影响。与坡度 1∶1.1 的路堑模型 M10 相比，M11 坡脚处未出现相对隆起（s_2/h 和 s_1/h 数值差别不大），故表明此处土体虽为积水浸泡软化而发生了沉降变形，但可能因为边坡较缓（1∶2.0），局部和整体稳定性均未受到明显削弱。

第二节　膨胀土路基离心模型试验研究

同模型 M10 试验过程一样，在离心机停机后，在模型中保留深约 12mm 积水，在 1g 条件下静置 2d，让水充分地向深层土体内入渗。然后，再次升高模型的离心加速度，开展土体自重荷载快速增大条件下的路堑边坡稳定性测试，以推求此时边坡的临界坡高。图 4-20 是稳定性模型试验过程中各位移传感器的沉降反应，s_3 处的相对变形曲线 $s_3/H \sim a$，其斜率由缓变陡，在离心加速度升至 $60g$ 时，突然开始变缓，随后变得更陡。经过分析，在 $60g$ 时出现转折是因为此时坡体发生了明显的侧向位移，其后的斜率变陡为坡体坍塌所致，这就是说，边坡在 $60g$ 自重应力条件下开始滑动。换算至原型，受积水长时间浸泡后，这一缓坡路堑边坡临界稳定高度为 7.2m。

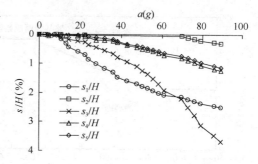

图 4-20　M11 积水长期浸泡后的破坏性试验

同样，在模型停止运行后，对模型 M11 作了较为详细的测量和分析。首先对破坏形式进行观察分析，并就滑动体范围作了测量；其次，从剖面不同位置沿水平方向取土样测定了含水率分布，从而对积水入渗深度进行了分析；最后，利用袖珍贯入仪进行原位不排水剪强度试验，从另一个角度分析了积水浸泡入渗深度。

图 4-21 给出了模型 M11 路堑边坡破坏情况，从正视图可以发现，滑动体的轮廓线明显，滑动体主要位于坡脚附近、受过积水浸泡过的坡体中，最高积水位以上的坡体仍处于稳定状态，坡顶虽有沉降但无明显侧向变位；滑裂面呈折线。对滑动过程所作的实时图像监视表明，滑动仍是由坡脚逐级向上发展的，所形成坍塌土体主要堆积在坡脚和坡前坦地上（如位移矢量分布图 4-22 所示），整个破坏过程短暂而具有突发性，最终形成了如俯视图所显示的破坏形态，显然这仍是一种逐级牵引式渐进破坏。由于滑动范围较浅（厚约 49mm），因此，这是一种类似模型 M10 的浅层破坏。滑动体的轮廓线明显，滑动体主要位于坡脚附近、为雨水长期入渗而软化的坡体中，上部坡体仍处于稳定状态，坡顶虽有沉降但无明显侧向变位；滑裂面呈折线。

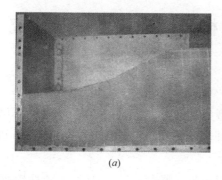 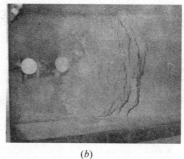

(a)　　　　　　　　　　　　　(b)

图 4-21　模型 M11 路堑边坡破坏
(a) 正视图；(b) 俯视图

对路堑边坡模型破坏后剖面 28 个不同位置沿水平方向取土样测定了坡体坍塌时的含水率，从而得出了如图 4-23 所示的含水率分布图。可见，坡前坦地和坡脚以上一部分坡

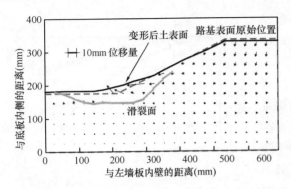

图 4-22　模型路堑破坏时的剖面位移矢量图（M11）

体（最高积水位以下）浅表层土体含水率增幅较为明显，约 8%～9%；图中 40% 含水率等值线以上土层厚度大约 40～43mm。另外，从强度分布图 4-24 也可以看出，受积水浸泡的影响，浅表层土体强度明显低于未受浸水影响区域土体的强度。

缓坡路堑边坡模型 M11 试验结果表明，减缓开挖坡度，虽能使临界坡度有所增加，但不能完全有效防治膨胀土路堑边坡的失稳破坏。要提高这种膨胀土路堑边坡的稳定性，关键之一就是要避免坡脚处为雨水长期入渗而发生膨胀软化，从而防止软弱坡脚对整个路堑边坡稳定性所造成的削弱。这样看来，加强路堑工程排水设施的设计、施工和维护保养，确保足够排水能力，是一项十分关键的措施。其次，对路堑坡脚重点部位进行必要的防水、隔水和加固处治，同样十分重要。

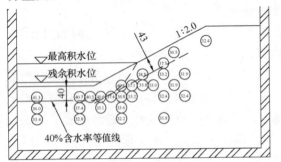

图 4-23　M11 破坏时的含水率分布

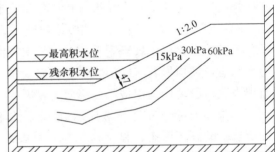

图 4-24　M11 受雨水入渗而形成强度软化层

第三节　膨胀土地基桥涵离心模型试验研究

一、试验方法

试验以南友路桥台和圆管涵洞工程原型为基础，进行适当简化，模型模拟半幅路堤的性状。地基为膨胀土，厚 8m，路堤采用非膨胀性黏性土填筑，高 4.5m，边坡坡度为 1∶1。

模型材料：膨胀土地基，液限 $w_L=123.0\%$，塑限 $w_P=38.5\%$，塑性指数 $I_P=84.5$，自由膨胀率 $\delta_{ef}=147\%$。路堤采用非膨胀性黏性土填筑，塑限为 28%。模型桥台采用铝材加工而成，模型涵洞采用壁厚 5mm，内径 80mm 的铝管模拟。

桥台模型的测量包括结构物上的土压力、堤顶土体表面竖向位移观测和剖面变形网格，涵洞模型的测量包括堤顶土体表面竖向位移观测和剖面变形网格。土压力由采用微型

第三节　膨胀土地基桥涵离心模型试验研究

土压力盒测量，位移用激光位移传感器测量。

模型制备：（1）将土料晾干、粉碎，按试验所需的含水率配置，闷料24h以上，使配置的土料含水率均匀。（2）清洁模型箱，在模型箱壁和有机玻璃内侧涂硅油，粘贴塑料薄膜。（3）按照设计的填筑干密度和填筑含水率，采用分层填筑法制备膨胀土地基土层，每层土体4cm，共填筑4层，分层之间的交界处土面都进行了刨毛处理。（4）桥台模型：将预先加工好的桥台填筑在填筑完毕的膨胀土地基上，埋深为0m的桥台直接放置在地基表面；埋深不为0m的桥台填筑前要开挖膨胀土地基进行填筑；有桩基础的桥台不仅要开挖地基，还要在设计的位置钻桩孔，再进行桩基础和桥台的填筑；在桥台两侧的膨胀土地基上，采用分层填筑法填筑路堤。（5）涵洞模型：采用分层填筑法填筑路堤土层的下半部分；在路堤土层的设计位置，开挖半圆形土沟，填筑上预先加工好的圆管涵；继续采用分层填筑法填筑上半部分路堤土层。（6）架设激光位移传感器，上模型箱盖。

试验过程：模型制备好后，将模型箱放置于离心机的吊篮里进行试验。模型几何相似比为1/50，试验时在5min内逐渐加载的方式升高模型所承受的离心加速度达到设计值50g。待观测数据稳定后，从路堤坡脚土体表面加水，模拟降雨形成的积水入渗效果，继续运行一段时间，停机并让模型继续浸泡至积水入渗稳定；然后再次运行浸泡后的模型。停机后取出模型箱并测量变形标志。

二、桥台试验结果分析

共进行了12组桥台模型试验，如表4-6所示，分别对膨胀土地基中薄弱渗水层、桩基础、桥台上的附加荷载和桥台埋深这几方面因素进行了研究。

桥台试验模型　　　　　　　　表4-6

研究对象	模型	地基土含水率（%）	路堤土含水率（%）	地基中水平渗水层	地基处治	上覆荷载	基底压力（kPa）	结构物埋深（m）
渗水层	MA1	30.4	24.5	无	无	桥台自重+路堤	131	0
	MA2	27.1	24.6	右侧路基表面	无	桥台自重+路堤	131	0
	MA3	24.4	20.1	右侧路基下1m	无	桥台自重+路堤	131	0
桩基础	MA4	30.4	23.2	无	桩基	桥台自重+路堤	145	1
	MA5	34.1	23.8	右侧路基下1m	桩基	桥台自重+路堤	145	1
	MA6	32.3	23.4	右侧路基下2m	桩基	桥台自重+路堤	145	1
附加荷载	MA7	32.1	24.9	右侧路基下1m	无	桥台自重+路堤+附加荷载1	187	1
	MA8	32.4	22.7	右侧路基下1m	无	桥台自重+路堤+附加荷载2	232	1
	MA9	32.5	22.6	右侧路基下1m	无	桥台自重+路堤+附加荷载3	273	1
桥台埋深	MA10	31.7	25.3	路基下1m	无	桥台自重+路堤	131	0
	MA11	30.7	26.2	右侧路基下1m	无	桥台自重+路堤	145	1
	MA12	30.1	24.6	右侧路基下1m	无	桥台自重+路堤	172	2

试验模型MA1～MA3，桥台结构物都是一样的，膨胀土地基各不相同，模型MA1

的路基没有缺陷，模型 MA2 的路基与路堤交界面右半部分土体中存在薄弱渗水层，模型 MA3 的路基表面下 1m 深度右半部分土体中有薄弱渗水层。这 3 组模型主要研究渗水层的影响，模型布置见图 4-25（a）。

试验模型 MA4～MA6，桥台结构物都是一样的，在路基中的埋深均为 1m，模型桥台自重 8.63kg；桥台两侧下的膨胀土路基都有桩基础处理，模拟直径 0.75m、桩长 6.5m、桩间距 3m、2×2 布置的钻孔灌注桩；膨胀土路基各不相同，模型 MA4 的路基是没有缺陷的，模型 MA5 的路基表面下 1m 深度右半部分土体中存在薄弱渗水层，模型 MA6 的路基表面下 2m 深度右半部分土体中有薄弱渗水层。这 3 组主要研究桩基础处治效果和传力机理，模型布置见图 4-25（b）。

试验模型 MA7～MA9，桥台结构物都是一样的，在路基中的埋深均为 1m，模型桥台自重 8.63kg；桥台两侧下的膨胀土路基也都是一样的，在右侧路基表面下 1m 深度存在薄弱渗水层，不同之处在于这 3 组模型桥台上有不同的附加荷载作用，主要研究附加荷载抑制膨胀的效果，模型布置见图 4-25（c）。

试验模型 MA10～MA12，模型 MA11 和 MA12 膨胀土路基都是一样的，在右侧路基表面下 1m 深度存在薄弱渗水层，模型 MA10 的膨胀土路基在表面下 1m 深度存在贯通的薄弱渗水层，不同之处在于这 3 组模型桥台的埋深不同，主要研究桥台埋深的影响，模型布置见图 4-25（d）。

模型试验中位移传感器 S1～S4 测得的路堤表面变形包括路堤和地基两部分的变形，因而在计算相对变形时，土层厚度应为路堤高度和路基厚度之和。表 4-7 列出了路堤降雨

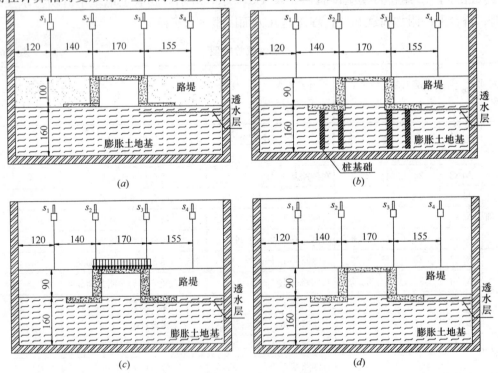

图 4-25 桥台试验模型布置图

(a) 模型 MA1～MA3；(b) 模型 MA4～MA6；(c) 模型 MA7～MA9；(d) 模型 MA10～MA12

第三节 膨胀土地基桥涵离心模型试验研究

初期及浸水后路堤表面和桥台表面变形的相对值，由此可以看出，路堤和桥台在降雨初期发生的相对沉降量都较小，一般不超过 0.1%，说明在一般情况下，膨胀土地基上的路堤和桥台运行性状较好。在积水入渗期，路堤和桥台相对降雨初期呈现隆起的趋势，说明膨胀土路基在有降雨并形成积水入渗的情况下，土体吸水膨胀软化，路基、路堤以及桥台结构物均受膨胀影响而隆起变形，公路整体运行性状会受到影响。

路堤和桥台表面变形相对值　　　　　表 4-7

模型	降雨初期路堤表面变形相对值（%）		降雨初期桥台表面变形相对值（%）		浸水程度		浸水后路堤表面变形相对值（%）		浸水后桥台表面变形相对值（%）	
	s_1/H	s_4/H	s_2/H	s_3/H	h_{max}/h	t_w (d)	s_1/H	s_4/H	s_2/H	s_3/H
MA1	0.08	0.10	0.06	0.07	0.80	62	−0.04	0.00	0.00	0.02
MA2	0.08	0.25	0.06		0.93	63	−0.09	0.08	−0.03	0.00
MA3	0.05	0.07	0.06	0.08	0.82	46	−0.12	−0.26	−0.09	−0.27
MA4	0.03	0.04	0.01	0.05	0.02	66	0.05	0.03	0.00	0.03
MA5	0.05	0.12	0.06	0.11	0.11	62	−0.09	0.01	0.00	0.05
MA6	0.02	0.05	0.00	0.05	0.02	68	0.03	0.06	−0.01	0.04
MA7	0.05	0.08	0.05	0.09		64	0.07	0.04	0.03	0.05
MA8	0.06	0.07	0.09	0.10	0.06	63	0.06	−0.06	0.09	0.05
MA9	0.05	0.10	0.17	0.21		63	0.05	0.05	0.14	0.16
MA10	0.06	0.08	0.05	0.09	0.8	63	−0.32	−0.24	−0.27	−0.22
MA11	0.07	0.08	0.10	0.05	0.47	62	0.03	−0.24	−0.02	−0.17
MA12	0.05	0.08	0.08	0.06	0.1	80	—	0.05	0.01	−0.05

1. 渗水层的影响

在积水入渗期，堤顶及桥台的隆起量由 MA1、MA2 至 MA3 的顺序明显增加。这一方面表明在右侧膨胀土路基中出现了薄弱渗水层的情况下，土体的膨胀量会有显著的增加，路堤的工作性状受到了较大的影响；另一方面也进一步说明了薄弱渗水层的位置对此也有很大影响。模型 MA1 的膨胀土路基没有缺陷，因而雨水难以渗入土体，土体的膨胀量较小；模型 MA2 的膨胀土路基右侧表面有薄弱渗水层，降雨形成的积水容易从薄弱层渗入土体，薄弱层两侧土体不一样，下面的膨胀土比上面的非膨胀土路堤土受积水的影响要大，因而在雨水入渗期路基和路堤土体的膨胀量比模型 MA1 的土体要稍大；模型 MA3 的膨胀土路基右侧表面下 1m 有薄弱渗水层，积水容易从该处渗入土体，又由于薄弱层上下两侧土体均为膨胀土，因而在雨水入渗期路基和路堤土体的膨胀量明显比模型 MA2 的土体大。

桥台右侧土体的隆起量由 MA1、MA2 至 MA3 的顺序明显增加。由此也进一步体现了薄弱渗水层的影响，若在膨胀土路基上进行路堤工程，一定要对路基中是否有薄弱渗水层充分重视，如果膨胀土路基中存在缺陷，就容易在降雨入渗时期出现过大的隆起变形和土体软化。由于上覆有路堤土体和桥台结构物，膨胀土路基虽然吸水膨胀软化，但隆起量并不很大，只有模型 MA3 的膨胀土路基在薄弱渗水层之上的部分有明显隆起。由此可以说明膨胀土路基及其上的路堤工程在降雨入渗期出现的问题主要体现在路堤土体上，路基土体由于有较大的上覆压力而不容易出现大的变形。

降雨入渗期的膨胀土压力发展过程有两个明显阶段——前期吸水软化阶段和后期吸水稳定阶段。在常态下运行时，桥台底部的土压力的发展较为平稳；在降雨初期，由于降雨形成的积水压力作用，桥台底部的土压力短暂地有所增加，随即由于膨胀土体吸水软化膨胀，土压力很快降至一个较低数值；等到模型膨胀土体吸水稳定再次运行时，膨胀土体已充分膨胀桥台底部的土压力则发展到较大的数值。如 MA1 在前期吸水软化阶段桥台底部膨胀土压力约为 252kPa，而吸水稳定后则达到了约 399kPa；MA2 在前期吸水软化阶段桥台底部膨胀土压力约为 370kPa，而吸水稳定后则达到了约 540kPa；MA3 在前期试验的数据因故障丢失，吸水稳定后桥台底部膨胀土压力达到了约 293kPa。试验测得的土压力均远大于基底压力（131kPa），这是因为直立桥台底板下存在着应力集中的原因，与实际工程中的阶梯状桥台有所不同；但通过 MA1 和 MA2 这两个模型的土压力数值的前后对比也可从另一方面说明了渗水层的不利影响。

2. 桩基础的影响

与模型 MA1~MA3 相比，模型 MA4~MA6 的相对沉降量同比减小了约 50%，运行性状有了改善。说明在一般情况下，采用桩基础处理后的膨胀土路基上的路堤运行性状很好。

在积水入渗期，总体来看堤顶和桥台隆起的趋势不大，只有模型 MA5 的右侧路堤因浸水程度较大而略有隆起。与模型 MA1、MA2 与 MA3 总体比较来看，路基和路堤土体的隆起得到了有效抑制，说明采用桩基础处理膨胀土路基能明显抑制土体的膨胀，在这样的膨胀土路基上填筑的路堤运行性状优于在未经处理的膨胀土路基上填筑的路堤。

从试验后对模型的拆除观察来看，桩基础附近和薄弱渗水层附近的土体含水率有明显增加，说明雨水还会沿桩基础渗入附近的土体，桩基础在处理膨胀土路基的同时往往容易提供雨水入渗途径，这一点需要引起注意。

这 3 组模型桥台右侧土体的隆起量虽不及模型 MA2 和 MA3 那么显著，也还是体现出由 MA4、MA6 至 MA5 的顺序递增的规律，其中以浸水程度最严重的模型 MA5 竖向隆起最为显著。由此也能在一定程度上体现出薄弱渗水层的影响。这里的模型 MA5 和 MA6 中路基中的薄弱渗水层都是在膨胀土体较浅层的内部，因而浸水程度更严重的模型 MA5 土体隆起量更大。说明桩基础处理膨胀土路基能够有效抑制土体吸水膨胀变形，同时桩基础附近的防水和排水工作也要引起注意。由于上覆有路堤土体和桥台结构物，以及有桩基础的锚固作用，膨胀土路基虽然吸水膨胀软化，但隆起量很小，只有模型 MA5 的膨胀土路基在薄弱渗水层之上的部分有明显隆起。由此同样可以说明膨胀土路基及其上的路堤工程在降雨入渗期出现的问题主要体现在路堤土体上。

试验中未观测到桥台底部膨胀土压力的明显吸水软化阶段。从表 4-8 模型桥台底部的典型土压力数值来看，在降雨初期，由于雨水沿着桩基础和薄弱渗水层渗入土体的过程较为迅速剧烈，没有形成太深的积水，加上桩基础的支撑作用，桥台底部的土压力发展不充分；等到模型的膨胀土体充分吸水膨胀再次运行时，桥台底部的土压力也没有发展到较大的数值。这里面的原因有桩基础对桥台的支撑作用，还有桩基础的锚固作用抑制了土体膨

第三节　膨胀土地基桥涵离心模型试验研究

胀的充分发展，另外桩基础在提供渗水途径的同时也为土体的膨胀提供了一定的空间，因而尽管桥台底部的膨胀土体充分吸水膨胀，膨胀土压力却不能充分发展。

模型 MA4 至 MA6 桥台底部典型土压力值　　　　　　　　　　表 4-8

模型	MA4	MA5	MA6
降雨初期土压力（kPa）	29.37	24.48	40.79
积水浸泡后土压力（kPa）	164.47	146.84	95.22

3. 附加荷载的影响

这 3 组模型路堤和桥台在降雨初期发生的相对沉降量都较小，均不超过 0.1%，随着桥台上附加荷载的增加，桥台的沉降量越来越大于路堤的沉降量。

在雨水入渗期，总体来看，堤顶隆起的趋势不大，即使有右侧路堤的隆起也只是很微小的数值。说明桥台结构物上的附加荷载能抑制土体的膨胀。

这 3 组模型桥台右侧土体的隆起量体现出了由 MA7、MA8 至 MA9 的顺序递减的规律，其中以桥台上附加荷载最小的模型 MA7 竖向隆起最为显著。由此更明显地体现出了附加荷载对于抑制土体膨胀的作用。

从试验后对模型的拆除观察来看，在存有薄弱渗水层的情况下，附加荷载大的模型桥台下的膨胀土路基土体吸水并没有受到阻碍。这说明附加荷载并不能有效抑制雨水渗入膨胀土路基。

从模型桥台底部的土压力发展过程线来看，模型 MA7 还能大致表现出前期吸水软化阶段和后期积水入渗稳定阶段；而模型 MA8 和 MA9 基本没有明显的吸水软化阶段。先看模型 MA7 的情况，在竣工期，由于桥台上有附加荷载作用，桥台底部的土压力数值较大，达到约 497kPa；降雨初期，由于降雨规模较小，形成的积水荷载很小，也就没有形成可观的积水压力，土体吸水软化后桥台底部土压力减至约 416kPa；等到积水入渗完毕，土压力仅发展到约 285kPa，说明土体软化了，土压力比竣工期减小了约 212kPa。再看模型 MA8 的情况，在竣工期桥台底部的土压力数值达到约 383kPa；降雨初期土体吸水软化后桥台底部土压力减至约 364kPa；等到积水入渗完毕，土压力则仅发展到约 402kPa，土压力比竣工期增加了仅约 19kPa，说明路基土体的膨胀很不充分。最后来看模型 MA9 的情况，在竣工期桥台底部的土压力数值达到约 781kPa；降雨初期土体吸水软化后桥台底部土压力减至约 734kPa；等到积水入渗完毕，土压力则仅发展到约 640kPa，说明土体也软化了，土压力比竣工期减小了约 141kPa。这 3 组模型因桥台上有附加荷载作用，路基吸水后膨胀土压力没有充分发展，除模型 MA8 外膨胀土压力均有所减小。分析表明，附加荷载会增加桥台底部的土压力，对于压实土体、改善运行性状有益；在降雨并形成积水入渗的情况下，膨胀土路基也不能充分膨胀，土体软化的程度严重，甚至会比膨胀的程度大，膨胀土压力不能充分发展。

4. 桥台埋深的影响

表 4-7 详细列出了这 3 组模型试验路堤降雨初期和浸水后路堤表面变形的相对值结果。填筑含水率差别不大的 3 组模型路堤在降雨初期发生的相对沉降量都较小，均不超过 0.1%，与模型 MA1、MA2 与 MA3 总体比较来看，降雨初期路堤的运行性状有所提高。

说明在一般情况下，增加结构物的埋深对改善路堤的运行性状有一定的作用。

在雨水入渗期，这 3 组模型积水荷载较大，除埋深最大的模型 MA12 外，埋深较小的模型 MA10 和 MA11 堤顶的隆起量尤其是右侧隆起量与模型 MA3（−0.26）很接近。说明桥台结构物的埋深必须达到一定深度才能抑制土体的膨胀。

埋深较小的模型 MA10 和 MA11 土体的隆起量明显地体现出受薄弱渗水层影响的规律，模型 MA10 的膨胀土路基中有贯通的薄弱渗水层，土体呈现出整体隆起；模型 MA11 的膨胀土路基右侧有薄弱渗水层，土体呈现出右侧隆起。埋深最大的模型 MA12 土体的变形则小得多。由此更加能够说明桥台结构物的埋深必须达到一定深度才能抑制土体的膨胀。从试验后对模型的拆除观察来看，增加结构物埋深没有明显抑制雨水渗入膨胀土路基的作用。

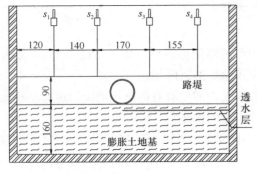

图 4-26　涵洞模型布置剖面图

三、涵洞试验结果分析

如图 4-26，MC1～MC3 这 3 组模型试验中，涵洞结构物都是一样的，在路基中的埋深均为 0 m，地基未处治；膨胀土路基各不相同，模型 MC1 的路基是没有缺陷的，模型 MC2 的路基与路堤交界面右半部分是有缺陷的薄弱渗水层，而模型 MC3 的路基表面下 1 m 深度右半部分有薄弱渗水层存在。这 3 组模型试验的大体情况见表 4-9。

模型 MC1～MC3 的概况　　　　　　表 4-9

模型	MC1	MC2	MC3
路基土含水率（%）	31.2	40.7	33.4
路堤土含水率（%）	24.0	23.3	23.6
路基中水平渗水层	无	右侧路基表面	右侧路基下 1m

表 4-10 详细列出了路堤在降雨初期和浸水后路堤表面变形的相对值结果。表 4-11 是这 3 组模型试验后圆管涵洞圆心的位置变化。填筑含水率略有差别的 3 组模型路堤在降雨初期发生的相对沉降量都较小，均不超过 0.1%。说明在一般情况下，膨胀土路基上的路堤运行性状很好。

涵洞路堤表面变形相对值　　　　　　表 4-10

模型	降雨初期路堤表面变形相对值（%）				浸水程度		浸水后路堤表面变形相对值（%）			
	s_1/H	s_2/H	s_3/H	s_4/H	h_{max}/h	t_w (d)	s_1/H	s_2/H	s_3/H	s_4/H
MC1	0.03	−0.01	0.00	0.02	0.02	64	0.04	0.00	0.01	0.03
MC2	0.02	0.02	0.06	0.07	0.02	64	0.03	0.00	−0.03	0.00
MC3	0.02	0.01	0.02	0.05	0.02	63	0.02	−0.01	0.05	0.08

第四节 膨胀土挡墙土压力离心模型试验研究

试验后涵洞圆心位移情况（MC1～MC3）　　　　表 4-11

模型编号	MC1	MC2	MC3
涵洞圆心位移值（已换算至原型尺寸）	无位移	向上 15mm	向上 75mm

在雨水入渗期，路堤右侧土体的隆起量由 MC1、MC2 至 MC3 的顺序明显增加。说明了薄弱渗水层的位置对土体变形有很大影响。模型 MC1 的膨胀土路基没有缺陷，因而降雨形成的积水难以渗入土体，土体的膨胀量较小；模型 MC2 的膨胀土路基右侧表面有薄弱渗水层，降雨形成的积水容易从薄弱层渗入土体，薄弱层下面的膨胀土比上面的非膨胀土受积水的影响要大，因而在雨水入渗期路基和路堤土体的膨胀量比模型 MC1 的土体要稍大；模型 MC3 的膨胀土路基右侧表面下 1m 有薄弱渗水层，积水容易从该处渗入土体，又由于薄弱层上下两侧土体均为膨胀土，因而在雨水入渗期路基和路堤土体的膨胀量明显比模型 MC2 的土体大。这和桥台模型试验对薄弱渗水层的研究结果一致。

在雨水入渗期，涵洞的整体位移按照模型 MC1、MC2 至 MC3 的顺序明显增加。由此说明了薄弱渗水层不仅对路基和路堤有影响，也对涵洞这样的轻型结构物有可观的影响。在膨胀土路基上进行路堤工程，一定要对路基中是否有薄弱的渗水层充分重视，如果膨胀土路基中存在缺陷，就容易在降雨入渗时期出现过大的隆起变形和土体软化，也容易影响轻型公路结构物的性状。

第四节　膨胀土挡墙土压力离心模型试验研究

一、试验方法

1. 试验模型

试验土料取自广西南友路 K133+140 的下层灰白色弱膨胀土，模拟了不同土体填筑干密度和填筑含水率、浸水条件。选择 2 种填筑干密度，分别为 1.4g/cm^3 和 1.5g/cm^3，选择 4 种填筑含水率，分别为 20.0%、21.1%、22.7%、23.6%，浸水条件分别为表面浸水和钻孔浸水，钻孔深 10cm，孔径 0.8cm，孔间距为 3cm，正方形布置。模型布置如图 4-27 所示，试验模型具体情况列于表 4-12。

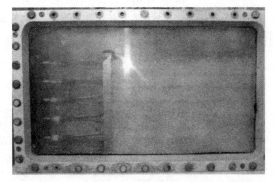

图 4-27　挡墙试验模型

挡墙试验模型　　　　表 4-12

试验模型	M1	M2	M3	M4	M5	M6	M7	M8	M9	M10	M11
干密度 ρ_d（g/cm³）	1.4	1.4	1.4	1.4	1.5	1.5	1.5	1.4	1.4	1.5	1.5
含水率 w_0（%）	20	21.1	22.7	23.6	20	21.1	22.7	20	21.1	20	21.1
浸水条件	表面	表面	表面	表面	表面	表面	表面	钻孔	钻孔	钻孔	钻孔

第四章 公路膨胀土地基与基础离心模型试验研究

2. 模型制备

(1) 将土料晾干、粉碎，按试验所需的含水率配置，闷料24h以上，使配置的土料含水率均匀。(2) 清洁模型箱，在模型箱壁和有机玻璃内侧涂硅油，粘贴塑料薄膜；摆放传感器支承板、滚棒和垫板。(3) 在5块分块墙之间、模型箱边壁、垫板等接触面上涂油润滑；用金属插杆和螺母把分块墙体联结成整体挡墙，将整体墙摆放就位。(4) 在挡墙和支承板之间放置好测力传感器，支承板上的对应套筒暂不拧紧，不使传感器在填土时受力；支承板和挡墙之间用多根同样长度的铝管支撑，防止填土时挡墙移动。(5) 按照试验所需的填筑干密度和填筑含水率，在墙后分层填筑膨胀土体，每层土体4cm，共填筑7层，两层交界处的土面都进行了刨毛处理。(6) 土体填筑完毕后，在挡墙高出填土面的部分与模型箱之间的缝隙里堵塞橡皮泥，防止试验过程中向填土面的浸水泄漏。(7) 拧紧支承板上的套筒使传感器受力；卸下支承板和挡墙之间的铝管以及联结挡墙的螺母和金属插杆，使分块挡墙开始独立工作，并将所受的土压力传递到传感器上。(8) 在填筑膨胀土体表面覆盖薄膜保持含水率，将模型静置24h左右，然后再进行试验。这一步骤是为了消除由于夯填而导致试验挡墙在初期存在的尚未平衡的紊乱侧压力。

3. 试验程序

模型制备好后，将模型箱放置于离心机的吊篮里，进行膨胀土压力的试验研究。模型几何相似比为 1/50，采用 10g 一级逐级加载的方式升高模型所承受的离心加速度达到设计值 50g，模拟 15m 高挡墙，其后填土高度 14m。土压力稳定后，从土体表面加水至挡墙顶部，模拟降雨形成的积水入渗效果（对应原型积水深度为1m），运行至积水入渗稳定且土压力再次稳定，停止试验。待停机后取出模型箱，卸下有机玻璃对变形标志进行测量。

二、常态土压力分布

以模型 M6 和模型 M9 为例，图 4-28 给出了测得的土压力过程线，其他各组模型均与此相类似，不再一一赘述。模型挡墙后的击实填土按设计的模型比尺运行至 50g，稳定后测得的土压力平均值即为填筑完毕后常态下的土压力分布。

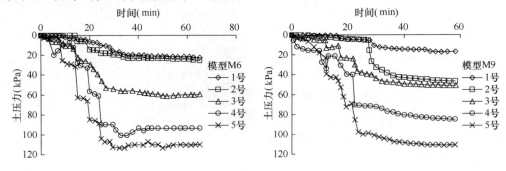

图 4-28 常态土压力过程线

图 4-29 给出了填筑干密度为 $1.4g/cm^3$ 和 $1.5g/cm^3$ 的土样在各含水率下填筑完毕后的土压力情况，图 4-30 是相同填筑含水率、不同填筑干密度土体填筑后的土压力对比。由图可以看出，填筑完毕后较深土体的静止土压力大体呈直线分布；常态下的静止土压力随着填筑含水率增大而增大；填筑后的常态静止土压力随填筑干密度增大而增大；上部土压

力一律偏离了整体的直线形分布,土压力值显得较大;上部土压力随填筑含水率增大而略微增大,但变化不大;上部土压力随填筑干密度增大也略有增加。

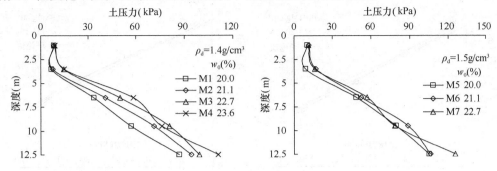

图 4-29 不同含水率土体填筑完毕后的土压力分布对比

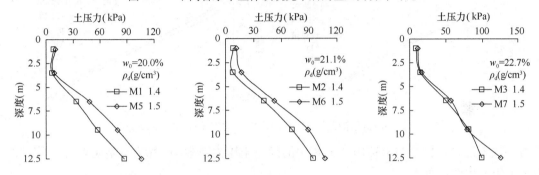

图 4-30 不同干密度土体填筑完毕后的土压力分布对比

图 4-31 是相同的填筑条件下,表面浸水模型和钻孔浸水模型的常态土压力分布和理论值的对比,可以看出,相同条件时表面浸水模型和钻孔浸水模型土压力分布规律一致,都是深层膨胀土压力呈线性分布,浅层具有超固结的特性。不过,与表面浸水模型相比,钻孔浸水模型浅层静止土压力略小,这是由于钻孔时过大的侧压力得到了一定程度的释放,但随着标准砂填入浸水孔内,就不再有明显的应力释放了。

按非饱和土的弹性本构关系分析,均质、各向同性非饱和土水平向的应力应变关系为:

$$\varepsilon_h = \frac{\sigma_h}{E} - \frac{\mu}{E}(\sigma_v + \sigma_h) + \frac{u_s}{H} \quad (4-9)$$

式中 ε_h——水平方向的法向应变;

σ_v、σ_h——竖向和水平向总应力;

u_s——基质吸力;

μ——泊松比;

E——与 σ 变化有关的弹性模量;

H——与 u_s 变化有关的弹性模量。

由 $\varepsilon_h = 0$ 非饱和土静止土压力系数为

$$K_0 = \frac{\sigma_h}{\sigma_v} = \frac{\mu}{1-\mu} - \frac{E}{(1-\mu)H} \frac{u_s}{\sigma_v} \quad (4-10)$$

定义 $k_\sigma = \frac{\mu}{1-\mu}$、$k_s = \frac{E}{(1-\mu)H}$,$k_\sigma$ 其实就是在饱和土力学中用得很广泛的静止土

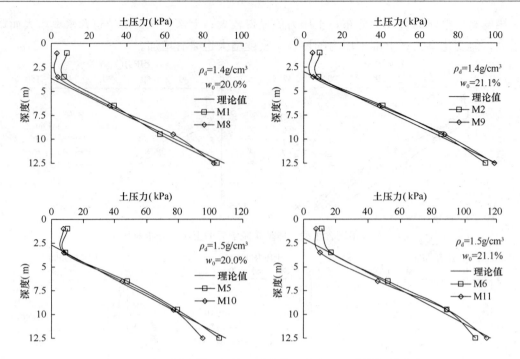

图 4-31 表面浸水模型与钻孔浸水模型常态土压力沿深度分布

压力系数表达式，称为与上覆压力 σ_v 相关的静止土压力系数，k_s 称为与基质吸力 u_s 相关的静止土压力系数，可得

$$\sigma_h = k_\sigma \sigma_v - k_s u_s \tag{4-11}$$

$$K_0 = k_\sigma - k_s \frac{u_s}{\sigma_v} \tag{4-12}$$

试验中的土体填筑时沿深度含水率不变，则吸力沿填筑深度也不变。由式（4-11）可以得出，理论上非饱和膨胀土在正常固结情况下的静止土压力是线性分布的；随着填筑干密度和填筑含水率的增加，上覆压力 σ_v 是增加的，而 u_s 是减小的，σ_h 是随土体干密度和含水率增加而增加的。

按照式（4-11）的分析，土体较浅处不大的基质吸力就可以使 σ_h 变为零，甚至变为负值，使地面产生向下的裂缝。然而试验中实测的上部浅层土压力（对于原型 1m 深度）不但没有减小至零，反而显得较大，K_0 大于 1，填筑完毕的土体中也不可能存在裂缝。这是试验中采用了分层击实法填筑土体，造成浅层土体超固结所引起的。为了区分正常固结状态下的 k_σ，浅层超固结土与上覆压力 σ_v 相关的静止土压力系数改为 k'_σ。

三、表面浸水对膨胀土的影响

1. 表面浸水膨胀土的吸水与膨胀

图 4-32 给出了表面浸水模型试验后测得的含水率沿深度分布，从图中可以看出，浸水的影响深度均小于 4m，甚至不到 2m，表明表面浸水只影响浅表层的膨胀土。对模型进行试验后的检测发现，表面浸水条件下土体的膨胀微乎其微。

2. 静止土压力系数的计算

第四节 膨胀土挡墙土压力离心模型试验研究

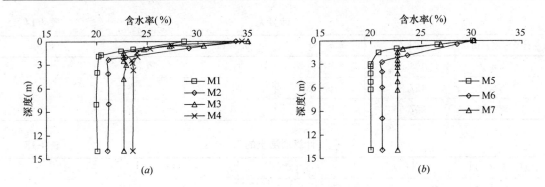

图 4-32 表面浸水后含水率沿深度分布
(a) $\rho_d = 1.4\text{g/cm}^3$；(b) $\rho_d = 1.5\text{g/cm}^3$

当上覆压力增加时，土的侧压力也增加，根据式（4-11），有

$$\sigma_h + \Delta\sigma_h = k_\sigma(\sigma_v + \Delta\sigma_v) - k_s u_s \qquad (4\text{-}13)$$

将式（4-11）与式（4-13）相减，得

$$\Delta\sigma_h = k_\sigma \Delta\sigma_v \qquad (4\text{-}14)$$

试验中膨胀土体所受上覆压力的增加来自于降雨积水的模拟，按原型尺寸，积水深 1m，增加的上覆压力 $\Delta\sigma_v$ 为 9.8kPa。根据试验后测得的土体含水率剖面确定出未受积水浸泡的土体部分，利用测得的这部分土体的土压力变化 $\Delta\sigma_h$，根据式（4-14）推求出系数 k_σ 的值；利用常态下的静止土压力剖面和滤纸法测出的 u_s，可以进一步推求出系数 k_s 的值；对浅层测点再根据 k_s 推算出超固结静止土压力系数 k'_σ。

模型运行至设计的离心加速度，得到了常态下的土压力分布后，继续模拟运行期并考虑在此期间遭遇最不利情形，即降雨入渗并且挡墙排水系统失效导致形成积水浸泡，模拟方法是向模型土体表面加水直至挡墙顶部。待积水入渗稳定后，测得的土压力即为表面浸水条件下的土压力分布。

用浸水前后的土压力剖面、浸水后的含水率剖面以及由滤纸法试验拟合的基质吸力 u_s 与含水率的关系，可以求出正常固结状态下分别对应于上覆压力和基质吸力的静止土压力系数 k_σ 和 k_s。下面即以模型 M2 为例，推求系数 k_σ 和 k_s。模型 M2 的制样干密度为 1.4g/cm³，制样含水率 21.1%，利用滤纸法试验的结果求得这个含水率下的基质吸力 u_s 为 934kPa，试验后土体含水率沿深度分布如图 4-32（a），由此选取计算深度，由式（4-14）计算出 k_σ 列于表 4-13，由式（4-11）就可以计算出 k_s 列于表 4-14，由式（4-11）就可以计算出浅层超固结土的静止土压力系数 k'_σ 列于表 4-15。同样的方法推出模型 M1～M3 的 k_σ、k'_σ 和 k_s 值列于表 4-16。

由未受浸水影响部分的土压力变化推求 k_σ 表 4-13

计算深度 (m)	常态土压力 (kPa)	浸水后土压力 (kPa)	$\Delta\sigma_h$ (kPa)	$k_\sigma = \dfrac{\Delta\sigma_h}{\Delta\sigma_v}$	平均 k_σ	μ
6.5	41.01	46.88	5.87	0.599		
9.5	70.99	76.20	6.21	0.634	0.622	0.383
12.5	94.24	100.44	6.20	0.633		

第四章 公路膨胀土地基与基础离心模型试验研究

计算 k_s　　　　　　　表 4-14

计算深度 (m)	σ_v (kPa)	$k_\sigma \sigma_v$ (kPa)	σ_h (kPa)	k_s	平均 k_s
6.5	108.00	67.18	41.01	0.028	
9.5	157.84	98.18	70.99	0.029	0.031
12.5	207.69	129.18	94.24	0.037	

计算顶层土的 k'_σ　　　　　　　表 4-15

计算深度 (m)	σ_h (kPa)	$k_s u_s$ (kPa)	σ_v (kPa)	k'_σ
1	8.37	28.95	16.61	2.25

模型 M1、M2 和 M3 的 k_σ、k'_σ 和 k_s 值　　　　　　　表 4-16

试验模型	干密度 (g/cm³)	含水率 (%)	k_σ	k'_σ	k_s
M1	1.4	20.0	0.625	2.80	0.032
M2	1.4	21.1	0.622	2.25	0.031
M3	1.4	22.7	0.623	1.87	0.034
平均值			0.623		0.032

3. 实测数据与理论计算对比

不同土的 E 和 μ 并不相同，同一种土在不同的应力阶段，其大小也不尽相同，应用中准确取值比较困难，主要靠经验；所幸各种土的 E 和 μ 值变化都不大，近似取值对工程计算结果影响很小。表 4-16 表明，k_σ 和 k_s 理论上虽然不是常数，但它们的值还是相对稳定的，分析时认为 k_s 和正常固结土的 k_σ 是常数，浅层超固结土的静止土压力系数 k'_σ 则随 w 和 ρ_d 的增加而减小。按式 (4-11) 计算各组模型理论上的浸水前静止土压力，并将其和浸水前后的实测土压力对比于图 4-33。由此可以看出，浸水前静止土压力实测值和理论值之间没有很好地吻合，还是有一定差异的，主要体现在上部的浅层实测值。可能的原因即是夯击填土而造成的超固结性，因此在理论的土压力值等于实测值的填土深度以上的浅层土体可以认为处于超固结状态；而在此深度以下的土体在分析中认为处于正常固结状态，这部分土体的实测静止土压力值也与理论的线性分布差异较小，实测值相较于理论计算值略有扭曲，但还是较好地体现出了理论分析的线性规律。

4. 表面浸水对土压力的影响

膨胀土浸水后，既发生垂直方向的膨胀，也发生水平方向的变形；若土体的膨胀在某个方向上受到限制，则将在该方向上作用膨胀压力。当膨胀土体含水率增加时，作用于它的支挡结构物将承受附加的膨胀压力。试验中的挡墙没有侧向位移，限制了浸水土体的侧向膨胀，受土体的膨胀作用影响，测得的土压力也有所改变。

为了便于分析浸水对膨胀土侧压力造成的影响，首先计算出各组试验浸水引起的侧压力增量 $\Delta \sigma_h$ 沿深度分布，如图 4-34 所示，由此可知，下部土体的侧压力增量都很接近，表明均是由于上覆压力增加引起的，土体未受积水浸湿；位于最上部的测点处土压力虽然有所增加，但相比于其他的深部测点增加量很小。通过试验结束后对模型的检察发现，含水率增加的土体明显变软，夯填造成的过大侧压力得到了消散，土体超固结程度大大降

第四节 膨胀土挡墙土压力离心模型试验研究

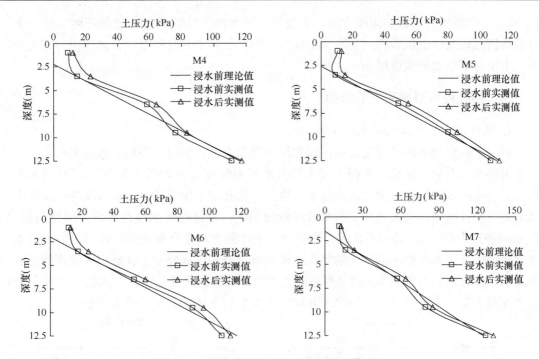

图 4-33 浸水前后实测土压力与理论值对比

低。也就是说，浸水对土体造成的影响有两方面，既使土体膨胀侧压力增加，又使击实填土软化造成土压力减小。

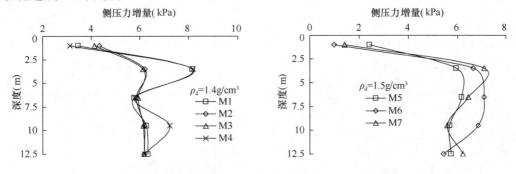

图 4-34 同一填筑干密度模型表面浸水引起的 $\Delta\sigma_h$ 沿深度分布

膨胀土的晶格构造决定了其强烈的吸水性和膨胀性，而非饱和土的吸力顾名思义即是表征土吸水能力的应力状态变量，因此吸力与膨胀力并不矛盾，甚至有着一定的关系。在这一思想的基础上，根据 Fredlund 的吸力理论继续采用式（4-11）进行分析。仍以模型 M2 为例，由浸水后的含水率沿深度分布及滤纸法试验拟合结果，计算出浸水后吸力沿深度分布（图 4-35），从而可以计算出浸水后最上部测点（计算深度为 1m）的 $k'_\sigma = 1.28$。可见浸水使浅层土软化，降低了超固结性，静止土压力系数

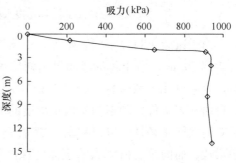

图 4-35 模型 M2 浸水后吸力沿深度分布

k'_a 减小；但因浸水的影响深度有限，未能充分浸水的土体仍保持一定的超固结性，土压力系数仍然较大。由试验后的含水率沿深度分布，可知未充分浸水的土体中仍有较大的吸力，土压力值增加的幅度很小。

四、钻孔浸水对膨胀土的影响

1. 钻孔浸水下土体的吸水与膨胀

对浸水后模型土体沿深度方向连续取样测量含水率，通过测得的土体浸水后含水率分布分析浸水的影响。钻孔浸水模型浸水后含水率沿深度分布如图 4-36 所示，可以很明显地看到钻孔浸水的影响范围比表面浸水大得多，钻孔使水能够达到 5m 的深度，试验中选择了适当的孔间距，大大增加了与水的接触面积，以保证浸水深度范围的土层均匀吸水。在 5m 的孔深范围内，若不考虑不良数据点，土体的含水率分布还是比较均匀的，与饱和含水率很接近，表明浸水范围内的膨胀土体能够充分均匀地吸水。孔底以下浸水的影响迅速减小，在孔底以下不到 1m 的范围内即告消散。孔底深度处的土体与水的接触面积相比于表面浸水条件来得更小，因而浸水孔底以下深度的土体几乎不受浸水的影响。

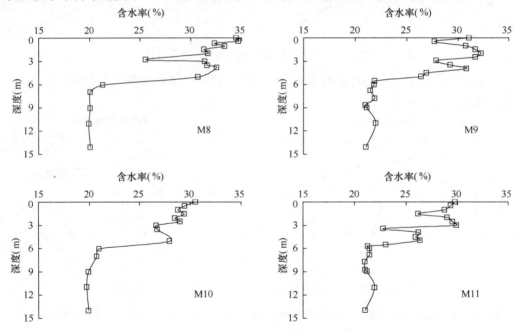

图 4-36　钻孔浸水模型浸水后含水率沿深度分布

由于试验土料属于弱膨胀土，土体的膨胀量并不大，换算到原型尺寸，表面的隆起最大达到 70mm，且土体的隆起量随初始填筑深度增加而很快减小，接近浸水最大深度 5m 时，隆起量几乎减为零，如图 4-37 所示。土体表面的隆起量之所以最大是因为它吸水后是自由膨胀条件；随着初始填筑深度的增加，土体受到越来越大的上覆压力，即使吸水也是有荷载膨胀条件。可以从图 4-37 看到，当膨胀土体从自由膨胀到有荷膨胀其膨胀量减小很快；而同是有荷膨胀的土体随深度增加膨胀量减小得则没有那么快，相比之下较平缓。由图 4-37 还能观察到土体的膨胀随初始含水率的增加而减小；随填筑干密度的增加而减小。

2. 钻孔浸水后的土压力

模型浸水孔深度为 5m，在此范围内覆盖了上部两个测力点，而浸水的影响也只到孔底，因此着重对这两个测力点进行分析。又因钻孔模型土体浸水比较均匀透彻，吸水后含水率接近或达到饱和含水率，对浸水土层的基质吸力按 0kPa 考虑。为保证吸水的充分，试验中保持土体表面积水深度为 1m，因此增加的上覆压力 $\Delta\sigma_v$ 分为两部分，即土体因吸水增加

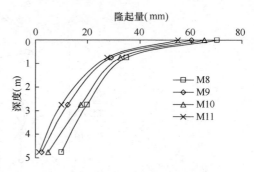

图 4-37 钻孔浸水模型土体隆起量沿深度分布

的自重（由干密度和含水率之差计算）和未吸收的水压力 9.8kPa。图 4-38 为钻孔浸水模型浸水前后的土压力实测值对比，根据图 4-38 的实测结果，计算出各钻孔模型浸水前后土压力增量 $\Delta\sigma_h$ 沿深度分布（图 4-39）。可以看出，不难看出未受浸水影响的深部测点侧压力增量基本一致，浸水影响范围内土体的膨胀引起了较大的 $\Delta\sigma_h$；浅层第一个测点处的土体软化导致侧压力增量小于第二个测点。

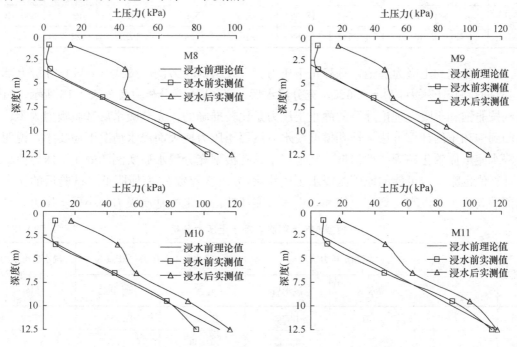

图 4-38 钻孔浸水模型浸水前后的土压力实测值对比

钻孔浸水的影响范围较大，且影响程度比较均匀充分，下面用膨胀力来分析浸水引起的 $\Delta\sigma_h$。针对钻孔浸水模型的第二个测点进行分析。未受浸水影响部分土体即测点 3、4、5 的 $\Delta\sigma_h$ 是由上覆压力增加而引起的，从第二个测点的 $\Delta\sigma_h$ 中减去这一部分增量，便得到因土体膨胀而产生的附加土压力，并与膨胀力试验的结果进行对比分析，结果列于表 4-17 中。算得的折减系数对于不同填筑干密度的土体有一定差别；对于同一填筑干密度的模型而言则基本一致，验证了已有的对膨胀力使用折减系数的计算方法。

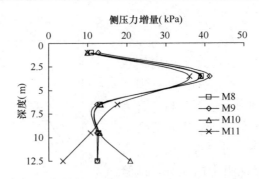

图 4-39 钻孔浸水模型浸水前后的 $\Delta\sigma_h$ 沿深度分布

考虑膨胀力的土压力增量分析　　　　　　　　　　　　　　表 4-17

测点	\multicolumn{5}{c}{$\Delta\sigma_h$（kPa）}	3、4、5 测点平均值	测点 2 的膨胀附加土压力 $\Delta\sigma_{hP}$（kPa）	膨胀力 p_e（kPa）	折减系数 ($\Delta\sigma_{hP}/p_e$)
	1	2	3	4	5				
深度(m)	1	3.5	6.5	9.5	12.5				
M8	10.92	39.08	12.48	12.55	12.44	12.49	26.59	94.48	0.28
M9	12.35	40.97	12.00	12.10	12.20	12.10	28.87	93.45	0.31
M10	9.96	38.71	13.28	12.98	20.75	15.67	23.04	123.1	0.19
M11	9.80	35.66	17.51	10.63	3.16	10.43	25.23	121.72	0.21

再用非饱和土吸力理论计算静止土压力。以模型 M8 为例，按式（4-11）分析上部两个测点的静止土压力，$k_o=0.625$，充分浸水后 u_s 为 0kPa。分析过程如表 4-18 所示。可以看到按非饱和土吸力理论计算的静止土压力是比较准确的，充分吸水后基质吸力为零，便回归到饱和土的计算方法。钻孔模型浸水后浅层土压力比表面浸水情况下还要小，说明充分浸水使土体软化超固结性消散。其他三个钻孔模型充分浸水后实测的静止土压力值比理论计算值也略小，可能的原因是浸水土体软化，μ 改变导致 k_o 有所降低；试验后的含水率剖面图表明土体没有达到完全饱和，土体可能还残留一定的基质吸力减小了土压力。

模型 M8 上部测点浸水土压力分析　　　　　　　　　　　表 4-18

测点	计算深度 (m)	实测土压力（kPa）		浸水后上覆压力（kPa）		浸水后土压力计算值（kPa）
		浸水前	浸水后	$\rho_{sat}gh$	积水压力	
1	1	3.01	13.93	18.52	9.8	17.7
2	3.5	3.57	42.65	64.83	9.8	46.64

对照表面浸水和钻孔浸水模型试验结果来看，用弹性平衡分析和非饱和土吸力理论来分析常态和浸水情况下的非饱和土静止土压力是合理准确的。这种分析可以处理土体充分浸水和不充分浸水的情况，只需要测得浸水引起的含水率分布变化，就可以根据该种土的基质吸力和含水率的关系计算静止土压力；而在土体充分浸水膨胀的条件下，对膨胀力使用一个经验性的折减系数的计算方法就显得很方便合理，这也表明了吸力和膨胀力之间有着一定的关系。

第五章 公路膨胀土地基与基础非饱和土理论分析

第一节 引 言

公路膨胀土地基问题是典型的非饱和土工程问题之一，开展非饱和土的研究对于提高有关的膨胀土地基病害的认识、解决工程中的问题是有根本性意义的研究方向。土是由固相、液相和气相组成的三相复合介质，在非饱和土中气相的存在导致非饱和土的物理性态、有效应力原理、渗透性、应力应变关系、变形与固结、抗剪强度、孔隙压力等方面都比饱和土复杂得多。

尽管从 20 世纪 30 年代起人们就开始对非饱和土进行研究，但由于难度大，进展缓慢，在 20 世纪 70 年代以前，有关非饱和土的研究停留在资料积累和探索阶段。其中 20 世纪 60 年代对非饱和土有效应力公式的研究不能不说是走了一段弯路。20 世纪 70 年代净应力和吸力双变量理论的确立标志着非饱和土力学的研究逐步趋于成熟。但是，非饱和土固结理论的建立则完全是 20 世纪 90 年代以后的事。

20 世纪 60～70 年代陆续有人对非饱和土一维固结问题进行过研究，其中值得一提的是 Frelund 基于双变量理论推导出的一维固结方程，20 世纪 80 年代后期有人开始研究三维固结方程。但是由于非饱和土中吸力量测的困难，使得对非饱和土的研究工作直到 20 世纪 90 年代才进一步的深化，也正是吸力量测的困难和非饱和土理论的复杂，使得非饱和土理论还不能在实际工程中得到很好的应用。

20 世纪 70 年代中后期，随着国际非饱和土特性研究热潮的兴起，膨胀土中吸力的大小及其变化和对力学性质的影响成为膨胀土研究的重点，人们将膨胀土作为一种特殊的非饱和土开始以更理性的方式进行研究。非饱和土理论应用于膨胀土的理论研究与工程实践，从力学机理上更深刻地揭示了膨胀土的变形特性、水气运动及力学特性，其中主要包括双变量理论、有效应力理论、水气运动规律、强度与变形特征基本问题。

非饱和膨胀土有两种研究方法：采用非饱和土的有效应力和非饱和土的双变量理论。非饱和土有效应力一直是一个有争议的概念。为了便于引用成熟的饱和土强度理论与变形理论，非饱和土有效应力研究又成为研究的热点之一。如何根据理论分析和试验结果引入有明确物理意义的有效应力概念，从而用饱和土的理论解决非饱和土问题是非饱和土有效应力原理研究的重点和难点。

随着饱和度的不同，非饱和土可以区分为气封闭、气-水双连通和气连通三种状态。第一种状态下孔隙气以小气泡的形式封闭在孔隙水中，并随孔隙水一起流动。这时可以把含气水当作可压缩液体，运用饱和土固结理论进行分析。第三种状态下孔隙水以薄膜水和水蒸气形式存在，不需要考虑它的流动，而且此时土的强度比较高，不需要进行专门的研究。所以非饱和土固结理论的研究范围主要是针对气-水双连通状态，对于黏土来说其饱和度大概在50%～90%之间。

由于陆地上非饱和土的覆盖面积远大于饱和土，非饱和土固结理论有其巨大的应用前景，除了目前涉及较多的膨胀土，黄土和人工填土外，诸如蒸发引起的硬壳层的形成，雨水入渗引起的滑坡、冻土中的水分迁移和冻胀等无不与此有关。

第二节　非饱和土固结理论

一、基本变量

Fredlund 认为当孔隙水和气压力对土颗粒的压缩可以忽略时，只需要两个变量就可以反映非饱和土的应力状态，而比较方便的是采用净应力和吸力两个变量，这就是目前流行的双变量理论。双变量原理最早于1961年由 Coleman 提出，可是，鉴于有效应力原理在饱和土领域取得的成功，许多人致力于寻找一种单一的有效应力变量。这就导致大量非饱和土有效应力公式的出现，其中最著名的是 Bishop 公式

$$\sigma' = \sigma^* + \chi s \tag{5-1}$$

试验表明，系数 χ 不是一个土性常数。如果 χ 仅仅是 s 的函数，式（5-1）可以写为

$$\sigma' = \sigma^* + \bar{s} \tag{5-2}$$

式中　$\bar{s}$——等价吸力或折减吸力；
　　　　χ——折减吸力系数。

通过长期的争论，土力学家已经达成共识，对非饱和土一般情况需要采用双变量来描述，但是在一定的条件下基于有效应力原理的单变量理论仍有一定的实用价值。下面讨论一下两种理论之间的关系。按照双变量理论，土骨架的增量型应力应变关系可以写为

$$\{\Delta\varepsilon\} = [C]_{nt}\{\Delta\sigma^*\} + [C]_{st}\Delta s\{\delta\} \tag{5-3}$$

或当只考虑体积应变时

$$\Delta\varepsilon_v = m_1\Delta\sigma_m^* + m_2\Delta s \tag{5-4}$$

式中　$[C]_{nt}$，$[C]_{st}$——分别是相应于净应力和吸力的柔度矩阵；
　　　　m_1，m_2——相应的体积压缩系数；
　　　　σ_m^*——平均净应力。

而按单变量理论，考虑到 $\Delta\sigma' = \Delta\sigma^* + \dfrac{\partial \bar{s}}{\partial s}\Delta s$，式（5-3）和式（5-4）应写为

$$\{\Delta\varepsilon\} = [C]_{nt}\{\Delta\sigma^*\} + [C]_{nt}\frac{\partial \bar{s}}{\partial s}\Delta s\{\delta\} \tag{5-5}$$

$$\Delta\varepsilon_v = m_1\Delta\sigma_m^* + m_2\frac{\partial \bar{s}}{\partial s}\Delta s \tag{5-6}$$

由此可见，在双变量理论中，$[C]_{nt}$ 和 m_1 是与 $[C]_{st}$ 和 m_2 不同的独立系数，而对单变

量理论来说，它们应遵守下列关系

$$\left.\begin{array}{l}[C]_{\mathrm{st}}=[C]_{\mathrm{nt}}\dfrac{\partial\bar{s}}{\partial s}\\ m_2=m_1\dfrac{\partial\bar{s}}{\partial s}\end{array}\right\} \quad (5\text{-}7)$$

显然不是任何情况下上述关系都能得到遵守，例如对于膨胀土，$m_1>0$；$m_2>0$，由于 $\dfrac{\partial\bar{s}}{\partial s}$ 恒大于 0，上述关系可能得到遵守；但是对于湿陷性土，$m_2<0$，上述关系不可能满足。由此可见，有效应力原理可以使用于膨胀土。

二、基本方程

为便于分析，做了如下假设：①土体为均质各向同性材料；②土骨架只有微小应变；③土颗粒和孔隙水不可压缩；④孔隙水和气各自连通，可在各自的压力梯度下和温度下运动，且服从 Darcy 定律；⑤孔隙气体的压缩和溶解分别服从 Boyle 定律和 Henry 定律。

1. 控制方程

（1）土骨架的平衡微分方程

$$L\{\Delta\sigma\}+\{\Delta b\}=0 \quad (5\text{-}8)$$

式中　$\{\Delta\sigma\}$——应力增量列阵；
　　　$\{\Delta b\}$——体力增量列阵；
　　　L——平衡微分算子。

（2）孔隙水分质量守恒方程

孔隙水包括液体水和蒸汽水两部分，单位土体内的含量分别 $\rho_\mathrm{w}\theta_\mathrm{w}$ 和 $\rho_\mathrm{v}\theta_\mathrm{a}$，而流出的质量分别 $\mathrm{div}q_\mathrm{w}$ 和 $\mathrm{div}q_\mathrm{v}$，由此可得

$$\dfrac{\partial}{\partial t}(\rho_\mathrm{w}\theta_\mathrm{w}+\rho_\mathrm{v}\theta_\mathrm{a})=-\mathrm{div}(q_\mathrm{w}+q_\mathrm{v}) \quad (5\text{-}9)$$

式中　$\theta_\mathrm{w}=S_\mathrm{r}n$，$\theta_\mathrm{a}=(1-S_\mathrm{r})n$——分别为体积含水率和含气量；
　　　n——孔隙率；
　　　S_r——饱和度；
　　　ρ_w，ρ_v——水和蒸汽密度；
　　　q_w，q_v——水和蒸汽质量通量。

（3）孔隙气体质量守恒方程

孔隙气包括除去蒸汽后的自由水和水中溶解气两部分，单位土体内的含量分别 $\rho_\mathrm{a}\theta_\mathrm{a}\left(1-\dfrac{\rho_\mathrm{v}}{\rho_\mathrm{w}}\right)$ 和 $c_\mathrm{h}\rho_\mathrm{a}\theta_\mathrm{w}$，流出量也包括气体本身流动和水流带出两部分，即

$$\dfrac{\partial}{\partial t}\left[\rho_\mathrm{a}\theta_\mathrm{a}\left(1-\dfrac{\rho_\mathrm{v}}{\rho_\mathrm{w}}\right)+c_\mathrm{h}\rho_\mathrm{a}\theta_\mathrm{w}\right]=-\mathrm{div}\left(q_\mathrm{a}+c_\mathrm{h}\dfrac{\rho_\mathrm{a}}{\rho_\mathrm{w}}q_\mathrm{w}\right) \quad (5\text{-}10)$$

式中　c_h——Henry 溶解系数；
　　　ρ_a——气体密度；

q_a——气体质量通量。

(4) 热量守恒方程

土体内的热量变化由温度变化和水与蒸汽之间相变两部分组成，单位土体内的热量变化与热流之间关系可以写为

$$\frac{\partial}{\partial t}(c_T T + c_v \rho_v \theta_v - c_w \rho_w \theta_w) = -\mathrm{div} q_h \tag{5-11}$$

式中　　　　T——绝对温度；

$c_T = \sum_1^4 c_i \rho_i \theta_i$, $i = 1, 2, 3, 4$——分别代表固体颗粒、水、汽和空气；

c_i——它们的比热容；

c_v, c_w——分别代表蒸发（θ_a 增加）和凝结（θ_w 增加）时的热量变化系数；

q_h——热流。

(5) 土骨架变形几何方程

以压缩为正的应变增量为

$$\{\Delta\varepsilon\} = -L^T\{\Delta U\} \tag{5-12}$$

式中　$\{\Delta\varepsilon\}$——应变增量列阵；

$\{\Delta U\}$——位移增量列阵。

(6) 土骨架的本构方程

把式（5-3）改为

$$\{\Delta\sigma^*\} = [D]_{nt}(\{\Delta\varepsilon\} - \{\Delta\varepsilon^0\}) \tag{5-13}$$

式中　$\{\Delta\varepsilon^0\} = [C]_{st}\Delta s\{\delta\}$，$[D]_{nt} = [C]_{nt}^{-1}$

(7) 水流方程

水和蒸汽流受位势和吸力势控制，也与温度梯度有关，一般情况下可以写为

$$\frac{q_w}{\rho_w} = -d_{Tw}\mathrm{grad}T - \frac{k_w}{\rho_w g}\mathrm{grad}u_w - k_w\mathrm{grad}z \tag{5-14a}$$

$$\frac{q_v}{\rho_w} = -d_{Tv}\mathrm{grad}T - \frac{k_v}{\rho_w g}\mathrm{grad}(u_a - u_w) \tag{5-14b}$$

式中　d_{Tw}, d_{Tv}——热梯度作用下水和蒸汽的扩散系数；

k_w, k_v——水力梯度和吸力梯度作用下水和蒸汽的渗透系数。

(8) 气流方程

假定气流也服从 Darcy 定律，可得

$$\frac{q_a}{\rho_a} = -d_{Ta}\mathrm{grad}T - \frac{k_a}{\rho_a g}\mathrm{grad}u_a \tag{5-15}$$

式中　$d_{Ta} = k_a \dfrac{u_a + p_a}{T}$——热梯度下的渗气系数。

(9) 热流方程

$$q_h = -(\lambda_m - c_v\rho_w d_{Tv})\mathrm{grad}T + c_v q_v + c_w T q_w \tag{5-16}$$

式中　λ_m——土的平均热传导系数。

(10) 气体压缩方程

按 Bayle 定律，孔隙气的密度可按下式计算

$$\rho_a = \rho_{a0}\left(1 + \frac{u_a}{p_a}\right)\frac{T_0}{T} \tag{5-17}$$

式中　ρ_{a0}——$T=T_0$ 和 $u_a=0$ 时的密度。

(11) 吸力状态方程

也称水分特征曲线，一般可以写为

$$u_a - u_w = f(S_r, n, T) \tag{5-18}$$

把式 (5-12) 代入式 (5-13) 后再代入式 (5-8) 可得

$$L[D]_{nt}L^T\{\Delta U\} + Lu_a\{\delta\} = \{\Delta b\} + L[D]_{nt}\{\Delta\varepsilon^0\} \tag{5-19}$$

把式 (5-14) 代入式 (5-9)，并用饱和度取代体积含水率，可得

$$\frac{\partial}{\partial t}\left[S_r n + \frac{\rho_v}{\rho_w}(1-S_r)n\right] = \mathrm{div}[(d_{Tw} + d_{Tv})\mathrm{grad}T]$$
$$+ \frac{1}{\rho_w g}\mathrm{div}[(k_w - k_v)\mathrm{grad}u_w] + \frac{1}{\rho_w g}\mathrm{div}(k_v \mathrm{grad}u_a) + \frac{\partial}{\partial z}k_w \tag{5-20}$$

把式 (5-14a) 和式 (5-15) 代入式 (5-10)，得

$$\frac{\partial}{\partial t}\left[\rho_a(1-S_r)n\left(1-\frac{\rho_v}{\rho_w}\right) + \rho_a c_h S_r n\right] = \mathrm{div}[\rho_a(d_{Ta} + c_h d_{Tw})\mathrm{grad}T]$$
$$+ \frac{1}{g}\mathrm{div}\left(\frac{c_h \rho_a k_w}{\rho_w}\mathrm{grad}u_w\right) + \frac{1}{g}\mathrm{div}\left(\frac{\rho_a k_a}{\rho_w}\mathrm{grad}u_a\right) + \frac{\partial}{\partial z}(c_h \rho_a k_w) \tag{5-21}$$

把式 (5-14) 代入式 (5-16) 后再代入式 (5-11)，得

$$\frac{\partial}{\partial t}[c_T T + c_v \rho_v(1-S_r)n - c_w \rho_w S_r n] = \mathrm{div}\{[\lambda_m - c_w \rho_w T(d_{Tw} + d_{Tv})]\mathrm{grad}T\}$$
$$+ \frac{1}{g}\mathrm{div}\{[c_w T(k_w - k_v) - c_v k_v]\mathrm{grad}u_w\} + \frac{1}{g}\mathrm{div}\{[c_w T k_v + c_v k_v]\mathrm{grad}u_a\} + \rho_w \frac{\partial}{\partial z}(k_w c_w T) \tag{5-22}$$

式 (5-19)～式 (5-22) 中共有 6 个方程式，其中式 (5-19) 中包含 3 个方程，而未知变量 $\{\Delta U\}$（3 个）、u_a、u_w、T、S_r、ρ_a 为 8 个。如果由式 (5-17) 和式 (5-18) 解出 ρ_a 和 S_r 代入式 (5-20)～式 (5-22) 中，未知量就剩下 6 个，即 3 个位移，1 个孔隙水压力，1 个孔隙气压力和 1 个温度。

2. 初值和边值条件

对于静力问题，一般以加荷前的状态作为参考基准，因此可以令位移和孔隙气压力的

初值为 0，但孔隙水压力和温度的初值则要根据具体情况设定。土体是大自然的产物，在人工干预之前就已经存在。如果以人工干预以前的状态为起点，此时土体已有一定的初始应力、孔隙水压力（吸力）和温度分布，需要通过实测或某种办法间接推定。初值的设定往往是阻碍计算理论实用化的一个难点。

边界条件则针对变形、孔隙水、孔隙气和温度 4 种变量，每一种又可以区分为第一类和第二类边界，即

位移边界 $\qquad \{\Delta U\} = \{\Delta \overline{U}\}$ (5-23)

荷载边界 $\qquad [N]\{\Delta \sigma\} = \{\Delta \overline{F}\}$ (5-24)

孔隙水压力边界 $\qquad u_w = \overline{u}_w$ (5-25)

孔隙水流边界 $\qquad q_w = \overline{q}_w$ (5-26)

孔隙气压边界 $\qquad u_a = \overline{u}_a$ (5-27)

孔隙气流边界 $\qquad q_a = \overline{q}_a$ (5-28)

温度边界 $\qquad T = \overline{T}$ (5-29)

热流边界 $\qquad q_h = \overline{q}_h$ (5-30)

三、固结方程的简化

对于恒温问题，式（5-22）不再需要，如果再略去蒸汽的蒸发、冷凝和扩散的影响，式（5-20）和式（5-21）可以简化为

$$\frac{\partial}{\partial t}(S_r n) = \frac{1}{\rho_w g}\mathrm{div}(k_w \mathrm{grad} u_w) + \frac{\partial}{\partial z} k_w \tag{5-31}$$

$$\frac{\partial}{\partial t}[\rho_a(1 - S_r + c_h S_r)n] = \frac{1}{\rho_w g}\mathrm{div}(c_h \rho_a k_w \mathrm{grad} u_w) + \frac{1}{\rho_w g}\mathrm{div}(\rho_a k_a \mathrm{grad} u_a) + \frac{\partial}{\partial z}(c_h \rho_a k_w) \tag{5-32}$$

令 $[D]_{nt}\{\Delta \varepsilon^0\} = \{\Delta \sigma^0\}$，并把切线刚度写为

$$[D]_{nt} = \begin{bmatrix} d_{11} & d_{12} & d_{13} & d_{14} & d_{15} & d_{16} \\ d_{21} & d_{22} & d_{23} & d_{24} & d_{25} & d_{26} \\ d_{31} & d_{32} & d_{33} & d_{34} & d_{35} & d_{36} \\ d_{41} & d_{42} & d_{43} & d_{44} & d_{45} & d_{46} \\ d_{51} & d_{52} & d_{53} & d_{54} & d_{55} & d_{56} \\ d_{61} & d_{62} & d_{63} & d_{64} & d_{65} & d_{66} \end{bmatrix} \tag{5-33}$$

式（5-19）的具体表达式将为

$$d_{11}\frac{\partial^2 \Delta u_x}{\partial x^2} + d_{44}\frac{\partial^2 \Delta u_x}{\partial y^2} + d_{66}\frac{\partial^2 \Delta u_x}{\partial z^2} + (d_{14} + d_{41})\frac{\partial^2 \Delta u_x}{\partial x \partial y} + (d_{16} + d_{61})\frac{\partial^2 \Delta u_x}{\partial x \partial z}$$

$$+ (d_{46} + d_{64})\frac{\partial^2 \Delta u_x}{\partial y \partial z} + d_{14}\frac{\partial^2 \Delta u_y}{\partial x^2} + d_{42}\frac{\partial^2 \Delta u_y}{\partial y^2} + d_{65}\frac{\partial^2 \Delta u_y}{\partial z^2} + (d_{12} + d_{44})\frac{\partial^2 \Delta u_y}{\partial x \partial y}$$

$$+ (d_{15} + d_{64})\frac{\partial^2 \Delta u_y}{\partial x \partial z} + (d_{45} + d_{62})\frac{\partial^2 \Delta u_y}{\partial y \partial z} + d_{16}\frac{\partial^2 \Delta u_z}{\partial x^2} + d_{45}\frac{\partial^2 \Delta u_z}{\partial y^2} + d_{63}\frac{\partial^2 \Delta u_z}{\partial z^2}$$

$$+ (d_{15} + d_{46})\frac{\partial^2 \Delta u_z}{\partial x \partial y} + (d_{13} + d_{66})\frac{\partial^2 \Delta u_z}{\partial x \partial z} + (d_{43} + d_{65})\frac{\partial^2 \Delta u_z}{\partial y \partial z} - \frac{\partial u_a}{\partial x}$$

第二节 非饱和土固结理论

$$= \Delta b_x + \frac{\partial \Delta \sigma_x^0}{\partial x} + \frac{\partial \Delta \tau_{xy}^0}{\partial y} + \frac{\partial \Delta \tau_{zx}^0}{\partial z} \tag{5-34a}$$

$$d_{41}\frac{\partial^2 \Delta u_x}{\partial x^2} + d_{24}\frac{\partial^2 \Delta u_x}{\partial y^2} + d_{56}\frac{\partial^2 \Delta u_x}{\partial z^2} + (d_{21}+d_{44})\frac{\partial^2 \Delta u_x}{\partial x \partial y} + (d_{46}+d_{51})\frac{\partial^2 \Delta u_x}{\partial x \partial z}$$

$$+ (d_{26}+d_{54})\frac{\partial^2 \Delta u_x}{\partial y \partial z} + d_{44}\frac{\partial^2 \Delta u_y}{\partial x^2} + d_{22}\frac{\partial^2 \Delta u_y}{\partial y^2} + d_{55}\frac{\partial^2 \Delta u_y}{\partial z^2} + (d_{24}+d_{42})\frac{\partial^2 \Delta u_y}{\partial x \partial y}$$

$$+ (d_{45}+d_{54})\frac{\partial^2 \Delta u_y}{\partial x \partial z} + (d_{25}+d_{52})\frac{\partial^2 \Delta u_y}{\partial y \partial z} + d_{46}\frac{\partial^2 \Delta u_z}{\partial x^2} + d_{25}\frac{\partial^2 \Delta u_z}{\partial y^2} + d_{53}\frac{\partial^2 \Delta u_z}{\partial z^2}$$

$$+ (d_{26}+d_{45})\frac{\partial^2 \Delta u_z}{\partial x \partial y} + (d_{43}+d_{56})\frac{\partial^2 \Delta u_z}{\partial x \partial z} + (d_{23}+d_{55})\frac{\partial^2 \Delta u_z}{\partial y \partial z} - \frac{\partial u_a}{\partial y}$$

$$= \Delta b_y + \frac{\partial \Delta \sigma_y^0}{\partial y} + \frac{\partial \Delta \tau_{xy}^0}{\partial x} + \frac{\partial \Delta \tau_{yz}^0}{\partial z} \tag{5-34b}$$

$$d_{61}\frac{\partial^2 \Delta u_x}{\partial x^2} + d_{54}\frac{\partial^2 \Delta u_x}{\partial y^2} + d_{36}\frac{\partial^2 \Delta u_x}{\partial z^2} + (d_{51}+d_{64})\frac{\partial^2 \Delta u_x}{\partial x \partial y} + (d_{31}+d_{66})\frac{\partial^2 \Delta u_x}{\partial x \partial z}$$

$$+ (d_{34}+d_{56})\frac{\partial^2 \Delta u_x}{\partial y \partial z} + d_{64}\frac{\partial^2 \Delta u_y}{\partial x^2} + d_{52}\frac{\partial^2 \Delta u_y}{\partial y^2} + d_{35}\frac{\partial^2 \Delta u_y}{\partial z^2} + (d_{54}+d_{62})\frac{\partial^2 \Delta u_y}{\partial x \partial y}$$

$$+ (d_{34}+d_{65})\frac{\partial^2 \Delta u_y}{\partial x \partial z} + (d_{32}+d_{55})\frac{\partial^2 \Delta u_y}{\partial y \partial z} + d_{66}\frac{\partial^2 \Delta u_z}{\partial x^2} + d_{55}\frac{\partial^2 \Delta u_z}{\partial y^2} + d_{33}\frac{\partial^2 \Delta u_z}{\partial z^2}$$

$$+ (d_{56}+d_{65})\frac{\partial^2 \Delta u_z}{\partial x \partial y} + (d_{36}+d_{63})\frac{\partial^2 \Delta u_z}{\partial x \partial z} + (d_{35}+d_{53})\frac{\partial^2 \Delta u_z}{\partial y \partial z} - \frac{\partial u_a}{\partial z}$$

$$= \Delta b_z + \frac{\partial \Delta \sigma_z^0}{\partial z} + \frac{\partial \Delta \tau_{yz}^0}{\partial y} + \frac{\partial \Delta \tau_{zx}^0}{\partial x} \tag{5-34c}$$

将 $\frac{\partial n}{\partial t} = -\frac{\partial \varepsilon_v}{\partial t}$ 和 $\frac{\partial S_r}{\partial t} = -\frac{1}{H_w}\frac{\partial (u_a-u_w)}{\partial t}$，其中 $H_w = -\frac{\partial s}{\partial S_r}$，代入式（5-31），可得

$$-\frac{n}{H_w}\left(\frac{\partial u_a}{\partial t} - \frac{\partial u_w}{\partial t}\right) + S_r \frac{\partial}{\partial t}\left(\frac{\partial u_x}{\partial x} + \frac{\partial u_y}{\partial y} + \frac{\partial u_z}{\partial z}\right) = \frac{1}{\rho_w g}\mathrm{div}(k_w \mathrm{grad} u_w) + \frac{\partial k_w}{\partial z} \tag{5-35a}$$

将 $\frac{\partial \rho_a}{\partial t} = \frac{\rho_{a0}}{p_a}\frac{\partial u_a}{\partial t}$ 和前面的 $\frac{\partial n}{\partial t}$ 及 $\frac{\partial S_r}{\partial t}$，代入式（5-32），可得

$$\left[(1-S_r+c_hS_r) + (1-c_h)\frac{p_a+u_a}{H_w}\right]n\frac{\rho_{a0}}{p_a}\frac{\partial u_a}{\partial t} - (1-c_h)n\frac{\rho_a}{H_w}\frac{\partial u_w}{\partial t}$$

$$+ \rho_a(1-S_r+c_hS_r)\frac{\partial}{\partial t}\left(\frac{\partial u_x}{\partial x} + \frac{\partial u_y}{\partial y} + \frac{\partial u_z}{\partial z}\right) = \frac{1}{\rho_w g}\mathrm{div}(c_h\rho_a k_w \mathrm{grad} u_w)$$

$$+ \frac{1}{\rho_w g}\mathrm{div}(\rho_a k_a \mathrm{grad} u_a) + \frac{\partial}{\partial z}(c_h\rho_a k_w) \tag{5-36}$$

以上方程式（5-34）、式（5-35a）和式（5-36）组成简化以后的固结方程，共有 u_x、u_y、u_z、u_a 和 u_w 5个未知变量。当式（5-33）中的 d_{11}，d_{12}……诸元素和 H_w，k_a，k_w 的关系式已知时，在给定的初始和边界条件下可以求解。当然式（5-34）右端的 $\{\Delta\sigma^0\}$ 也是 $u_a - u_w$ 的函数，实际求解时可以先把它们当作已知项，然后采用迭代法进行。

对于饱和土 $S_r = 1$，$u_a - u_w = 0$，式（5-35a）进一步简化为

$$\frac{\partial}{\partial t}\left(\frac{\partial u_x}{\partial x}+\frac{\partial u_y}{\partial y}+\frac{\partial u_z}{\partial z}\right)=\frac{1}{\rho_w g}\text{div}(k_w \text{grad} u_w)+\frac{\partial}{\partial z}k_w \tag{5-35b}$$

此时式（5-34）和式（5-35b）即组成 Biot 固结理论的基本方程式。

第三节　非饱和土简化固结理论

20世纪90年代初，各国学者从不同角度出发相继推导出非饱和土变形和孔隙水流及气流的耦合方程式，建立了非饱和土力学的基本框架。耦合方程组一般包含 5 个未知变量，即 3 个位移分量和 1 个孔隙水压力及 1 个孔隙气压力。这样一组多变量方程组的求解是一个十分复杂的问题，因此，除了少数学者为了验证自己的理论作过一些数值计算以外，几乎没有见到把这一理论应用于实际工程的例子。为了使非饱和土固结理论能够实用化，沈珠江将这一理论进行简化，发展了非饱和土简化固结理论。

非饱和土力学发展至今，采用净应力和吸力双变量理论已取得共识。但是在一定的条件下，采用单变量的有效应力理论也是可以的，例如具有湿胀性的超固结黏土。已经证明，非饱和土有效应力原理适用的条件是吸力系数 χ 是吸力 $s = u_a - u_w$ 本身的函数，并且把 $\bar{s} = \chi(u_a - u_w)$ 称为折减吸力。但是，不管是双变量理论还是单变量理论，吸力都是一个重要的变量。众所周知，吸力的量测十分困难，一组控制吸力的三轴试验，往往需要几个月的时间，而吸力的原位测试更是难点，至今少有成果。这是非饱和土力学不能被广泛应用的一个关键问题。其实，非饱和土力学发展的早期，一直有人探索用含水率或饱和度作为基本变量，而且在土壤学中用含水率作为基本变量进行渗流计算曾经广泛流行。但是这一方案有其致命的缺点，因为含水率本身不是控制孔隙水流的本质因素。例如当砂土与黏土相邻时，即使砂土中含水率较大，也会向黏土层流动，因为后者的吸力大。

为了既能避免吸力量测的困难，又避免采用含水率作为基本变量的不合理性，我们采用折减吸力作为基本变量。同时，下面讨论中将忽略溶质吸力的影响，即把基质吸力等同于总吸力，并作为变形和渗流的共同控制因素。

一、有效应力原理与折减吸力

非饱和土的有效应力一般采用下列 Bishop 公式表达

$$\sigma' = \sigma - u_a + \chi(u_a - u_w) \tag{5-37}$$

定义折减吸力为

$$\bar{s} = \chi(u_a - u_w) \tag{5-38}$$

则

$$\chi = \frac{\bar{s}}{s} \tag{5-39}$$

称为折减系数，$s = u_a - u_w$ 为实际的基质吸力。显然，当 χ 是 s 的函数时，$\bar{\chi} = \chi + s\partial\chi/\partial s$。

折减系数 χ 随吸力或饱和度的变化规律可以通过饱和土的压缩-回弹曲线与非饱和土的干缩-湿胀曲线的对比试验求得，如图 5-1 所示。设 p 和 s 分别为同一孔隙比下饱

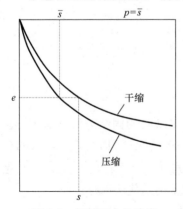

图 5-1　折减吸力的确定

和土所受的压力和非饱和土所受的吸力,则折减系数将为 $\chi = p/s$,或写成一般形式
$$\chi = f_1(s) \tag{5-40}$$

当 s 与饱和度 S_r 的关系已知时, χ 也可以表示为 S_r 的函数。但是,正像 $s \sim S_r$ 曲线在失水阶段和吸水阶段可能不同一样,χ 的变化规律对两个阶段也可能是不同的。

二、非饱和土固结方程的简化

1. 基本方程

如果忽略温度影响以及孔隙气中蒸汽和孔隙水中溶解气的流动,非饱和土固结理论的方程组可以归纳为:

(1) 平衡方程
$$[L]\{\Delta\sigma\} + \{\Delta b\} = 0 \tag{5-41}$$

(2) 孔隙水连续方程
$$\frac{\partial}{\partial t}(S_r n) = \frac{1}{\rho_w g} \mathrm{div}(k_w \mathrm{grad} u_w) + \frac{\partial}{\partial z} k_w \tag{5-42}$$

(3) 孔隙气连续方程
$$\frac{\partial}{\partial t}[\rho_a(1 - S_r - c_h S_r)n] = \mathrm{div}\left[\rho_a k_a \cdot \mathrm{grad}\left(\frac{u_a}{\rho_w g}\right)\right] \tag{5-43}$$

(4) 有效应力-变位关系
$$\{\Delta\sigma'\} = [D][L]^T\{\Delta U\} \tag{5-44}$$

(5) 饱和度-吸力方程
$$S_r = f_2(s) \tag{5-45}$$

(6) 透水系数
$$k_w = f_3(s) \tag{5-46}$$

(7) 透气系数
$$k_a = f_4(s) \tag{5-47}$$

2. 简化假设

定义
$$n_a = [1 - (1 - c_h)S_r]n \tag{5-48}$$

为孔隙含气率,即单位土体内孔隙气的体积含量,n 为孔隙率,c_h 为 Henry 溶解系数,则在完全不排气的条件下,把 Boyle 定律 $\rho_a = \rho_{a0}(1 + u_a/p_a)$ 代入式(5-43)中,因其右边为 0,可得孔隙气压力公式如下

$$u_a = \left(\frac{n_{a0}}{n_a} - 1\right) p_a \tag{5-49}$$

式中 $n_{a0} = [1 - (1 - c_h)S_{r0}]n_0$ ——初始含气率。当存在部分排气情况时,假设单位时间内的排气量为 Δq_a,并定义排气率如下

$$\xi = \frac{\Delta q_a}{\rho_a \Delta n_a} \tag{5-50}$$

现在把 Boyle 定律和上式代入式(5-43)中,可得孔隙气压力的增量公式如下

$$\Delta u_a = -\frac{p_a + u_a}{n_a}(1 - \xi)\Delta n_a \tag{5-51}$$

当排气率 ξ 为常量时,由上式积分可得

$$u_a = \left[\left(\frac{n_{a0}}{n_a}\right)^{(1-\xi)} - 1\right] p_a \tag{5-52}$$

不排气时 $\xi = 0$,上式就退化为式(5-49);完全排气时,$\xi = 1$,$u_a = 0$。以上关于排气率的

假设虽然比较粗糙,但很多情况下排气的边界条件是很难确定的。例如降雨量比较大时,排水通道被水淹没,孔隙气只能以气泡形式冒出水面,边界条件就很难设定。这时,如果不进行简化而采用完整的固结理论,计算结果未必更可靠。

3. 简化方程式

考虑到 $\Delta\varepsilon_v = -\Delta n$,$\Delta n_a = \dfrac{\partial n_a}{\partial S_r}\dfrac{\partial S_r}{\partial s}(\Delta u_a - \Delta u_w) - \dfrac{\partial n_a}{\partial n}\Delta\varepsilon_v$,把它们代入有效应力公式 (5-37),则相应的总应力增量公式将为

$$\Delta\sigma = \Delta\sigma' + A_1\Delta u_w + A_2\Delta\varepsilon_v \tag{5-53}$$

式中,$A_1 = \dfrac{\chi + s\dfrac{\partial\chi}{\partial s} + P\dfrac{\partial n_a}{\partial S_r}\dfrac{\partial S_r}{\partial s}}{1 + P\dfrac{\partial n_a}{\partial S_r}\dfrac{\partial S_r}{\partial s}}$,$A_2 = \dfrac{\left(\chi + s\dfrac{\partial\chi}{\partial s} - 1\right)P\dfrac{\partial n_a}{\partial n}}{1 + P\dfrac{\partial n_a}{\partial S_r}\dfrac{\partial S_r}{\partial s}}$,$P = (1-\xi)(p_a + u_a)/n_a$,

$\partial n_a/\partial S_r = -(1-c_h)n$,$\partial n_a/\partial n = 1 - (1-c_h)S_r$。把上述各式代入平衡方程式 (5-41) 后可得

$$(d_{11} + A_2)\dfrac{\partial^2\Delta u_x}{\partial x^2} + (d_{14} + d_{41})\dfrac{\partial^2\Delta u_x}{\partial x\partial z} + d_{44}\dfrac{\partial^2\Delta u_x}{\partial z^2}$$
$$+ d_{14}\dfrac{\partial^2\Delta u_z}{\partial x^2} + (d_{12} + d_{44} + A_2)\dfrac{\partial^2\Delta u_z}{\partial x\partial z} + d_{42}\dfrac{\partial^2\Delta u_z}{\partial z^2} - A_1\dfrac{\partial\Delta u_w}{\partial x} = \Delta F_x \tag{5-54a}$$

$$d_{41}\dfrac{\partial^2\Delta u_x}{\partial x^2} + (d_{21} + d_{44} + A_2)\dfrac{\partial^2\Delta u_x}{\partial x\partial z} + d_{24}\dfrac{\partial^2\Delta u_x}{\partial z^2}$$
$$+ d_{44}\dfrac{\partial^2\Delta u_z}{\partial x^2} + (d_{24} + d_{42})\dfrac{\partial^2\Delta u_z}{\partial x\partial z} + (d_{22} + A_2)\dfrac{\partial^2\Delta u_z}{\partial z^2} - A_1\dfrac{\partial\Delta u_w}{\partial z} = \Delta F_z \tag{5-54b}$$

4. 水量连续方程

下面推导水量连续方程。设 v_w 孔隙水的体积,则由饱和度的定义 $S_r = v_w/e$ 可得

$$\dfrac{\partial\varepsilon_v}{\partial t} = \dfrac{1}{e}\dfrac{\partial v_w}{\partial t} - S_r\dfrac{\partial e}{\partial t} \tag{5-55}$$

上式两边除以 $1+e$,考虑到 $de/(1+e) = -d\varepsilon_v$,$e/(1+e) = n$ 和 $\dfrac{1}{1+e}\dfrac{dv_w}{dt} = -\text{div}(q)$,并假定 S_r 与 $-u_w$ 之间的关系(水分特征曲线)已经测定,且换算成下列关系

$$S_r = f(-\overline{u}_w) \tag{5-56}$$

则式 (5-55) 可以写为

$$\mu n\dfrac{\partial\overline{u}_w}{\partial t} = -\text{div}(q) + S_r\dfrac{\partial\varepsilon_v}{\partial t} \tag{5-57}$$

其中 $\mu = \partial S_r/\partial\overline{u}_w$。孔隙水流量一般用下列 Darcy 定律表示

$$q = -k\,\text{grad}(h) \tag{5-58}$$

$h = u_w/\rho_w g + z$ 为水头,ρ_w 为水的密度。但是为了变量的统一,把式 (5-58) 改写为

$$q = -\overline{k}\,\text{grad}(\overline{h}) \tag{5-58a}$$

其中 $\overline{h} = \overline{u}_w/\rho_w g + z$,新的渗透系数 $\overline{k}$ 的测定方法与原先的渗透系数 k 的测定方法是一样的,但在整理数据时要把 u_w 换算成 $\overline{u}_w$。把式 (5-58a) 代入式 (5-57) 后最终可得

$$\mu n \frac{\partial \overline{u}_w}{\partial t} = -\frac{\partial}{\partial r}\overline{k}_r \frac{\partial \overline{h}}{\partial r} - \frac{\overline{k}_r}{r}\frac{\partial \overline{h}}{\partial r} - \frac{\partial}{\partial z}\overline{k}_z \frac{\partial \overline{h}}{\partial z} + S_r \frac{\partial \varepsilon_v}{\partial t} \tag{5-59}$$

另一方面，在拟饱和条件下，即孔隙气以气泡形式封闭在孔隙水中时，可以把孔隙水和孔隙气一起看作可压缩流体，此时的水量连续方程将变成

$$m_f n \frac{\partial u_w}{\partial t} = -\frac{\partial}{\partial r}k_r \frac{\partial h}{\partial r} - \frac{k_r}{r}\frac{\partial h}{\partial r} - \frac{\partial}{\partial z}k_z \frac{\partial h}{\partial z} + \frac{\partial \varepsilon_v}{\partial t} \tag{5-60}$$

其中 m_f 为孔隙流体的压缩系数。当饱和度达到 1 时，只要令 $\mu = m_f$，式（5-59）将自动退化为式（5-60）。

三、本构模型

1. 土骨架的双硬化模型

按照前面的有效应力原理，下面公式中的应力均指有效应力。采用下列双硬化屈服面。

$$F(\sigma, \varepsilon_v^p, \varepsilon_s^p) = \frac{\sigma_m}{1 - \left[\dfrac{\eta}{\alpha(\varepsilon_s^p)}\right]^n} - p(\varepsilon_v^p) \tag{5-61}$$

其中，$\sigma_m = \frac{1}{3}(\sigma_1 + \sigma_2 + \sigma_3)$，$\eta = \frac{1}{\sqrt{2}}\left[\left(\dfrac{\sigma_1 - \sigma_2}{\sigma_1 + \sigma_2}\right)^2 + \left(\dfrac{\sigma_2 - \sigma_3}{\sigma_2 + \sigma_3}\right)^2 + \left(\dfrac{\sigma_3 - \sigma_1}{\sigma_3 + \sigma_1}\right)^2\right]^{\frac{1}{2}}$，$n$ 为屈服面的形状参数，取 $n = 1.2$ 时其右端形状将与椭圆面接近（图 5-2）。p 和 α 为两个硬化参数，分别随塑性体应变 ε_v^p 和塑性剪应变 ε_s^p 的积累而硬化，并分别采用下列硬化规律。

$$p = p_0 \exp\left(\frac{\varepsilon_v^p}{c_c - c_e}\right) \tag{5-62}$$

$$\alpha = \alpha_m - (\alpha_m - \alpha_0)\exp\left(\frac{\varepsilon_s^p}{c_a}\right) \tag{5-63}$$

式（5-62）与剑桥模型一致，c_c 和 c_e 为压缩和回弹曲线的斜率。式（5-63）中 $\alpha_m = \sqrt[n]{1 + n\sin\varphi}$，$\varphi$ 为内摩擦角。α_0 和 c_a 为另外两个参数，可以通过侧压力降低的三轴剪切试验测定。按照传统的塑性理论，塑性应变下列计算

$$\{\Delta \varepsilon^p\} = \frac{1}{H}\left\{\frac{\partial F}{\partial \sigma}\right\}\left\{\frac{\partial F}{\partial \sigma}\right\}^T \{\Delta \sigma\} \tag{5-64}$$

而硬化模量为

$$H = -\frac{\partial F}{\partial \alpha}\frac{\partial \alpha}{\partial \varepsilon_s^p}\frac{\partial F}{\partial \sigma_s} - \frac{\partial F}{\partial p}\frac{\partial p}{\partial \varepsilon_v^p}\frac{\partial F}{\partial \sigma} \tag{5-65}$$

其中 $\sigma_s = \frac{1}{\sqrt{2}}\left[(\sigma_1 - \sigma_2)^2 + (\sigma_2 - \sigma_3)^2 + (\sigma_3 - \sigma_1)^2\right]^{\frac{1}{2}}$。

用这一模型模拟的单轴压缩及回弹过程的应力路径显示于图 5-2。其中 oa 为弹性卸荷，到达 b 点时又发生新的屈服。此时屈服面将在横轴方向收缩，但 α 角增大，如图中虚线。加荷和卸荷时的 σ_3/σ_1 变化曲线如图 5-3 中 abcd 所示。如果采用通常的单硬化模型，则相应的变化曲线如图中 oabcd' 所示，即直到最后才有一点屈服。

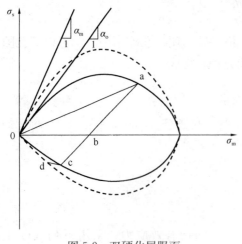

图 5-2 双硬化屈服面

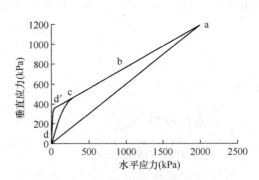

图 5-3 单轴压缩中的侧压力变化

2. 水分特征曲线

如果初始条件相同的两个试样中一个进行压缩试验，另一个进行干缩试验，并把 2 条曲线绘在同一图上，则根据等效原则可以确定与吸力 s 对应的压应力 p 即为相应的有效吸力 $\bar{s}$。知道了 $\bar{s}$ 与 s 的关系后，即可把通常表达的水分特征曲线，$S_r = f(s)$ 修改为 $S_r = f(\bar{s})$，如图 5-4 中虚线。计算中将把水分特征曲线分成两段。当吸力小于进气压力 s_e 时，按拟饱和土考虑，并假定此时的饱和度为 0.95。当吸力大于 s_e 时则按下列幂曲线计算

$$S_r = S_{ro} + (0.95 - S_{ro}) \left(\frac{\bar{s}}{s_e}\right)^{-m} \tag{5-66}$$

求导后可得

$$\mu = (0.95 - S_{ro}) \frac{m}{\bar{s}} \left(\frac{\bar{s}}{s_e}\right)^{-m} \tag{5-67}$$

μ 本为负值，但 S_r 对 $\bar{u}_w$ 导数为正，故代入式（5-59）时应把负号去掉。

3. 渗透系数

式（5-59）中的渗透系数 $\bar{k}_r$ 和 $\bar{k}_z$ 可以同样处理，即按通常办法求得 k_r 和 k_z 与吸力 s 的关系，然后整理资料时把吸力 s 换算成等效吸力 $\bar{s}$，得出 $\bar{k}_r$ 和 $\bar{k}_z$ 与 $\bar{s}$ 的关系。下面计算中将采用不考虑渗流的各向异性，并用下列经验关系计算 $\bar{k}$

$$\bar{k} = k_s \exp\left(-c_k \frac{\bar{s} - s_e}{\rho_a}\right) \tag{5-68}$$

式中 k_s——饱和土的渗透系数；

   c_k——经验常数。

当 $\bar{s} \leqslant s_e$ 时，$\bar{k} = k_s$，即采用饱和土的渗透系数。

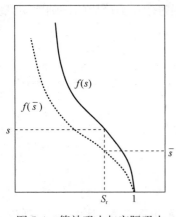

图 5-4 等效吸力与实际吸力

4. 折减系数

过去的经验公式往往把折减系数 χ 写成饱和度的函数，下面将改为吸力，并采用下列幂函数

第三节 非饱和土简化固结理论

$$\chi = \left(\frac{s}{s_e}\right)^{-m_2} \tag{5-69}$$

5. 有限元格式

采用等参数单元，如果位移和水头采用同一插值函数，即

$$\begin{Bmatrix} u_r \\ u_z \\ u_{ml} \end{Bmatrix} = \sum_{i=1}^{n_p} N_i \begin{Bmatrix} u_{ri} \\ u_{zi} \\ \overline{u}_{wi} \end{Bmatrix} \tag{5-70}$$

其中，n_p 为单元结点数，u_{ri}，u_{zi} 和 $\overline{u}_{wi}$ 为 i 点的结点变量，则把式（5-42）和式（5-47）联立方程化为有限元格式，并对式（5-59）在时间上进行差分后，i（i=1，2，…，N_t）结点的方程式将为

$$\left.\begin{aligned}
\sum_{j=1}^{N_t} [k_{ij}^{11} \Delta u_{rj} + k_{ij}^{12} \Delta u_{zj} + k_{ij}^{13} \Delta \overline{h}_j] &= \Delta F_{ri} \\
\sum_{j=1}^{N_t} [k_{ij}^{21} \Delta u_{rj} + k_{ij}^{22} \Delta u_{zj} + k_{ij}^{23} \Delta \overline{h}_j] &= \Delta F_{zi} \\
\sum_{j=1}^{N_t} [k_{ij}^{31} \Delta u_{rj} + k_{ij}^{32} \Delta u_{zj} + k_{ij}^{33} (\overline{h}_{j0} + \beta \Delta \overline{h}_j) + s_{ij} \Delta \overline{h}_j] &= \Delta Q_i
\end{aligned}\right\} \tag{5-71}$$

式中　　N_t——总结点数；

F_{ri}，F_{zi}，Q_i——i 结点的荷载增量和流量；

$\overline{h}_{j0}$——i 结点水头的增量以前的值；

β——差分格式，取 $\beta=2/3$；

各系数如下

$$k_{ij}^{11} = \int\!\!\int \left[d_{11} \frac{\partial N_i}{\partial r} \frac{\partial N_j}{\partial r} + d_{33} \frac{N_i}{r_i} \frac{N_j}{r_j} + d_{44} \frac{\partial N_i}{\partial z} \frac{\partial N_j}{\partial z} + d_{13} \left(\frac{N_i}{r_i} \frac{\partial N_j}{\partial r} + \frac{N_j}{r_j} \frac{\partial N_i}{\partial r} \right) \right.$$
$$\left. + d_{14} \left(\frac{\partial N_i}{\partial r} \frac{\partial N_j}{\partial z} + \frac{\partial N_j}{\partial r} \frac{\partial N_i}{\partial z} \right) + d_{34} \left(\frac{N_i}{r_i} \frac{\partial N_j}{\partial z} + \frac{N_j}{r_j} \frac{\partial N_i}{\partial z} \right) \right] 2\pi r \mathrm{d}r \mathrm{d}z$$

$$k_{ij}^{12} = \int\!\!\int \left[\left(d_{12} \frac{\partial N_i}{\partial r} \frac{\partial N_j}{\partial z} + d_{14} \frac{\partial N_i}{\partial r} \frac{\partial N_j}{\partial r} + d_{23} \frac{N_i}{r_i} \frac{\partial N_j}{\partial r} \right.\right.$$
$$\left.\left. + d_{24} \frac{\partial N_i}{\partial z} \frac{\partial N_j}{\partial z} + d_{44} \frac{\partial N_i}{\partial z} \frac{\partial N_j}{\partial r} + d_{34} \frac{N_i}{r_i} \frac{\partial N_j}{\partial z} \right] 2\pi r \mathrm{d}r \mathrm{d}z$$

$$k_{ij}^{21} = \int\!\!\int \left[d_{12} \frac{\partial N_i}{\partial z} \frac{\partial N_j}{\partial r} + d_{14} \frac{\partial N_i}{\partial r} \frac{\partial N_j}{\partial r} + d_{23} \frac{N_j}{r_j} \frac{\partial N_i}{\partial z} \right.$$
$$\left. + d_{24} \frac{\partial N_i}{\partial z} \frac{\partial N_j}{\partial z} + d_{44} \frac{\partial N_i}{\partial r} \frac{\partial N_j}{\partial r} \right) + d_{34} \frac{N_j}{r_j} \frac{\partial N_i}{\partial r} \right] 2\pi r \mathrm{d}r \mathrm{d}z$$

$$k_{ij}^{22} = \int\!\!\int \left[d_{22} \frac{\partial N_i}{\partial z} \frac{\partial N_j}{\partial z} + d_{44} \frac{\partial N_i}{\partial r} \frac{\partial N_j}{\partial r} + d_{24} \left(\frac{\partial N_i}{\partial z} \frac{\partial N_j}{\partial r} + \frac{\partial N_j}{\partial z} \frac{\partial N_i}{\partial r} \right) \right] 2\pi r \mathrm{d}r \mathrm{d}z$$

$$k_{ij}^{33} = -\int\!\!\int \left[\overline{k}_r \frac{\partial N_i}{\partial r} \frac{\partial N_j}{\partial r} + \overline{k}_z \frac{\partial N_i}{\partial z} \frac{\partial N_j}{\partial z} \right] 2\pi r \mathrm{d}r \mathrm{d}z$$

$$k_{ij}^{13} = -\rho_w g \int\!\!\int \left(\frac{N_i}{r_i} + \frac{\partial N_i}{\partial r} \right) N_j 2\pi r \mathrm{d}r \mathrm{d}z$$

$$k_{ij}^{23} = -\rho_w g \int\!\!\int \frac{\partial N_i}{\partial z} N_j 2\pi r \mathrm{d}r \mathrm{d}z$$

$$k_{ij}^{31} = -\rho_w g \int \left(\frac{N_j}{r_j} + \frac{\partial N_j}{\partial r}\right) N_i 2\pi r dr dz$$

$$k_{ij}^{32} = -\rho_w g \int \frac{\partial N_j}{\partial z} N_i 2\pi r dr dz$$

$$s_{ij} = -\rho_w g \int c_s N_i N_j 2\pi r dr dz$$

式中，$c_s = m_f n$（饱和）或 $c_s = \mu n / S_r$（非饱和）。

第四节 非饱和膨胀土土压力计算

一、非饱和土强度理论

用折减吸力表示的非饱和土强度公式：

$$\tau = c + (\sigma - u_a)\tan\varphi' \tag{5-72}$$

式中 $c = c' + \bar{s}\tan\varphi'$；

c'，φ'——饱和土的有效凝聚力和内摩擦角。

只要知道折减吸力和孔隙气压力就可以计算，孔隙气压力可按前面给出的简化公式计算。

二、非饱和土静止土压力

1. 用双变量表示的非饱和土静止土压力

假设吸力在各个方向上产生的变形是一样的，根据广义虎克定律采用净应力 $(\sigma - u_a)$ 和吸力 $(u_a - u_w)$，得出非饱和土的弹性本构表达式如下：

$$\left. \begin{aligned} \varepsilon_x &= \frac{(\sigma_x - u_a)}{E} - \frac{\mu}{E}(\sigma_y + \sigma_z - 2u_a) + \frac{(u_a - u_w)}{H} \\ \varepsilon_y &= \frac{(\sigma_y - u_a)}{E} - \frac{\mu}{E}(\sigma_x + \sigma_z - 2u_a) + \frac{(u_a - u_w)}{H} \\ \varepsilon_z &= \frac{(\sigma_z - u_a)}{E} - \frac{\mu}{E}(\sigma_y + \sigma_x - 2u_a) + \frac{(u_a - u_w)}{H} \\ \gamma_{xy} &= \frac{\tau_{xy}}{G}, \gamma_{yz} = \frac{\tau_{yz}}{G}, \gamma_{zx} = \frac{\tau_{zx}}{G} \end{aligned} \right\} \tag{5-73}$$

式中 H——与基质吸力 $(u_a - u_w)$ 有关的弹性模量；

E——与净应力 $(\sigma - u_a)$ 有关的弹性模量。

根据式（5-73）非饱和土弹性本构关系，由水平向应变 $\varepsilon_h = 0$ 可以得出静止土压力（净水平应力）和竖向应力的关系：

$$(u_h - u_a) = \frac{\mu}{1-\mu}(\sigma_v - u_a) - \frac{E}{(1-\mu)H}(u_a - u_w) \tag{5-74}$$

静止土压力系数

$$K_0 = \frac{\mu}{1-\mu} - \frac{E}{(1-\mu)H} \frac{(u_a - u_w)}{(\sigma_v - u_a)} \tag{5-75}$$

式（5-75）表明非饱和土的静止土压力不仅与泊松比有关，还与变形模量以及吸力和垂直向的静应力的比值有关。当土中存在基质吸力时，水平应力会减小，并和深度有关。在较浅处，不大的基质吸力就可以使水平净应力变为0，甚至于变为负。如果土体承受不了拉应力，便会从地面开始产生裂缝。

2. 用折减吸力表示的非饱和土静止土压力

由于 E 和 H 难于量测，下面采用折减吸力推导非饱和土的静止土压力表达式。用折减吸力表示的非饱和土的弹性本构表达式如下：

$$\left.\begin{aligned} \varepsilon_x &= \frac{(\sigma_x - u_a) + \bar{s}}{E} - \frac{\mu}{E}(\sigma_y + \sigma_z - 2u_a) \\ \varepsilon_y &= \frac{(\sigma_y - u_a) + \bar{s}}{E} - \frac{\mu}{E}(\sigma_x + \sigma_z - 2u_a) \\ \varepsilon_z &= \frac{(\sigma_z - u_a) + \bar{s}}{E} - \frac{\mu}{E}(\sigma_y + \sigma_x - 2u_a) \\ \gamma_{xy} &= \frac{\tau_{xy}}{G}, \gamma_{yz} = \frac{\tau_{yz}}{G}, \gamma_{zx} = \frac{\tau_{zx}}{G} \end{aligned}\right\} \quad (5\text{-}76)$$

式中 E——与有效应力有关的弹性模量，而不再是与净应力有关的弹性模量。

根据式（5-76），由 $\varepsilon_h = 0$ 可以得出静止土压力（净水平应力）和竖向应力的关系：

$$(\sigma_h - u_a) = \frac{\mu}{1-\mu}(\sigma_v - u_a) - \frac{\bar{s}}{(1-\mu)} \quad (5\text{-}77)$$

静止土压力系数

$$K_0 = \frac{\mu}{1-\mu} - \frac{1}{(1-\mu)}\frac{\bar{s}}{(\sigma_v - u_a)} \quad (5\text{-}78)$$

式（5-78）表明非饱和土的静止土压力系数和折减吸力有关。对比式（5-75）和式（5-78），考虑到 $\bar{s} = \chi(u_a - u_w)$，得 $\chi = \frac{E}{H}$，表明折减系数的大小也可以通过模量等效或者变形等效原理来测量。

考虑某湖相沉积土层缓慢变干的过程，假设 $\mu=0.35$，$E/H=0.17$，$\rho=1.886\text{g/cm}^3$。首先考虑土体吸力为常量的情况，图5-5表示不同深度静止土压力系数与基质吸力的关系，静止土压力系数随基质吸力的增大而线性减小，且位置越深减小幅度越大。图5-6为不同基质吸力时静止土压力系数沿深度分布，在地表面，静止土压力系数趋于$-\infty$，然后沿深度迅速增大，非饱和土的静止土压力系数总是小于饱和土。

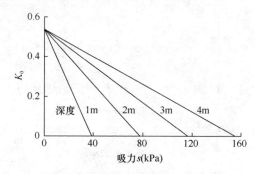

图5-5 静止土压力系数和吸力的关系
（吸力为常量）

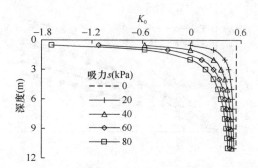

图5-6 静止土压力系数沿深度分布
（吸力为常量）

以上的计算中假定土体内的吸力为常量，下面根据地下水位的不同，假定吸力按照线性变化。对于吸力随土层深度的变化，可作多种假定。图 5-7 所示的是一种典型的吸力分布，负孔隙水压力与地下水位以上的距离呈线性变化。采用变量 f_w 使孔隙水压力能够用静水压力的倍数表示，f_w 大于 1 表示负孔隙水压力大于负静水压力。土中任意深度处的吸力可以表示为：

$$(u_w - u_a)_y = f_w \rho_w g(D - y)$$

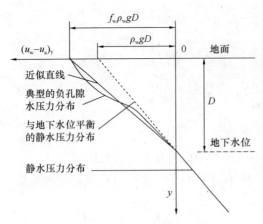

图 5-8 为地下水位分别是 5m 和 10m 时的静止土压力系数沿深度分布，水位越深，静止土压力系数越小，水位以下为饱和土的静止土压力系数。土体静止土压力系数为 0 处，即为土体开裂深度。假定 $f_w = 1$ 和 $f_w = 1.6$（土体中存在过渡蒸发），图 5-9 为开裂深度与地下水位的比值和 E/H 的关系（吸力为线性）。f_w 越大，开裂深度越大；E/H 越大，开裂深度越大；μ 越小，开裂深度越大。图 5-10 采用吸力为线性计算的开裂深度与地下水位关系，地下水位越低，开裂深度越大，采用线性吸力计算的开裂深度与地下水位呈线性增大关系，因而用折减吸力计算的开裂深度更为合理。

图 5-7 理想化的吸力分布

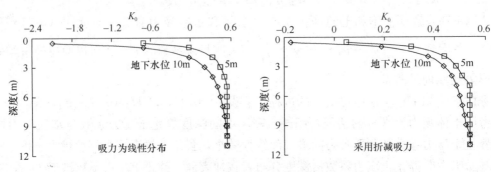

图 5-8 静止土压力系数沿深度分布

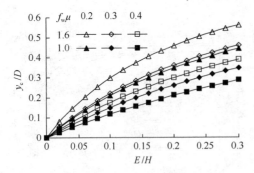

图 5-9 开裂深度与地下水位的比值和 E/H 的关系（吸力为线性）

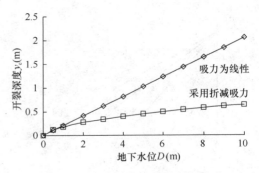

图 5-10 开裂深度与地下水位关系

第四节 非饱和膨胀土土压力计算

三、膨胀土的静止土压力系数

上面没有考虑土层经历过的干、湿作用和加、卸荷过程，下面采用折减吸力推导膨胀土经历干、湿作用和加、卸荷过程的静止土压力系数。如图 5-11 所示，土体首先沿着正常饱和土的 K_0 曲线沉积（o→a），然后经历侵蚀作用（a→b），再经历干缩作用（b→c），求出和干缩吸力 s 相对应的折减吸力 p，就可以求出超固结非饱和土吸力丧失后能达到的最大 K_0，也就是把干缩吸力 s 的作用转化为与之等价的上覆压力 p 的作用，求出吸力丧失后超固结非饱和土 K_0 值。为了清楚起见，上图中假定干缩和湿胀为同一条曲线。实际应用中，p 的大小可以采用折减吸力的方法图 5-12 求出。

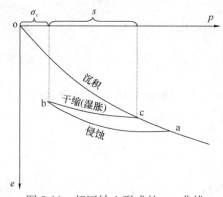

图 5-11　超固结土形成的 e-p 曲线　　　　图 5-12　p 值确定示意图

考虑干缩吸力 s 造成的超固结作用，水平向的应变为

$$\varepsilon_h = \frac{\sigma_h}{E} - \frac{\mu}{E}(\sigma_v + \sigma_h + p) \tag{5-79}$$

假定水平向的应变为零就可以求出 K_0 值

$$K_0 = \frac{\sigma_h}{\sigma_v} = \frac{\mu}{1-\mu}\left(1 + \frac{p}{\sigma_v}\right) \tag{5-80}$$

式（5-80）即为吸力丧失后达到的最大静止土压力系数。对于仍保持一定吸力的土体，可以采用下式计算静止土压力系数

$$K_0 = \frac{\mu}{1-\mu}\left(1 + \frac{p}{\sigma_v}\right) - \frac{1}{(1-\mu)}\frac{\bar{s}}{(u_v - u_a)} \tag{5-81}$$

从式（5-81）可以看出，静止土压力系数不仅和现在的上覆压力有关，还和应力历史上的等效吸力有关。当应力历史上的最大的等效吸力 p 为零时，上式就退化成正常非饱和土的静止土压力系数公式。随着深度的增加，膨胀土的静止土压力系数也逐渐接近正常非饱和土的静止土压力系数，也就是说到达一定的深度以后膨胀性的影响消失。

假设土体应力历史上经历的最大吸力为 100kPa，图 5-13 为膨胀土静止土压力系数沿深度分布，从图中可以看出，随着深度的增加吸力的影响逐渐消失。吸力对静止土压力系数的影响主要集中在表土层 4m，特别是表土层 2m 以内的范围。当吸力较大时，土体的表面开裂，当吸力较小时，土体表面的静止土压力系数大于 1。从公式中可以预计，当土体应力历史上经历的最大吸力较大时，土体表面的静止土压力系数可能会达到被动土压力系数而使土体发生破坏。从图 5-13 中还可以看出，即使是土体完全饱和，土体的静止土压力系数较大的部位也是集中在土体的表面，在此以下由于土体自身的重力减小了膨胀的影响。

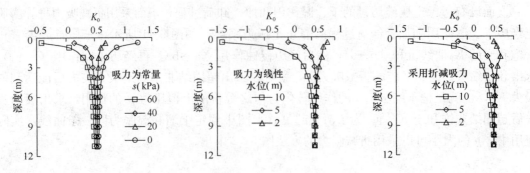

图 5-13　膨胀土静止土压力系数沿深度分布

四、降雨入渗条件下膨胀土的静止土压力

关于降雨入渗的计算已经提出了一些数值方法和半解析方法，但是对于设计人员这些方法显得过于复杂。下面提出一个简易的公式。

降雨入渗条件下的吸力公式：

$$s = (F-z)\left(\frac{F}{z}\right)^n \lambda \qquad (5-82)$$

式中　$z = h - z_0$，h 为距地面深度，z_0 为饱和点；
　　　$F = D - z_0$，D 为地下水位；
　　　$\lambda = f_w \rho_w g$，即静水压力系数；
　　　n——和降雨有关的参数。

首先假设 $z_0 = 0$，地下水位为 5m，$f_w = 1.0$，计算出的降雨造成土体中吸力的变化如图 5-14(a)。实际中，雨水入渗后膨胀土中的裂隙闭合造成渗透系数下降，雨水滞留在表土附近，形成饱和带。z_0 就为降雨时间和渗透系数的函数。图 5-14(b) 为考虑雨水滞留情况降雨造成土体中吸力的变化。

假定地下水位为 5m，图 5-15 为降雨前后膨胀土静止土压力系数沿深度分布，从图中可以看出，在表土层 2m 左右的范围内降雨前后土体中的静止土压力变化较大，而 1m 以上的土体处于饱和状态，土体中的吸力为零，静止土压力系数达到最大，两种算法获得的

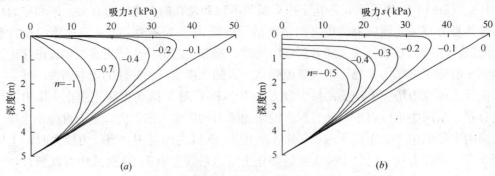

图 5-14　降雨造成土体中吸力的变化
(a) 不考虑雨水滞留；(b) 考虑雨水滞留

降雨后静止土压力系数相同。图 5-16 计算（采用折减吸力）和离心模型试验得出的降雨后膨胀土静止土压力沿深度分布对比，计算和试验的分布规律基本一致。

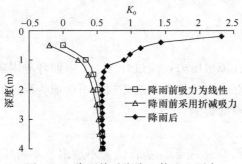

图 5-15 降雨前后膨胀土静止土压力系数沿深度分布

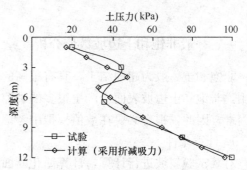

图 5-16 计算和试验的降雨后膨胀土静止土压力沿深度分布对比

五、非饱和土主动土压力和被动土压力

1. 主动土压力

采用折减吸力表示的非饱和土主动土压力公式：

$$(\sigma_h - u_a) = (\sigma_v - u_a)\frac{1}{N_\phi} - 2c\frac{1}{\sqrt{N_\phi}} \tag{5-83}$$

非饱和土主动土压力系数公式：

$$K_a = \frac{1}{N_\phi} - \frac{2c}{(\sigma_v - u_a)}\frac{1}{\sqrt{N_\phi}} \tag{5-84}$$

式中 $\frac{1}{N_\phi} = \tan^2\left[45 - \frac{\varphi'}{2}\right]$，$c = c' + \bar{s}\tan\varphi'$。

2. 被动土压力

采用折减吸力表示的非饱和土被动土压力公式：

$$(\sigma_h - u_a) = (\sigma_v - u_a)N_\phi + 2c\sqrt{N_\phi} \tag{5-85}$$

非饱和土被动土压力系数公式：

$$K_p = N_\phi + \frac{2c}{(\sigma_h - u_a)}\sqrt{N_\phi} \tag{5-86}$$

图 5-17 为非饱和土主动和被动土压力系数沿深度分布，从图中可以看出，地下水位对非饱和土的主动土压力系数和被动土压力系数的主要表现在土层的浅部，在土层的深部产生的影响较小。

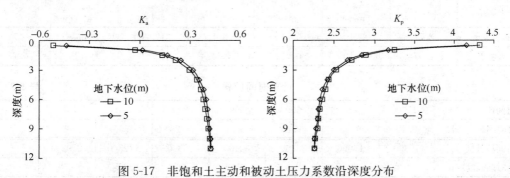

图 5-17 非饱和土主动和被动土压力系数沿深度分布

第五节 非饱和土边坡简化固结理论数值分析

一、一般非饱和土边坡数值分析

非饱和土一般为超固结土，具有很高的负孔隙水压力，经过开挖、干湿循环等因素的作用，非饱和土边坡表面会产生很多的裂隙。在降雨条件下，这些裂隙可能成为滑坡的诱导因素。因此，很有必要在数值模拟中考虑裂隙的影响。

1. 计算条件

对某试验斜坡进行计算，计算简化断面如图 5-18 所示。基岩认为不透水、不可压缩，不参加有限元计算。为了体现土体中的大尺寸的裂缝对降雨条件下边坡稳定性的影响，在进行网格划分时，斜坡断面中水平向每 0.5m 预留一个 0.1m 宽的裂缝，给予不同的参数进行计算。单元为 8 结点四边形等参单元，网格剖分如图 5-19 所示。为了研究裂隙存在对斜坡在降雨条件下的位移、渗流情况等的影响，计算分别考虑了斜坡上存在和不存在裂隙时的情况，斜坡上裂隙分布在如图 5-19 所示阴影区域内。部分土性参数取值如表 5-1 所示。降雨时，坡面吸力（负孔隙水压力）和气压力都为 0（相对值，以一个标准大气压为起点）。降雨历时 2h，计算至降雨结束后 7d，全部历程总共分 15 个时间段，时间历程情况如表 5-2 所示。

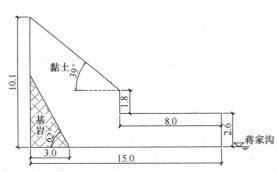

图 5-18 计算简化断面（单位：m）

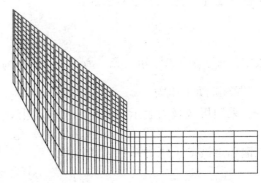

图 5-19 网格剖分和斜坡上的裂隙分布（阴影部分为裂隙）

两类土部分土性参数取值 表 5-1

土类型	G_s	k_{ws} (m/s)	k_{as} (m/s)	n	u_{w0} (kPa)	u_{a0} (kPa)	S_r
非裂隙土	2.71	6.0×10^{-7}	3.0×10^{-5}	0.4	312.209	0	0.72
裂隙土	2.67	6.0×10^{-4}	3.0×10^{-2}	0.52	312.209	0	0.72

计算时间历程 表 5-2

时间段长度（s）	1500	780	600	900	840	900	1680	3600
总时间长度（h）	0.42	0.63	0.8	1.05	1.28	1.53	2	3
时间段长度（s）	10800	18000	25200	32400	82800	172800	259200	
总时间长度（h）	6	11	18	27	50	98	170	

第五节 非饱和土边坡简化固结理论数值分析

2. 计算结果

图 5-20 分别为有裂隙和无裂隙的情况下降雨 0.8h 斜坡的位移和孔隙水压力等值线图，图 5-21 分别为有裂隙和无裂隙的情况下降雨结束 0.5h（总历时 2.0h）斜坡的位移和孔隙水压力等值线图，图 5-22 分别为有裂隙和无裂隙的情况下降雨结束 9h 斜坡的位移和孔隙水压力等值线图。由图可见，当超固结黏土边坡中不存在裂隙时，雨水入渗深度非常有限，降雨前后位移很小、边坡形态变化较小；而存在裂隙时，雨水能够沿裂隙快速入渗，从而浸湿较大的深度，浸湿区域土体内吸力大量降低。

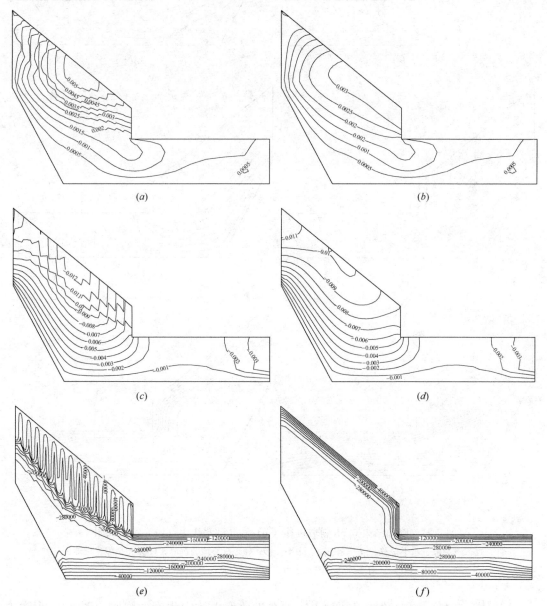

图 5-20 降雨 0.8h 斜坡位移（m）和孔隙水压力（Pa）等值线图
(a) 有裂隙、水平位移；(b) 无裂隙、水平位移；(c) 有裂隙、沉降；(d) 无裂隙、沉降；
(e) 有裂隙、孔隙水压力；(f) 无裂隙、孔隙水压力

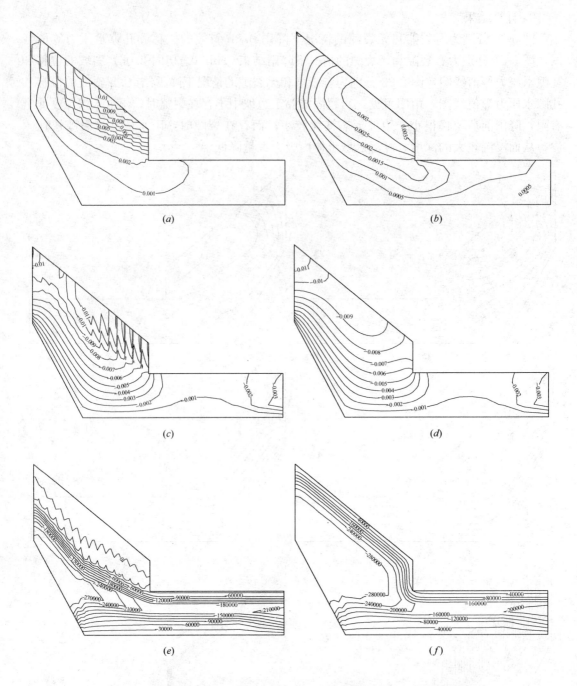

图 5-21 降雨结束 0.5h 斜坡位移（m）和孔隙水压力（Pa）等值线图
(a) 有裂隙、水平位移；(b) 无裂隙、水平位移；(c) 有裂隙、沉降；(d) 无裂隙、沉降；
(e) 有裂隙、孔隙水压力；(f) 无裂隙、孔隙水压力

由于围压较低，浸湿的超固结黏土边坡会迅速发生一定程度的膨胀，图 5-23 为降雨 1.05h 有裂隙的斜坡的位移矢量分布和斜坡外轮廓。图 5-24 为降雨结束 25h 斜坡的位移矢量分布和斜坡外轮廓，图 5-25 为降雨结束 25h 斜坡中的负孔隙水压力分布，从图中可

第五节 非饱和土边坡简化固结理论数值分析

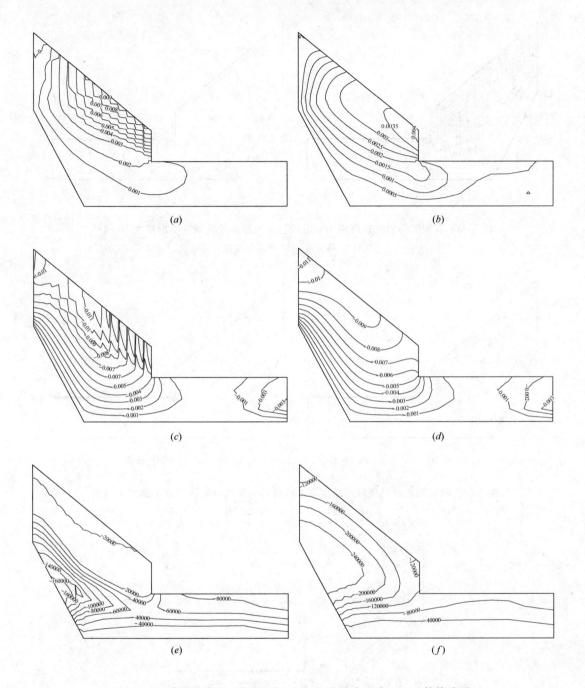

图 5-22 降雨结束 9h 斜坡位移（m）和孔隙水压力（Pa）等值线图
(a) 有裂隙、水平位移；(b) 无裂隙、水平位移；(c) 有裂隙、沉降；(d) 无裂隙、沉降；
(e) 有裂隙、孔隙水压力；(f) 无裂隙、孔隙水压力

以看出，由于浸水后抗剪强度的降低，在发生膨胀的同时，土坡会逐渐发生下滑，侧向位移在降雨结束约 25h 达到较大值，与原型试验的观测结果比较相近，有裂隙的斜坡坡脚处孔隙水压力明显低于初始吸力。

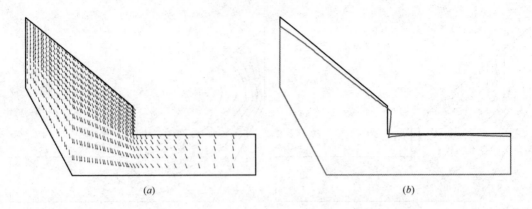

图 5-23 有裂隙的斜坡在降雨 1.05h 的位移矢量和外轮廓（变形放大 50 倍）
（a）位移矢量；（b）外轮廓变化

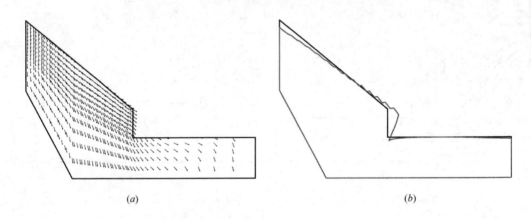

图 5-24 有裂隙的斜坡在降雨结束 25h 的位移矢量和外轮廓（变形放大 50 倍）
（a）位移矢量；（b）外轮廓变化

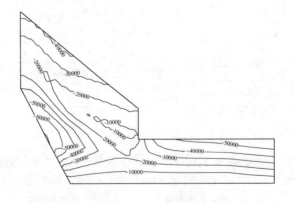

图 5-25 有裂隙的斜坡在降雨结束 25h 的负孔隙水压力（Pa）等值线图

二、非饱和膨胀土边坡数值分析

以上计算中没有考虑膨胀特性，下面考虑土的膨胀特性，分别对有裂隙和无裂隙的情

第五节 非饱和土边坡简化固结理论数值分析

况进行计算。计算中考虑了湿胀引起的体积变形系数 ρ_s^r 和湿胀引起的剪切变形系数 $\rho_{s,t}^r$，其他条件与前面相同。

图 5-26 为膨胀土边坡中孔隙水压力等值线图，对比无裂隙膨胀土边坡孔隙水压力分布与无裂隙一般土质边坡的孔隙水压力分布（图 5-20～图 5-22），可以明显的看出，膨胀土边坡中孔隙水压力的升高一般发生在边坡的表面，不向深部发展。这是由于雨水入渗后，土体发生膨胀，孔隙减小，渗透系数也相应减小。

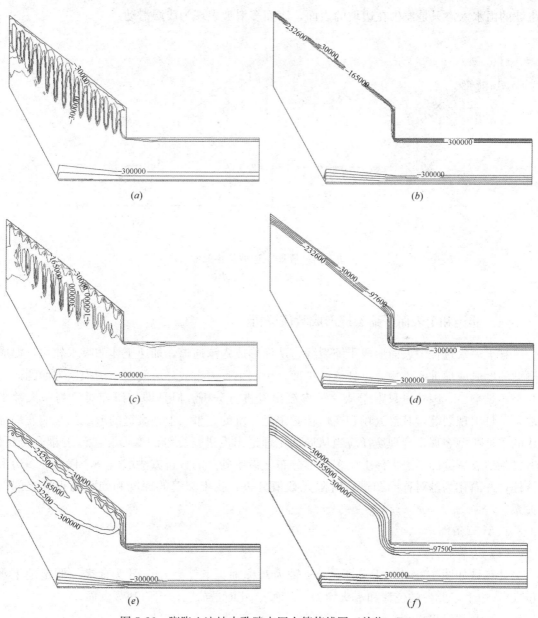

图 5-26 膨胀土边坡中孔隙水压力等值线图（单位：Pa）
(a) 有裂隙、降雨 0.8h；(b) 无裂隙、降雨 0.8h；(c) 有裂隙、降雨结束 0.5h；
(d) 无裂隙、降雨结束 0.5h；(e) 有裂隙、降雨结束 9h；(f) 无裂隙、降雨结束 9h

图 5-27 为降雨引起膨胀土边坡变形的位移矢量图，有裂隙膨胀土边坡的侧向位移大于无裂隙膨胀土边坡的侧向位移。由此可以看出，裂隙对膨胀土边坡的雨水入渗有着很重要的影响。当膨胀土边坡中含有裂隙时，降雨初期雨水顺着裂隙很快渗入土体内部，随着雨水的入渗，裂隙周围的土体吸水膨胀，使裂隙逐渐闭合，渗透性随之降低，在此之后雨水很难渗入土体的内部，原先渗入裂隙内的水体与边坡表面的水体被相对隔离，由于裂隙的闭合，表面的雨水只能渗入边坡的表面。在土体内部，原先沿着裂隙渗入的水体向周围扩散，这种扩散也是发生在相对较为浅层的表面，而不向边坡的深部发展。因此，膨胀土边坡的雨水入渗只是发生在边坡的表面，因而多滑坡表现为浅层滑动。

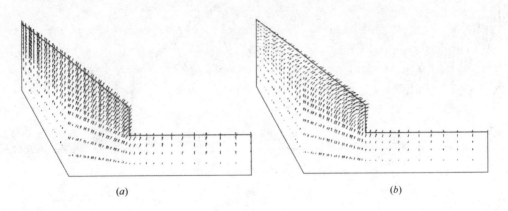

图 5-27 膨胀土边坡位移矢量
(a) 无裂隙；(b) 有裂隙

三、非饱和土表面干缩裂缝形成数值分析

黏土失水过程中表面形成干缩裂缝，从而形成入渗通道，加速土体的吸水软化，促成滑坡的形成或促进污染物通过裂缝而扩散，引起工程失事或环境问题。国内这方面的研究几乎还是空白，国外也只限于从一维渗流出发进行分析。但是即使研究对象为一大片平地，一旦出现裂缝，其渗流场和变形场必定是三维的。事实上，裂缝的形成已是应变局部化的一种典型表现，合理途径应当从局部化理论出发进行三维的变形和渗流的耦合分析。考虑到地表裂缝的形态大体上呈多边形分布，借鉴砂井的分析方法取出一个代表性多边形棱柱，并简化为轴对称问题进行有限元数值分析，找出裂缝的深度和间距与土性之间的关系。

1. 计算条件

(1) 边界条件

计算域如图 5-28 中 oabcd 所示，z 轴为对称轴，半径为 oa，cd 为地表。假定地下水位在 oa 边上，此处的位移和水头均为 0。地表 cd 面是荷载作用面和蒸发面。

(2) 开裂过程模拟

在裂缝形成以前，abc 面上水平位移为 0。因此，设定此面上水平向自由度为 0。在蒸发过程中，地表水平向逐渐产生拉应力。当 c 点的水平向拉应力满足下列条件时，即认为此点开裂。

$$-\sigma_r = p_t \tag{5-87}$$

式中 p_t——土的抗拉强度。

抗拉条件以总应力表示,因为吸力产生的有效应力只对变形有效,但本身是引起拉应力的原因,并不能增加抗拉强度。

当某结点的水平应力达到式(5-87)的抗拉条件后,即赋给此点水平变位的自由度,同时在已开裂的垂直面上加上一个与拉应力相反的作用力。开裂面成为自由面以后,可以从此面上发生蒸发。在水平作用力和蒸发双重影响下,开裂面底端的另一个结点的水平应力也将很快达到式(5-87)的抗拉条件,导致该点也随之开裂。但是,随着开裂深度的增加,自重应力的比重将越来越大,同时开裂的底端离开地下水位也越来越近,从而限制了裂缝的进一步发展。

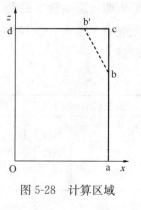

图 5-28 计算区域

(3) 计算参数

研究计算参数 m 对裂缝间距和深度的影响。不变的计算参数取为:湿密度 $\rho=2\text{g/cm}^3$,侧压力系数 $k_0=0.6$,弹性泊松比 $\nu=0.3$,初始孔隙比 $e_0=1.0$,饱和渗透系数 $k_s=10^{-5}\text{cm/s}$,$\alpha_m=1.0$,$\alpha_0=0.75$,$c_a=0.05$,$s_e=20\text{kPa}$,$S_{r0}=0.2$。可变的计算参数分别取为:$C_c=0.03$、0.06、0.12,$m=0.6$、0.4、0.2,$p_t=5$、10、15kPa,C_e 取为 C_c 的 $1/6$,不同参数 m 时的水分特征曲线如图 5-29 所示。

用以上参数对两种情况进行计算,所用的单元网格如图 5-30 所示。计算域的深度取为 2m,半径取为 10cm,20cm 和 30cm 三种。

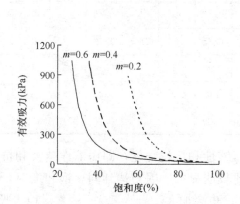

图 5-29 不同 m 时的吸力曲线

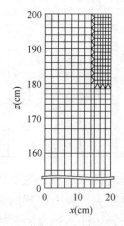

图 5-30 网格划分

2. 正常固结土情况

首先假定土层为正常固结土,开始是饱和的,在 1mm/d 的地表蒸发量作用下逐步干缩而产生裂缝。共计算了 45 个方案,一般计算到 30d 为止,个别方案计算到 90d。蒸发 30d 后全部方案的计算结果汇总于表 5-3 中。表中的裂缝间距就是计算域的直径。计算得出的地表最大缝宽为 1.54cm,最大缝深为 36cm,最大地表沉降为 8.72cm,地表中心的最大吸力为 256kPa,但是这个吸力是折减吸力,真实的吸力值应该大于这个值。计算结果表明，影响缝宽的两个主要因素是土的压缩性 C_c 和裂缝间距，即压缩性和间距越大，则缝宽也越大。抗拉强度当然对此也有影响，当 $p_t = 15\text{kPa}$ 时，有几个方案没有出现裂缝。

不同参数的裂缝计算结果　　　　　表 5-3

裂缝间距（cm）			20				40				60			
抗拉强度（kPa）	吸力参数	压缩指数 C_c	地表沉降（cm）	地表吸力（kPa）	裂缝深度（cm）	裂缝宽度（cm）	地表沉降（cm）	地表吸力（kPa）	裂缝深度（cm）	裂缝宽度（cm）	地表沉降（cm）	地表吸力（kPa）	裂缝深度（cm）	裂缝宽度（cm）
5	0.4	0.03	1.06	52	7	0.25	1.04	43	8	0.30	0.99	40	9	0.34
		0.06	2.53	106	13	0.44	2.27	73	12	0.67	2.02	63	12	0.76
		0.12	6.33	191	26	0.89	5.09	124	17	1.41	4.65	107	17	1.54
	0.6	0.03	0.89	39	2	0.04	0.89	38	2	0.04	0.87	37	1	0.02
		0.06	1.74	59	4	0.25	1.71	56	4.1	0.29	1.69	55	5	0.33
		0.12	4.55	128	12	0.90	4.19	97	12	1.27	3.92	85	11	1.33
10	0.4	0.03	0.94	42	2	0.04	0.94	41	2	0.05	0.92	40	2	0.04
		0.06	1.91	65	6	0.32	1.93	63	6	0.41	1.88	61	6	0.37
		0.12	5.72	173	19	0.97	4.85	120	15	1.27	4.55	101	14	1.46
	0.2	0.03	1.05	49	4	0.07	1.04	47	3	0.09	1.02	46	3	0.06
		0.06	2.40	94	7	0.40	2.47	84	8	0.48	2.33	74	10	0.55
		0.12	8.72	256	36	0.81	6.35	167	21.5	1.42	5.72	135	19	1.34
15	0.4	0.03	0.93	42	0	0.00	0.93	41	0	0.00	0.92	40	0	0.00
		0.06	1.86	64	2	0.07	1.83	62	1	0.04	1.81	61	1	0.03
		0.12	4.39	122	7	0.60	4.09	99	7	0.78	4.12	93	8	0.84

影响裂缝深度的两个主要因素则是压缩性和抗拉强度，即压缩性越大和抗拉强度越低，缝深度越大。吸力参数的影响也是比较明显的，因为达到同一饱和度时，m 小的方案吸力更大，因此，相应的裂缝深度和宽度也会加大，当然，这一因素对地表吸力的影响最大。但由于 m 减小时地表处的饱和度增大，所以最后得到的地表吸力并不会增大很多，同样地，对于裂缝边缘垂直和水平变位（即缝宽的一半）的影响也不是很大，如图 5-31 所示。

对其中一个方案进行了 90d 蒸发的计算，图 5-32 显示了 90d 内土体变位、裂缝开展以及吸力的发展过程，图 5-33 给出了中心轴处吸力、饱和度和边缘变位沿深度分布。从图中可以看出，随着时间的延长，饱和度逐渐降低，而吸力则逐渐增加，随着土体的不断收缩，裂缝不断加深加宽。但裂缝沿深度的曲线不是十分光滑。因为计算中发现，每次增

第五节 非饱和土边坡简化固结理论数值分析

加一定的蒸发量,有时只引起 1 个结点开裂,有时则连续引起几个结点开裂。

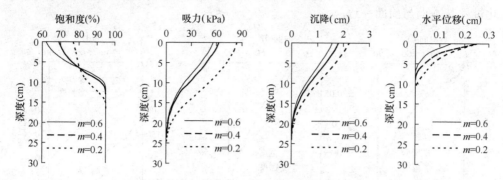

图 5-31 中心轴处吸力、饱和度和边缘变位沿深度分布
($d=40\text{cm}$,$C_c=0.06$,$p_t=0\text{kPa}$,$t=30\text{d}$)

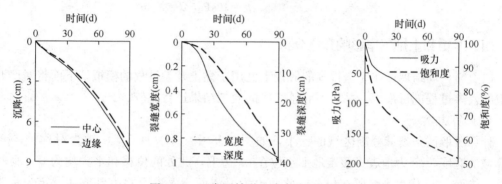

图 5-32 正常固结黏土中各变量过程线
($m=0.4$,$C_c=0.06$,$p_t=10\text{kPa}$,$d=40\text{cm}$)

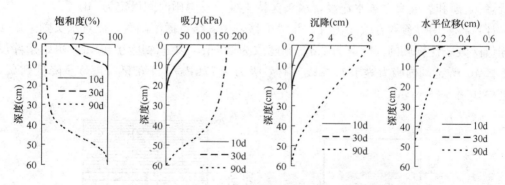

图 5-33 中心轴处吸力、饱和度和边缘变位沿深度分布
($m=0.4$,$C_c=0.06$,$p_t=10\text{kPa}$,$d=40\text{cm}$)

3. 超固结土情况

这一算例中先假定土体表面上曾经覆盖了 400kPa 的压力,先模拟卸荷过程,把这一压力卸去,然后以 1mm/d 的速度进行蒸发,历时 90d。计算结果如图 5-34 所示,图中显示值均以卸荷结束时为起点,因此土体表面的变位实际上是回弹以后的再压缩量,故远远小于正常固结土的相应值。同样,裂缝的宽度也大为减小,但是深度不但没有减小,反而有所增大,这是因为假定的抗拉强度仍只有 10kPa,而模量高的土对应力变化比较敏感。

另一方面，由于假定卸荷过程中，土体始终处于饱和状态，蒸发时才开始变为不饱和，吸力变化过程基本上与前面一致。

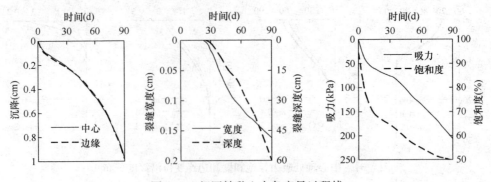

图 5-34 超固结黏土中各变量过程线
（$m=0.4$，$C_c=0.06$，$p_t=10\text{kPa}$，$d=40\text{cm}$）

四、非饱和土排气率影响数值分析

以上简化固结理论在完全排气的假设下已用于黏土开裂过程的模拟，下面将对已开裂黏土的入渗过程进行模拟，并对不同排气率的模拟结果进行比较。

1. 计算方案

计算域取两条裂缝分割区域的一半，如图 5-35 中 oabcd 所示，z 轴为对称轴，oa 为计算域的宽度，cd 为地表。假定地下水位在 oa 边上，此处的位移和水头均为 0。地表 cd 面是入渗面。bc 代表裂缝所在位置，此面也为入渗面。入渗面的边界条件设定为水头已知面，并假定降雨过程分为两个阶段，即开始 10h 内土面和裂缝表面的吸力逐步降低到 0，然后土面和裂缝完全被水淹没，水头保持不变。总降雨时间设定为 3d。

计算将采用等参数有限元进行，并对位移采用 8 结点插值函数，而对水头则采用 4 结点插值函数。计算域的深度取为 2m，宽度取为 20cm，裂缝深度为 40cm。初始条件设定为上部 40cm 范围内吸力等于 100kPa（有效吸力为 77kPa），下部随深度逐步降低到 0。单元网格如图 5-36 所示。

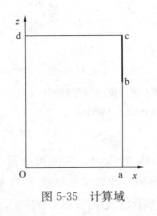

图 5-35 计算域

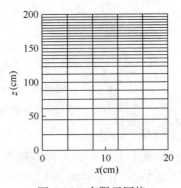

图 5-36 有限元网格

2. 计算参数

计算参数选取为：湿密度 $\rho=2\text{g/cm}^3$，侧压力系数 $K_0=0.6$，弹性泊松比 $\mu=0.3$，初始

第五节 非饱和土边坡简化固结理论数值分析

孔隙比 $e_0=1.0$，饱和渗透系数 $k_s=10^{-5}$ cm/s，$\alpha_m=1.0$，$\alpha_0=0.75$，$c_a=0.05$，$s_e=20$ kPa，$S_{r0}=0.2$，$S_{r1}=0.9$ 和 $C_c=0.06$，$m_1=0.4$，$m_2=0.4$。回弹指数 C_e 取为 C_c 的 $1/6$。计算中着重研究排气率的影响，即对 $\xi=1.0$，$\xi=0.75$ 和 $\xi=0.5$ 三种方案分别进行了计算。

3. 计算结果比较

图 5-37 分别为 $\xi=0.75$ 时两条裂缝中心线上 0、40cm 和 80cm 三个深度处垂直向有效应力和孔隙水压力的变化过程，图 5-38 分别为 3 种排气率下地表中心点的孔隙气压力及回弹变位过程线，由此可见，地表 40cm 范围内孔隙水压力升高，有效应力降低，地面高程相应发生回弹，且回弹量随排气率的减小而增大。对于不同排气率方案，$\xi=0.5$ 算出的地表附近孔隙气压力高达 76kPa，似不甚合理。图 5-39 为中心线和裂缝所在的边缘线上降水 72h 后的孔隙水压力分布，从此可见，排气率对孔隙水压力的影响甚微，而且两条线上下部的孔隙水压力也几乎重合，但边缘线上靠近裂缝处受入渗影响孔隙水压力有所升高。图 5-40 则为相应的变位分布，边缘线上的水平位移只出现在上部，反映了裂缝闭合的趋势。

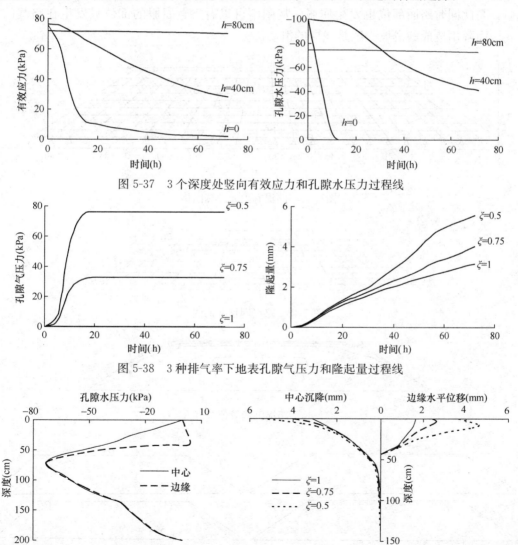

图 5-37　3 个深度处竖向有效应力和孔隙水压力过程线

图 5-38　3 种排气率下地表孔隙气压力和隆起量过程线

图 5-39　边缘和中心线上孔隙压力分布

图 5-40　3 种排气率边缘和中心线上的水平和垂直变位

第六节 膨胀土路基边坡变形与稳定计算分析

一、膨胀土路基变形过程数值分析

对两个典型的路基断面进行了模拟,首先模拟路基的填筑或开挖过程,然后模拟降雨过程中路基的膨胀变形。计算参数如下,$k_{ws}=6\times10^{-7}$m/s,$k_{as}=3\times10^{-5}$m/s,$n=0.4$,$U_{w0}=312$kPa,$U_{a0}=0$kPa,$s=0.72$。

图 5-41 为路堤断面有限元计算网格,图 5-42 为降雨结束后路基的网格变形图。路肩部位的膨胀量最大,达到 6cm。图 5-43 为沉降等值线,从图中可以看出发生膨胀的部位处在路基表面,而路基的内部只产生较小的膨胀。图 5-44 为屈服区域的发展过程,先在路肩部位产生屈服,接着路坡上出现不连续的屈服区域,然后这些区域相互贯通并延伸至路脚,与此同时路面部位也发生屈服。从图中可以看出,屈服的部位只发生在路基的表面,因而降雨造成的滑坡一般是浅层的滑动。

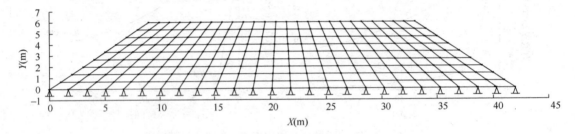

图 5-41 路堤有限元计算网格

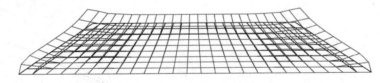

图 5-42 路堤网格变形图

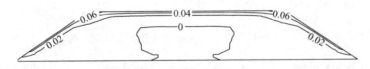

图 5-43 路堤沉降等值线(m)

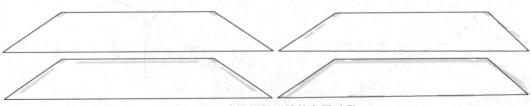

图 5-44 路堤屈服区域的发展过程

第六节 膨胀土路基边坡变形与稳定计算分析

图 5-45 为路堑断面的有限元计算网格，图 5-46 为网格变形图，图 5-47 为垂直位移等值线，图 5-48 为屈服区域的发展过程。首先，在路脚和路堑的底部产生屈服，接着在路堑边坡的顶部产生不连续的屈服区域。然后这些区域连通后，沿着路堑边坡向下发展。这些屈服的部位只发生在浅部，由此造成的滑坡也是浅层滑动。

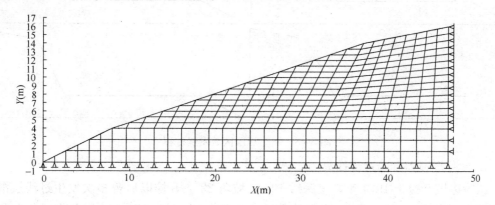

图 5-45 路堑有限元计算网格

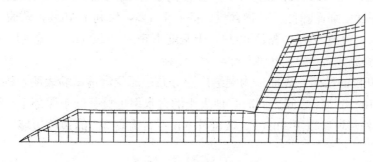

图 5-46 路堑网格变形图

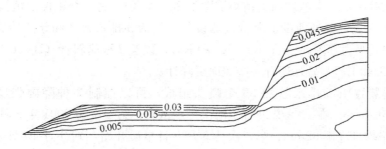

图 5-47 路堑沉降等值线（m）

二、膨胀土边坡降雨入渗和变形耦合分析

膨胀土是一种非饱和土，降雨过程中将因吸水膨胀而软化，吸力丧失引起的变形和强度降低是造成膨胀土边坡滑坡的一个关键因素。应用非饱和土简化固结理论对膨胀土边坡在人工降雨中孔隙压力变化和变形发展过程进行渗流和变形的耦合分析，得出符合实际观测资料的结果，说明这一理论具有推广应用价值。

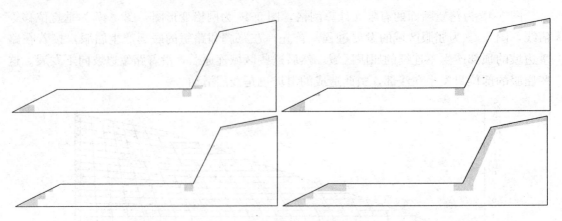

图 5-48 路堑屈服区域发展过程

1. 试验场地和试验过程简介

试验边坡开挖于 1970 年，挖深约 13m，坡角 22°。开挖以后曾多次发生过浅层滑坡。边坡的土质大体上是均一的黄褐色膨胀土，含铁结石和钙结石，局部含薄层灰色黏土。$w_p=19.5\%$，$I_p=30$，天然含水率约 20%，略高于塑限。侧胀仪测得的侧压力系数在 1～2.5 之间，随深度增加而降低。矿物含量：高岭土 4%，伊利土 16%，蒙脱土 21%。颗粒成分：砂粒 3%，粉粒 58%，黏粒 39%。干密度 1.5～1.62g/cm³。进气压力 5kPa，膨胀率 6%～8%，膨胀压力 300～400kPa。

根据现场开挖的结果，表面以内裂缝广泛分布。原位渗透试验表明，饱和以后的渗透系数在 10^{-7}～10^{-10} cm/s 之间。同时，地表土的含水率也显著低于深部土。地下水位约在坡顶以下 10m 处和坡趾以下 2m 处。坡趾外 5m 左右为高 3m 的边坡边墙，渠底约在坡趾以下 2.5m 处。

在边坡相对完整稳定区域清理出 50m 长的一段边坡作为试验区，其中又划出各长 16m 的两个试验区，一个把坡面上植被清除干净（A 区），另一个则保留植被（B 区）。研究的重点放在 A 区，此处埋设了大量观测设备，包括 3 排张力计和导热传感器及湿度计以测定含水率及吸力（图 5-49 中 R1，R2 和 R3），以及 2 根测斜管（I1，I2）和 3 对土压力计（E1，E2 和 E3），另外还有一些表面沉降计。

降雨喷淋装置由 5 排水管和 35 个喷头组成，可以控制 3 种降雨强度，即每小时 3mm、6mm 和 9mm。在 A 区共进行了两次降雨试验，第一次为 2001 年 8 月 18 日早晨到 25 日早晨，平均日降雨 62mm；第二次从 9 月 8 日早晨开始，到 9 月 10 日下午结束，平均日降雨 45mm。降雨期间每天上午有 2～3h 停顿，以便测定含水率及进行位移观测。在人工降雨试验之前，当地的降水量比常年少。雨季开始后的 5 月份，也只有 50mm 的降雨。因此，试验开始以前的地面状态是比较干燥的。

2. 计算方案及计算参数

计算只模拟 A 区的第一次降雨过程。计算域底部取在地下水位以下 5m 处。右边是中心，按对称轴考虑，左边界取在坡顶以外 20m 处。计算所用的单元网格如图 5-50 所示，包括已挖除部分在内，共计 910 个四边形 8 结点等参数单元。

为了重建降雨以前的初始应力状态和吸力状态，模拟当地的地质历史和人工开挖过程

第六节 膨胀土路基边坡变形与稳定计算分析

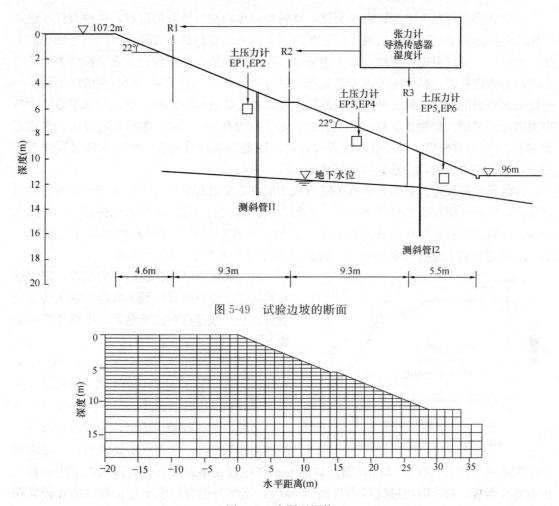

图 5-49 试验边坡的断面

图 5-50 有限元网格

以及气象变化过程是十分必要的。因此,计算共分为 5 个阶段,共计 60 级进行,分述如下:第一阶段,含 1 级卸荷,模拟地面降低和冲刷过程,目的是为了使土层处于超固结状态,得到符合实际的侧压力系数 K_0。第二阶段:含 22 级,模拟人工开挖过程,每级挖除一行单元。第三阶段:含 15 级,模拟降雨以前比较干燥的气象条件,计算中调整每级土面的蒸发量使初始孔隙压力分布符合实际观测结果,并使计算所得的孔隙压力零压力线与地下水位一致。第四阶段:含 14 级,模拟 7d 的降雨过程。第五阶段:含 8 级,模拟降雨后 8d 的停顿过程。

降雨过程中的入渗面边界条件可以分为两个阶段,第一阶段土非常干燥,吸力造成的水力梯度很大,降雨能够全部入渗,此时的边界条件设定为水量边界;但随着含水率增加,吸力降低,水力梯度减小,入渗量减小,所降雨水将不能全部入渗,地表开始积水并产生径流。此时的入渗面上的吸力降为 0,即入渗边界条件转化为孔隙水压力等于大气压力的水头边界。计算程序能够根据表面点的吸力变化过程自动改变边界条件。

鉴于土层中所含的结石及薄层灰黏土很难考虑进去,所以计算中把整个土层当作均一材料,但是地表附近含裂隙较多的部分必须单独考虑。

该计算程序可以考虑少量宏观裂隙，并模拟雨水向裂缝灌入的过程，这种裂缝在稳定性比较差的边坡坡顶经常会出现，但是本算例中的表面裂缝都是大量分布的较为细小的裂缝，难以一一加以模拟。因此，计算中采用等效介质的假设，即假设含有裂隙的表土层具有较高的渗透系数，具体的考虑方法是把土层分为3种，一种是深部没有裂缝的土层，一种是表面开裂的土层，第三种则是过渡层，并以水平应力作为判别标准，即水平应力为拉应力时为开裂层，把渗透系数增加100倍，水平应力在0~20kPa之间为过渡层，渗透系数增加10倍。这样做不但能够模拟裂缝开展，还能模拟裂缝闭合。因为入渗过程中土体膨胀，水平应力增大，渗透系数随即减小。

排气系数的设定。显然，含有裂缝的表土层在入渗过程中所含有的孔隙气容易沿着裂缝排出，应该选用较高的排气率。另一方面，根据过去的经验，如果选用的排气率降低到50%，计算出的孔隙气压力将是偏高的。因此，计算中针对2种土层将采用不同的排气率，即表面开裂土层排气率 $\xi=1.0$，过渡层 $\xi=0.8$，未开裂土层 $\xi=0.6$。

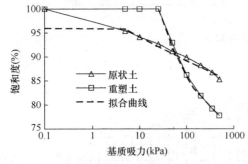

图 5-51　水土特征曲线的拟合

试验场地曾经取样进行室内试验，降雨结束后又在土面以下另一处再取得原状土块进行室内试验。根据这些试验结果，求得计算参数如下：$c_c=0.0332$，$c_e=0.0064$，$n_0=0.412$，$S_{r0}=0.7$，$S_{r1}=0.96$，$m_1=0.1$，$m_2=0.1$，$s_e=5$kPa，$c_m=1.0$，$c_0=0.75$，$c_a=0.05$，$c_k=0.2$，$k_{ws}=10^{-7}$cm/s。

另外，计算初始应力时，重度为98N/m³，侧压力系数0.6。有两点需要说明：一是原状土的实测进气压力只有0.1kPa，原因显然与试样中存在小裂隙有关，因为击实土的进气压力要高得多。拟合时把进气压力提高到5kPa，实测与拟合的水土特征曲线的比较见图5-51。其次是屈服面参数 c_m、c_0 和 c_a，因无实测资料，是假定的。但这不影响计算结果，因为土坡已经历多次干湿循环，试验增加的一次循环只能引起弹性变形。

3. 计算结果

计算所得的部分结果与实测值的比较见图5-52~图5-56，图5-57则显示降雨结束时坡内的孔隙水压力、孔隙气压力和饱和度等值线。以上计算与实测的比较说明，计算的膨胀量偏小较多，而水平位移则偏大较多。原因可能有以下几个。一是选用的压缩和回弹指

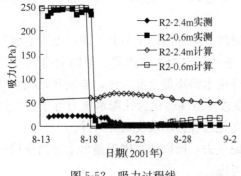

图 5-52　吸力过程线

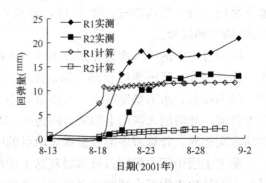

图 5-53　0.1m深处回弹量过程线

第六节 膨胀土路基边坡变形与稳定计算分析

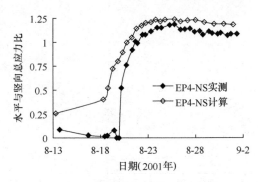

图 5-54 水平与垂直土压力比过程线

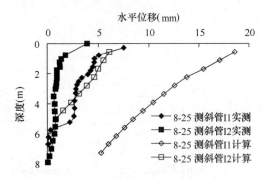

图 5-55 降雨引起的侧向位移沿深度分布

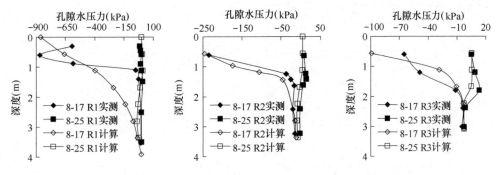

图 5-56 孔隙水压力沿深度分布

数从室内试验得出,可能偏小。其次是现场土体可能存在各向异性。最后则是三维效应,因为实际降雨试验区的宽度只有 16m,而坡面长度有 31m,且实测结果表明,除了顺坡面的水平位移外,还存在明显的纵向水平位移。从定性上看,上述计算结果全面反映了从吸力、应力到变位的实测结果。

三、膨胀土边坡长期变形和稳定分析

应用非饱和土简化固结理论对膨胀土边坡进行长期变形和稳定分析。设某一边坡土层曾经有过 100m 的上覆荷载,后经冲刷和开挖形成斜坡,因此历史上的最大固结压力为 $p_m=2$MPa。后经历 3 个月的时间开挖成 1∶2 的斜坡。计算单元网格如图 5-58 所示,其他边界条件为:计算域两侧边界水平向固定,底面边界两个方向均固定,且 3 个边界面均不透水。计算共分 3 个阶段,按 60 级进行。第一阶段共 1 级,模拟上覆荷载卸除过程。第二阶段共 20 级,模拟开挖过程,每级挖除一层单元,时段长 4.5d。第三阶段共 39 级,模拟雨水缓慢入渗过程,每级时段长 0.5~5 年。计算参数:初始孔隙率 $n_0=0.25$,饱和渗透系数 $k_s=5 \times 10^{-8}$cm/s,$\alpha_m=1.0$,$\alpha_0=0.75$,$c_a=0.05$,$s_e=20$kPa,$a_c=0.6$,$a_s=0.2$,$a_u=0.12$,$m_1=2$,$m_2=0.2$,抗剪强度指标为 $c'=7$kPa,$\varphi'=20°$。

图 5-59 表示 3 个时刻的孔隙压力分布,说明开挖完成时,存在较大的折减吸力,最大值达 350kPa,以后负压逐步消失,30 年后转变为正压。根据以上算得孔隙压力,按 Bishop 法计算所得的安全系数随时间降低过程线如图 5-60 所示,开挖 33 年后安全系数降到 1.0。图 5-61 为开挖 33 年后,偏应变等值线分布图,可见剪切破坏是从坡脚处逐渐发展的,图中同时绘出了最危滑弧位置。

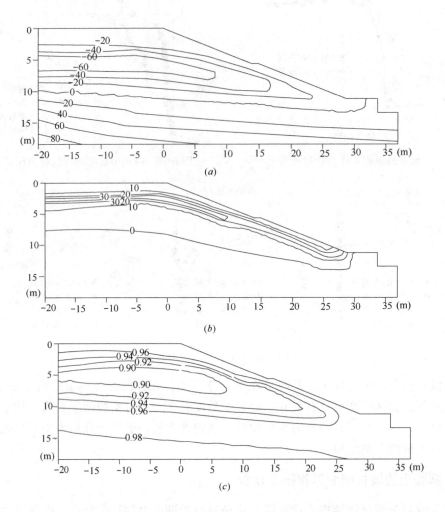

图 5-57 降雨结束时的孔隙水压力、孔隙气压力和饱和度等值线
（a）孔隙水压力（kPa）；（b）孔隙气压力（kPa）；（c）饱和度

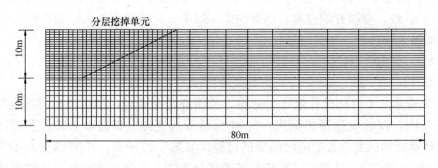

图 5-58 有限元网格

第六节 膨胀土路基边坡变形与稳定计算分析

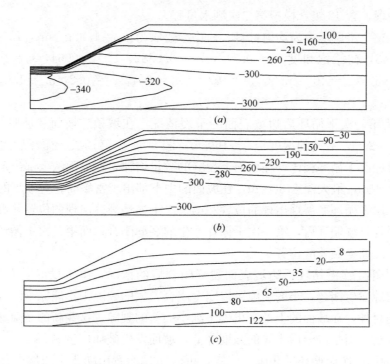

图 5-59 边坡开完后不同时间孔隙水压力等值线图（单位：kPa）
（a）边坡开挖结束时；（b）边坡开挖后 7.5a；（c）边坡开挖后 33a

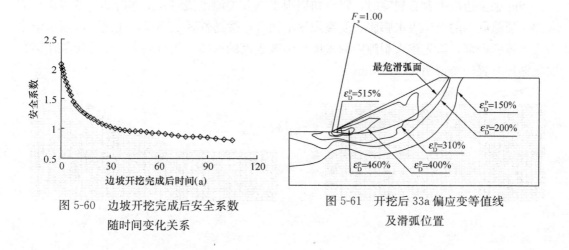

图 5-60 边坡开挖完成后安全系数
随时间变化关系

图 5-61 开挖后 33a 偏应变等值线
及滑弧位置

四、膨胀土边坡干湿循环数值分析

非饱和膨胀土边坡在干湿循环作用下土面发生裂缝，继而在雨水入渗下因膨胀软化而发生滑坡，这是土坡工程中最常见的破坏方式。采用非饱和土简化固结理论对膨胀土边坡干湿循环进行数值模拟，单元网格见图 5-62。计算分五个阶段共计 119 级进行：第一阶段，含 19 级，模拟开挖过程，每级挖除一行单元；第二阶段，含 7 级，模拟第一次干缩过程；第三阶段，含 42 级，模拟第一次洒水过程；第四阶段，含 9 级，模拟第二次干缩过程；第五阶段，含 42 级，模拟第二次洒水过程。

计算中，整个土层考虑为均匀材料。计算参数取为：$\rho=1.85\text{g/cm}^3$，$K_0=0.6$，初始孔隙率 $n=0.43$，初始饱和度 $S_r=0.717$，$c_c=0.0332$，$c_c=0.0064$，$s_e=10\text{kPa}$，$S_{r0}=0.3$，$S_{rl}=0.95$，$k_{ws}=10^{-7}\text{cm/s}$，$m_1=0.3$，$m_2=0.4$，$c_k=0.2$，$\alpha_m=1.0$，$\alpha_0=0.75$，$c_m=0.5$。

图 5-63 为第一次干循环后边坡表面的干裂情况，在坡顶、坡面和坡脚都出现裂缝，裂缝的宽度 1~2cm，裂缝的深度 100~160cm。图 5-64 为第二次干循环后边坡表面的干裂情况，和第一次干循环相比，在坡面上裂缝的数量增加，在坡面的上部出现大而深的裂缝，最大宽度 4cm，最大深度 300cm，在坡面的中下部出现密集而相对细小的裂缝。值得注意的是第二次干循环后裂缝出现的位置和第一次干循环裂缝出现的位置并没有必然的联系，也就是说经过湿循环后，第一次干循环产生的裂缝闭合，而第二次干循环造成的裂缝并不一定出现在原来裂缝的位置。

图 5-65 为第二次湿循环后边坡表面裂缝闭合后的情况，由于浸湿后土体发生膨胀，坡面原有的裂隙发生闭合，小的裂隙可以完全闭合，大的裂隙则不能完全闭合。除了原有的裂隙发生闭合外，在坡面的上部又出现了细小的新的裂隙，这些新的裂隙显然不是干湿循环直接引起的，而是浸湿后土体的强度降低，坡面发生破坏产生的。

图 5-66 为第一次湿循环后孔压等值线，可以明显的看出膨胀土边坡中孔隙水压力的升高一般发生在边坡的表面，不向深部发展。这是由于水入渗后，土体发生膨胀，孔隙减小，渗透系数也相应减小。只是在裂隙的部位水顺着裂隙渗入土体的内部。

当膨胀土边坡中含有裂隙时，降雨初期雨水顺着裂隙很快渗入土体内部，随着雨水的入渗，裂隙周围的土体吸水膨胀，使裂隙逐渐闭合，渗透性随之降低，在此之后雨水很难渗入土体的内部，原先渗入裂隙内的水体与边坡表面的水体被相对隔离，这种现象在第二次湿循环时表现得很明显（图 5-67）。

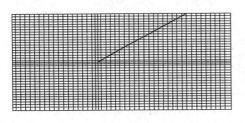

图 5-62 计算网格

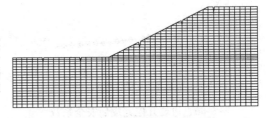

图 5-63 第一次干循环情况

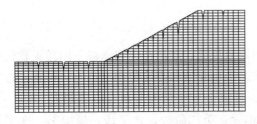

图 5-64 第二次干循环情况

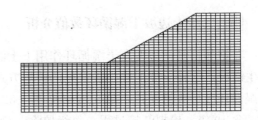

图 5-65 第二次湿循环情况

第六节 膨胀土路基边坡变形与稳定计算分析

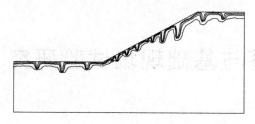

图 5-66 第一次湿循环孔压等值线（kPa）

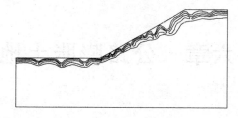

图 5-67 第二次湿循环孔压等值线（kPa）

第六章 公路膨胀土地基与基础现场试验研究

第一节 宁淮路膨胀土路基改良现场试验研究

一、膨胀土性质

2003年开工建设的江苏省南京市至淮安市高速公路（简称宁淮高速）是江苏省高速公路网规划"四纵四横四联"主骨架"纵三"高速公路的重要组成部分，为江苏省重大基础设施建设项目，自南京六合区雍庄至淮安段武墩，长度约128km的范围内，除河道两侧的局部软土地基外，全部为弱到中等膨胀土地基，用于填筑路堤的所有取土坑的土料均为弱到中等膨胀性土。在路基沿线取土坑范围内取土进行的物理力学性质试验结果见表6-1，干密度分布在$1.4 \sim 1.7 \text{g/cm}^3$之间，绝大多数在$1.5 \sim 1.6 \text{g/cm}^3$的范围内。在冬季勘探时，深度3m内的土层含水率较低，主要分布在20%～30%范围，雨季时，土层含水率下限高于25%。天然土孔隙比在0.6～1.0的范围内，主要在0.7～0.9之内。总体上，该地区的土体天然干密度较大，自然状态下饱和度一般在75%以上，因而自然状态下胀缩性不大。塑性指数在10～50的范围内，主要分布在20～40。自由膨胀率主要在40%～60%之间，因此，基本属于弱膨胀土。在自然状态下，土体的膨胀力在60kPa以下，主要在20～40kPa的范围内；但土体击实后，土体最优含水率约13%～15%，最大干密度$1.78 \sim 1.82 \text{g/cm}^3$。初始含水率在最优含水率的条件下，压实素土的膨胀力将达到200kPa左右。从试验资料可见，宁淮高速公路沿线的膨胀土，在天然状态下，含水率较高，处于中等密实状态，膨胀力较低。但素土压实后，干密度大，膨胀力较高，达到中等膨胀土范围。

膨胀土的基本性质指标　　　　　表6-1

含水率(%)	干密度(g/cm^3)	孔隙比	饱和度(%)	液限(%)	塑限(%)	塑性指数	压缩系数(MPa^{-1})	压缩模量(MPa)
23.6	1.54	0.771	83.9	46.7	19.4	27.3	0.28	8.07

自由膨胀率(%)	膨胀力(kPa)	体积收缩率(%)	缩限(%)	胀缩总率(%)	颗粒组成（mm）（%）			
					0.1～0.05	0.05～0.005	0.005～0.002	<0.002
46.1	20.2	13.7	11.5	1.54	8	46	15	31

二、改良膨胀土施工工艺研究

1. 关键点

（1）第二次掺灰前先降低填土的含水率，尽量缩短第二次掺灰到碾压之间的时间，以提高碾压土的干密度。

（2）压实以静压碾为主，碾压遍数不能过多，在某碾压遍数干密度达到最大值，然后若再增加碾压遍数，不能提高碾压填土干密度。

（3）因为改良土的性质主要取决于改良土的含灰量和掺灰的均匀性，充分拌和、及时准确的灰剂量检测和合适的补灰措施非常重要。

2. 改良土施工工艺要点

（1）在取土坑加2%生石灰使土体"砂化"并初步降低含水率。为了使掺灰总量达到要求，在掺灰前检测天然土的平均干密度，在地面上打方格计算每车石灰的摊铺面积，在方格内均匀摊灰。在取土坑焖灰过程中，每天对焖料进行翻拌。

（2）土料上路后，首先保证摊铺均匀，为了翻拌后在每个碾压层厚度范围内含灰量均匀且压实后的厚度不大于20cm，松铺厚度要求不大于25cm。摊铺后用铧犁翻拌和中拖破碎，有效降低含水率。在二次掺灰前将含水率降低，保证二次掺灰后能够及时碾压，这对提高压实土的干密度非常重要。由表6-2的击实试验成果可见，二次掺灰后的时间越短，击实试验得到的最大干密度越大。因此，在相同的含水率条件下，二次掺灰后到碾压之间的时间越短，压实土的干密度越高。

马武段9标7号取土坑5%、6%和8%灰土湿法击实试验成果　　　　表6-2

掺灰量(%)	掺灰比例 第一次(%)	第二次(%)	第二次掺灰后到击实时间(d)					
			3		5		7	
			最优含水率(%)	最大干密度(g/cm³)	最优含水率(%)	最大干密度(g/cm³)	最优含水率(%)	最大干密度(g/cm³)
5	2	3			18.3	1.648		
6	2.4	3.2	18.7	1.652	18.5	1.62	17.8	1.60
	2	4	17.6	1.665	18.4	1.626	17.4	1.606
8	3.2	4.8	19.4	1.621	17.8	1.596	16.7	1.59
	2	6	18.8	1.64	17.5	1.615	16.8	1.593

（3）当土料含水率降低到最优含水率+5%左右，进行第二次掺灰。对于含灰量5%的灰土第二次掺3%消石灰、含灰量6%的灰土第二次掺4%消石灰、掺灰量8%的灰土第二次掺6%消石灰。不同的第一次和第二次掺灰比例将影响灰土的最大干密度，第二次掺灰比例较高时，相同时间击实得到的最大干密度较大。试验结果见表6-2。

（4）第二次掺灰和粉碎。首先保证掺灰量，其次掺灰一定要均匀。掺灰量是以生石灰为计量标准（若按熟石灰剂量，要增加修正系数1.2—1.3），掺灰后即用稳定土拌和机进行粉碎，至少粉碎两遍，然后检测土块大小。土块大小控制标准为：大于5cm的颗粒含量低于5%，大于2cm的颗粒含量低于20%。粉碎后进行灰剂量测定和含水率快速测定。若灰剂量偏低，马上补灰并再用稳定土拌和机拌和一遍；若含水率偏高，用铧犁连续翻拌加快降低含水率。由于灰土的性质主要决定于灰剂量和干密度，因此必须及时、准确检测灰剂量并将灰剂量补充到设计要求的灰剂量后才能碾压。

通过现场试验表明：采用路拌法施工，改良土的最大粒径不可能达到稳定土施工规范中要求的石灰稳定土最大粒径 15mm。压实填土的现场测试结果表明土块大小控制标准：大于 5cm 的颗粒含量低于 5%，大于 2cm 的颗粒含量低于 20% 是合适的。

3. 碾压方式

当含水率降低到最优含水率+3% 的范围内，连续碾压到规定的压实度。碾压时间不能超过 1d。

碾压方式：不同碾压方式对比试验（图 6-1）表明：振动碾碾压 2 遍与碾压 4 遍后的平均干密度相近，因此改良土只需振动碾碾压 2 遍后，即可上静压碾；静压碾碾压 4 遍后，干密度不再增加，再增加碾压遍数对提高压实度没有作用，若碾压持续时间较长，干密度反而会降低。

4. 详细施工工艺

石灰质量测试。石灰进场之前应该有石灰等级报告，石灰进场以后，需要检测其中有效 CaO 和 MgO 含量，消解后由试验获得石灰中的杂质含量，从而得到实际的石灰等级。按照设计要求，石灰符合三级或三级以上标准才能使用。石灰在现场堆放期间要防止淋雨，且不宜保存过长时间。对于在现场堆放时间较长的石灰，使用前需要再进行石灰质量复测。

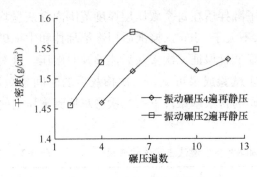

图 6-1　干密度与碾压遍数的关系

取土坑准备。所有取土坑的土料均应揭除表层有机质含量高的土层，黑色和深灰色的含有机质含量高的土层不能作为路堤填料。取土坑要求尽早挖排水沟排水，降低含水率。在取土坑铺灰焖土之前，测试取土坑原状土的密度和含水率，由此比较准确计算取土坑每平方米面积的铺灰量。

第一次掺灰。按照工程经验，取土坑焖料用 2% 的生石灰拌和。方法是将取土坑地表推平，由原状土的平均干密度计算每车石灰的摊铺面积，在地面打方格，在每个方格内把石灰摊平，然后用挖机堆土焖料。堆土焖料时用挖机自下向上均匀地挖土，每一次挖土要求每一层土都要挖到，以保证焖灰的均匀。为了保证土料含水率及掺灰均匀，需要在取土坑进行翻拌（在焖灰的第二天、第三天各翻拌一次）。

摊铺、破碎和降低含水率。土料在取土坑焖料 3d 后，运到路基上摊铺，要求压实后的土层厚度不大于 20cm，松铺厚度不大于 25cm。在摊铺后用推土机推平，然后用铧犁不断耕翻，同时用中拖破碎土块，使整个土层均匀降低含水率到 w_{op}+5% 左右并使土块破碎到粒径小于 8cm。

第二次掺灰。在第二次掺灰前，用轻型压路机把土层表面压平，再用平地机粗平一遍和碾压一遍。按照该土层碾压后的设计干密度和厚度，计算每平方米二次掺灰重量和每车灰摊铺的面积，在地面上打方格，然后摊铺合格的干状消石灰。将消石灰推平。

稳定土拌和机粉碎、石灰拌匀。用稳定土拌和机至少粉碎两遍，使石灰和含水率均匀。

测试土块颗粒大小和含水率。用孔径 5cm 和 2cm 的砂石筛测试土块大小。要求大于

5cm 的颗粒含量低于 5%，大于 2cm 的颗粒含量低于 20%。测试粉碎后土体含水率，要求土体的含水率达到 w_{op}~w_{op}+3% 范围内。

测试灰剂量。用 EDTA 滴定法测试灰剂量。若某测点的石灰剂量低于设计值-1%，在该点控制的范围内加灰到设计值+0.5%，然后再用稳定土拌和机粉碎拌和一遍。

碾压。当土块颗粒大小、含水率和灰剂量得到要求后，开始碾压。90 区碾压工序为：轻型压路机静压一遍→平地机初平一遍→XZ190 静压一遍→平地机精平一遍→XZ190 振压 3 遍（小振一遍、大振 2 遍）→18t-21t 三轮碾压至压实度达到 90 区要求。碾压时要求连续压实到设计压实度。要求尽量缩短二次掺灰至碾压结束的时间，每个作业段的长度不宜大于 150m。

机械组合。每个施工作业队除配备正常的土方机械外，还应配备稳定拌和机，震级在 30t、50t 的振动压路机各一台。

横坡。路基施工横坡不小于 2%，且表面无坑洼现象。

超宽。碾压超宽宽度 30~50cm，超宽部分多压 1~2 遍。

压实度检测方法和检测频率。路基压实度检验采用灌砂法，按照规范要求，检验频率比正常土路堤规定增加一倍。

三、改良膨胀土路堤碾压质量控制标准研究

1. 问题提出

宁淮高速公路有 92km 路段用石灰改良的膨胀土填筑路堤，天然状态的膨胀土含水率在 27% 左右，需要通过拌灰和翻晒等方法降低含水率后压实。

石灰改良土的重型标准击实试验结果显示：湿法击实试验与干法击实试验得到的最大干密度有明显差别，前者小、后者大，见表 6-3。试验段碾压完成后的压实度测试结果见表 6-4，由此可见，若用干法击实试验得到的最大干密度判断，有较高的测试点干密度达不到 90% 压实度要求；若用湿法击实试验得到的最大干密度判断，各测试点干密度达均达到 90% 压实度要求。

干法和湿法重型标准击实试验结果　　　　表 6-3

取土坑编号	土类	最大干密度（g/cm³）		最优含水率（%）	
		干法	湿法	干法	湿法
马武 9 标 6 号取土坑	素土	1.88	1.82	12.6	14.9
	5%灰土	1.69	1.62	15.4	18.6
马武 9 标 7 号取土坑	素土	1.89	1.82	12.8	15.3
	5%灰土	1.72	1.65	15.8	18.3
雍武 1 标 K93+250	5%灰土	1.70	1.64	18.5	21.5
雍武 2 标 K101+350	5%灰土	1.74	1.66	18.0	19.3
雍武 3 标 K112+230	5%灰土	1.68	1.62	16.8	19.5

压实度检测结果 表6-4

试验段(桩号)	测试点数	项目	含水率(%)	干密度(g/cm³)	压实度(%) 干法	压实度(%) 湿法
第一试验段(K173+600—K173+740)	20	范围	17.5～21.5	1.269～1.616	75.0～95.5	78.6～100
		均值	19.8	1.509	89.2	93.5
		合格率			55%	85%
第二试验段(K170+680—K170+840)	20	范围	18.9～22.8	1.396～1.552	82.5～91.7	86.5～96.2
		均值	21.2	1.466	86.7	90.8
		合格率			10%	70%
第三试验段(K174+020—K174+150)	20	范围	18.7～21.8	1.475～1.568	86.1～91.3	89.5～95.2
		均值	19.7	1.510	88.0	91.6
		合格率			10%	100%
第四试验段(K173+120—K173+300)	16	范围	17.1～20.2	1.518～1.607	88.4～93.5	92.1～97.5
		均值	18.6	1.564	91.1	94.9
		合格率			69.5%	100%

2. 机理分析和试验研究

干法击实试验。对于含灰量5%的灰土，干法击实试验时，先在天然土中掺2%的生石灰，焖料3d后风干到含水率低于10%，然后分成5～7份试样，加水配置成不同含水率的试样，各试样间的含水率依次相差2%～3%。向每个试样加3%的消石灰（以生石灰质量百分数为准）。用重型击实试验的方法击实得到击实曲线，获得最大干密度和最优含水率。

湿法击实试验。对于含灰量5%的灰土，湿法击实试验时，先在天然土中掺2%的生石灰，焖料3d后向每个试样加3%的消石灰（以生石灰质量百分数为准）。然后分成5～7份试样，依次风干成不同含水率的试样，各试样间的含水率依次相差2%～3%。用重型击实试验的方法击实得到击实曲线，获得最大干密度和最优含水率。

由上述干法和湿法击实试验步骤可见，两者的根本差别在于：干法是先将试样统一风干到10%以下的含水率，然后加水配置成不同含水率的试样；湿法是先在不同时刻分两次向试样加灰，然后用控制不同风干时间的方法制成不同含水率的试样，没有向试样加水的过程。

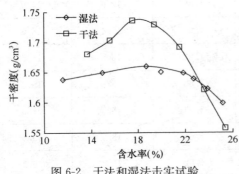

图6-2 干法和湿法击实试验

对于宁淮路改良灰土，用两种试验方法得到的最大干密度和最优含水率有明显差别，结果见表6-3和图6-2所示。

3. 干法和湿法击实试验结果不同的机理

对于黏粒含量高的黏性土和水泥、石灰稳定土等结构性强的材料，采用干法击实试验获得的最大干密度和最优含水率与相同材料采用湿法击实试验获得的最大干密度和最优含水率有明显的差别。原因如下：

对于天然黏性土,由于湿法备样时,土体中的水主要是存在于黏土颗粒表面的结合水,结合水的连接作用使黏土颗粒之间存在较强的连接,外力作用不容易使土粒之间产生相对移动,因此较难压实,在一定击实功作用下最大干密度较低。因为弱结合水连接力较小,当土体含水率较高时,压实比较容易,但当含水率太高,土体中含较大比例自由水时,外力作用大部分转化成孔隙应力增加,因此,击实后土体的干密度又下降。若先把土体风干,然后加水击实,加入的水主要变成分布在土粒表面的自由水,对土粒相对滑移取润滑作用,因此击实比较容易,获得的最大干密度较高。

对于水泥、石灰稳定土。由于石灰、水泥与土体发生反应主要是通过石灰、水泥与土体的离子交换,这种交换过程通过土粒四周的结合水和自由水中的离解作用发生。对于初始含水率高的土,石灰加入后,石灰中的Ca、Mg离子能够比较快地与土体内部的离子发生置换作用,大部分的石灰与土发生反应,使土粒之间的连接增强,土粒间发生相对错动困难。这样土体击实后的最大干密度就较低。

若先降低含水率,然后在加石灰的同时加水拌和,然后击实。土体中失去的结合水不能在短期内恢复,加入的水主要分布在土粒表面和直接被石灰吸收,分布在土粒表面的水对土粒相对运动起润滑作用,石灰与土的离子交换较弱。因此土体容易击实,击实后的干密度较高。但是,在加水和加石灰以后到击实之前,仍有部分石灰与土发生反应,在土粒之间起连接作用,使其击实比素土困难。因此灰土击实后的最大干密度比素土低。

从以上分析可见,对于黏性土的最大干密度有如下规律:素土的最大干密度大于灰土的最大干密度;对同种土:干法击实的最大干密度大于湿法的最大干密度。

在土工试验规程(SL 237—1999)关于击实试验条文说明中介绍了"土样制备方法不同,所得击实试验成果也不同。试验证明:最大干密度以烘干土最大,风干土次之,天然土最小;最优含水率也因制备方法不同而不同,以烘干土为最低。这种现象黏土最为明显","某些特殊土(如红土),含水率的配置方法对压实影响尤为显著。将天然含水率的土风干为不同含水率的一组试样(称为由湿到干)进行击实,与事先将天然含水率的土风干,再加水制备成不同含水率的试样进行击实(称为由干到湿),两种制样方法所得试验差异较大"。图6-3给出了天生桥红黏土的干法和湿法标准击实曲线,表6-5给出了其标准击实结果,可以看出击实前的干湿变化过程对最大干密度、最优含水率的影响。

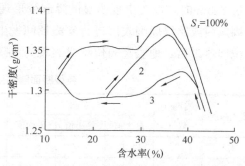

图6-3 不同击实试验方法获得的标准击实曲线

不同击实试验方法获得的标准击实结果　　　　　表6-5

土号	制备方法	起始含水率(%)	最优含水率(%)	最大干密度(g/cm³)
1	由干到湿	12.5	33.5	1.384
2	由干到湿	21.5	34.3	1.374
3	由湿到干	43.8	38.5	1.326

以上的分析表明，采用干法或者湿法击实试验获得土体的最大干密度和最优含水率对膨胀土可能得到不同的试验结果。当两种试验的试验结果明显不同时，到底应该采用哪种试验方法作为质量控制标准，需要根据施工时土体含水率变化的过程来确定，当含水率从高到低风干时，用湿法击实试验结果作为质量控制标准；当向土体加水，含水率从低到高时，用干法击实试验结果作为质量控制标准。

在公路改良土填筑路堤施工工艺过程中，含水率从天然含水率开始，通过掺灰和翻晒等方法降低含水率到合适范围后碾压，没有向土体中加水的过程。因此，施工过程与湿法击实试验试样的含水率变化过程相同，与干法击实试验含水率变化过程相差较大，采用湿法击实试验作为控制标准较为合理。

四、膨胀土路基膨胀变形观测

在宁淮高速公路雍马段和马武段共设置了350个变形观测断面，其中全观测断面38个，一般观测断面312个。全观测断面是指在路堤左侧和右侧地基表面各埋设一块沉降板，路堤中心埋设一根分层沉降管，在路堤边坡上设置水平位移标志。一般观测断面是在路堤中心的地基表面和路堤的左侧或右侧各埋设一块沉降板。

根据2003年11月开始到2004年8月25日为止的竖向位移观测资料，对隆起变形较大和连续发生隆起变形的29个典型断面的竖向位移资料进行了分析。表6-6中给出了不同填土高度情况下的隆起变形量及其统计特性，发生地表隆起的断面有以下规律：（1）隆起变形发生的位置：在低路堤或高路堤的填土高度低于2.5m时，会发生隆起；填土高度超过2.5m时，没有出现明显的隆起变形现象。（2）隆起变形发生的时间：在降雨以后的一周以内或路堤周围农田进行灌溉期间发生隆起变形；当降水或灌溉停止，路堤周围地下水位回落以后，地表竖向位移又表现为沉降。

典型断面隆起变形统计结果（mm） 表6-6

填土高度	统计断面数量	左侧			中间			右侧		
		最大值	最小值	平均值	最大值	最小值	平均值	最大值	最小值	平均值
<1.5m	8	14.13	5.67	8.08	20.67	1.77	7.71	7.20	5.02	6.11
1.5~2.0m	9	19.18	10.64	14.74	19.45	0.78	9.28	18.77	3.45	14.54
2.0~2.5m	12	8.95	6.92	8.00	13.45	1.82	6.09	13.21	2.02	7.19

第二节 宁淮路膨胀土地基桥台现场试验研究

一、试验方案和仪器布置

1. 试验方案

在宁淮高速公路淮安段的马武四标段K142+550洪金公路跨线桥（设计桥头填土高度7.26m）、马武五标段K154+954东一道跨线桥（设计桥头填土高度7.26m）和马武五标K152+898洪泽互通式立交A匝道13号桥台（设计桥头填土高度6.06m）三个高填土

第二节　宁淮路膨胀土地基桥台现场试验研究

桥头进行现场试验研究。

马武四标段的洪金公路跨线桥两侧桥头均采用改良膨胀土作为路堤填土，采用碾压方向垂直于路轴线方向碾压填土（横向碾压），西侧桥头路堤填土中不铺设土工格栅，东侧桥头路堤填土中铺设土工格栅。马武五标段的东一道跨线桥两侧桥头均采用改良膨胀土作为路基填土，采用原设计方案的平行于路轴线方向进行碾压（纵向碾压），东侧桥头路堤填土中不铺设土工格栅，西侧桥头路堤填土中铺设土工格栅。洪泽互通A匝道13号桥头路堤填土中不铺设土工格栅，纵向碾压路堤。填土中铺设土工格栅时，设计填土顶面以下3m以内土工格栅的铺设间距为40cm，3m以下每60cm铺设一层土工格栅，沿公路轴线方向土工格栅长度10m。至2006年7月底，洪金公路跨线桥、东一道跨线桥和洪泽互通立交13号桥台桥头区填土已填筑完成。

2. 仪器布置和埋设

在3个试验现场，进行了台背土压力、台背水平位移、灌注桩桩身应力、台背填土含水率、台背填土温度测试（见表6-7），以洪金公路跨线桥东侧桥台为例，测试仪器布置见图6-4和图6-5。

测试项目汇总表　　　　　　　表6-7

构造物		洪金公路跨线桥		东一道跨线桥		洪泽互通式立交A匝道13号桥台	合计
		东侧桥台	西侧桥台	东侧桥台	西侧桥台		
施工工艺	土工格栅	铺设	不铺设	不铺设	铺设	不铺设	—
	碾压方向	横向	横向	纵向	纵向	纵向	—
测试项目	台背土压力	16	16	32	32	10	106
	台背水平位移	6	6	4	7	—	23
	灌注桩桩身应力	—	—	—	—	20	20
	台背填土含水率	4	4	—	—	—	8
	台背填土温度	8	8	16	16	—	48

土压力测试。在洪金公路跨线桥、东一道跨线桥和洪泽互通式立交A匝道的桥台台背的不同深度处，埋设土压力传感器。肋台浇注完成拆除模板后，在肋台上土压力计设计埋设点钻直径为110mm、深度为30mm的孔洞，当压实填土面高于各不同高度的土压力计设计埋设高度20cm时，将设计埋设土压力计处的填土挖出，将土压力计放入孔中，土压力计与孔壁间的孔隙用塑料泡沫充填，然后将填土分层填入并夯实。

水平位移观测。在洪金公路跨线桥和东一道跨线桥桥台台背的不同深度处，设置水平位移观测点，在桥头区填土施工期间，采用全站仪观测桩头和承台上固定点的坐标变化得到其水平位移。

灌注桩桩身应力测试。在洪泽互通式立交A匝道13号桥台的一根灌注桩的两根主筋的不同深度处（距桩顶距离分别为0.5m、3.0m、6.0m、9.0m、12.0m、15.0m、18.5m、22.5m、26.5m、30.5m）的10个截面，在每个截面平行路堤的轴线方向埋设2只钢筋计，共计埋设20只钢筋计，测试不同的工况下桩身应力的变化。

填土含水率测试。在洪金公路跨线桥桥头区的不同深度填土中布置了土壤湿度计，以测定填土含水率的长期变化情况。土壤湿度计埋设在肋台后，与桥台背面的水平距离为1m，分层埋设。当压实填土面高于土壤湿度计设计埋设高程40cm时，在设计土壤湿度计埋设位置挖一深度40cm的坑，将土壤湿度计竖直放入，用力下压使其头部的钢针插入开挖底面以下的填土中，并注意填土和土壤湿度计紧密接触，然后将填土分层填入并夯实。

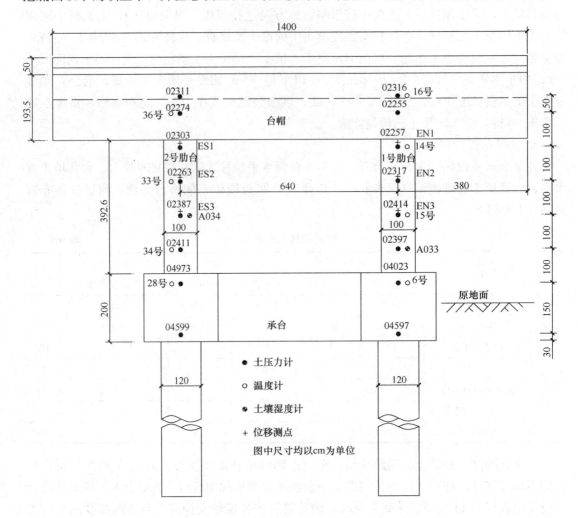

图6-4　洪金公路跨线桥东侧桥台观测仪器布置图

填土温度测试。在洪金公路跨线桥和东一道跨线桥桥头区的不同深度填土布置了温度计，以测定填土温度的长期变化情况。温度计埋设在肋台后，与桥台台背面的水平距离为1m，分层埋设。当填土施工到设计的温度计埋设高度，在其上一层填土完成摊铺、掺灰、翻拌、粉碎等工艺，准备碾压之前，在松铺填土中向下挖一深20cm的坑，放入温度计，挖一浅沟埋设导线，然后填平坑和沟，再进入碾压施工工序。

二、桥台台背土压力分析

1. 土压力沿深度分布

图6-6为桥台台背土压力沿填土深度分布情况，从此可以看出，无论采用哪种碾压方

第二节 宁淮路膨胀土地基桥台现场试验研究

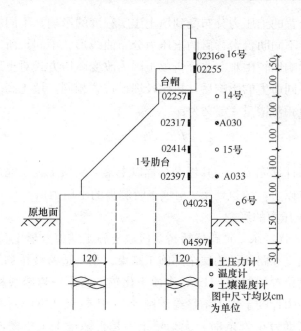

图 6-5 洪金公路跨线桥东侧桥台 1 号肋台观测仪器布置剖面图

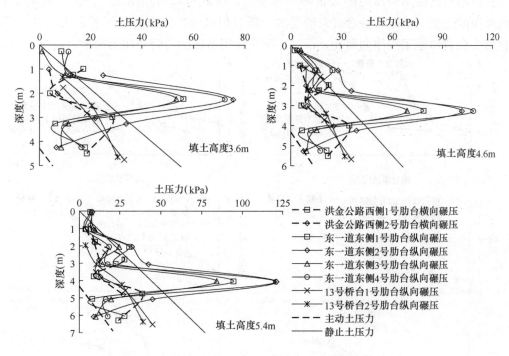

图 6-6 桥台台背土压力沿深度分布（未铺土工格栅）

式，桥头区填土荷载和碾压荷载作用在台背上的土压力测试值均大于主动土压力，大部分小于静止土压力，只有桥台中部测点土压力大于静止土压力，土压力沿深度的分布不是直线，而是呈"S"形曲线分布。这主要是因为碾压过程中，碾压荷载影响深度和肋台水平位移沿深度变化综合等造成的。另外，每个土压力计位置附近填土的压实程度不同，埋设过程中的随机因素对土压力测试值也有很大影响。

第六章 公路膨胀土地基与基础现场试验研究

不但每个肋台台背的土压力分布受到填土压实程度的影响，不同的肋台也因台背填土压实程度不同，使得不同肋台台背后的土压力分布曲线形状不同，所以，直接比较改变碾压方式对土压力的影响比较困难。要分析填土因为改变碾压方式对土压力的影响必须先消除由于填土密实度不同产生的影响后，再比较埋设位置相同，填土高度一致的土压力相对增量的变化。土压力相对增量 ξ 定义为：

$$\xi = \frac{p_i - p_0}{p_0} \times 100\% \tag{6-1}$$

式中　p_0——土压力计埋完成后，其埋设高程以上第一层填土施工完成后的土压力值；

　　　p_i——埋设点以上，填筑到第 i 层填土时测得的土压力值。

2. 碾压方向对土压力的影响

到 2006 年 8 月 6 日，东一道跨线桥桥头区填土施工结束（填土高度为 6.75m），洪金公路跨线桥桥头区填土和路面结构层全部施工结束。东一道跨线桥和洪金公路跨线桥相同层数的土压力计埋设位置相差 0.261m，为便于比较，将东一道跨线桥和洪金公路跨线桥埋设位置相近的土压力计的土压力增量绘于图 6-7，比较碾压方向对土压力的影响。从图中可以看出，填土高度为 6.75m 时，无论填土中是否铺设土工格栅，纵向碾压时台背土压力相对增量比横向碾压时的大很多（表 6-8）。由此可以得出结论，桥头台背填土采用纵向碾压的施工工艺时，桥台台背所受的土压力相对增量比横向碾压工艺大得多。因此，建议桥头台背填土采用横向碾压，以减小碾压作用造成的台背土压力增加。

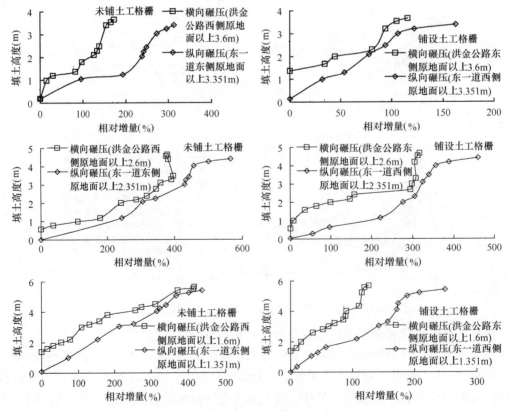

图 6-7　纵向碾压和横向碾压的台背土压力相对增量对比

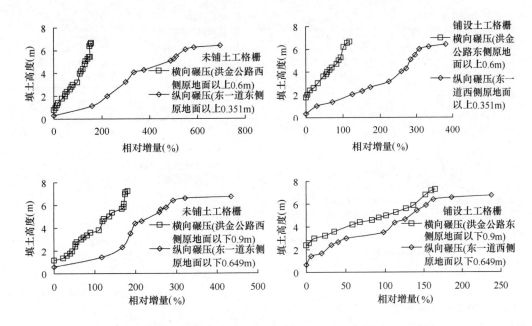

图 6-7 纵向碾压和横向碾压的台背土压力相对增量对比（续）

纵向碾压和横向碾压的台背土压力相对增量对比　　　　表 6-8

土工格栅	纵向碾压		横向碾压		纵、横向碾压的土压力相对增量差（%）
	构造物	位置	构造物	位置	
不铺设	东一道跨线桥东侧桥头肋台台背	原地面以上 3.351m	洪金公路跨线桥西侧桥头肋台台背	原地面以上 3.60m	157.2
		原地面以上 2.351m		原地面以上 2.60m	185.4
		原地面以上 1.351m		原地面以上 1.60m	66.9
		原地面以上 0.351m		原地面以上 0.60m	544.6
		原地面以下 0.649m		原地面以下 0.90m	262.7
铺设	东一道跨线桥西侧桥头肋台台背	原地面以上 3.351m	洪金公路跨线桥东侧桥头肋台台背	原地面以上 3.60m	63.1
		原地面以上 2.351m		原地面以上 2.60m	152.7
		原地面以上 1.351m		原地面以上 1.60m	131.6
		原地面以上 0.351m		原地面以上 0.60m	273.6
		原地面以下 0.649m		原地面以下 0.90m	85.4

3. 土工格栅对土压力的影响

图 6-8 是洪金公路和东一道东西两侧桥头台背土压力相对增量随填土高度增量的变化，由此可知，不论桥头区填土采用何种碾压方式，当碾压方式相同时，在填土中铺设土工格栅后，可以有效减小肋台台背上部的土压力相对增量（表 6-9），对桥台结构的变形与安全有利。

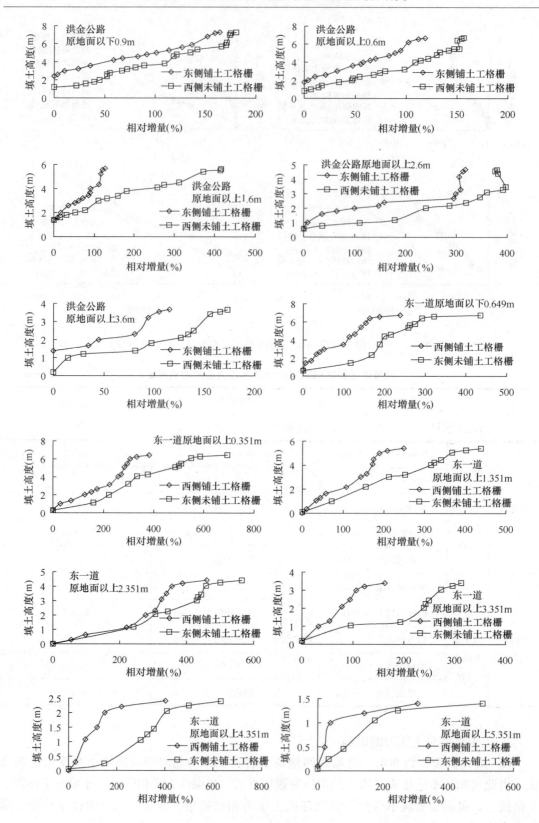

图 6-8 未铺设和铺设土工格栅时台背土压力相对增量对比

第二节 宁淮路膨胀土地基桥台现场试验研究

未铺设与铺设土工格栅的土压力相对增量差　　　表6-9

洪金公路跨线桥（横向碾压）	位置	原地面以下0.90m	原地面以上0.60m	原地面以上1.60m	原地面以上2.60m	原地面以上3.60m		
	增量差（%）	15.5	38.6	402.0	62.1	57.2		
东一道跨线桥（纵向碾压）	位置	原地面以下0.649m	原地面以上0.351m	原地面以上1.351m	原地面以上2.351m	原地面以上3.351m	原地面以上4.351m	原地面以上5.351m
	增量差（%）	197.3	388.8	188.9	105.6	150.2	228.9	198.7

4. 填土高度不变时土压力随时间的变化

2005年1月27日，洪泽互通式立交A匝道13号桥台台背填土预压堆载完成（填土高度为6.68m）后，进入预压期。在预压期中，作用在桥台台背土压力随时间的变化如图6-9所示。由图可知，埋设在原地面以上0.84m、1.17m、1.90m和2.32m处的土压力在填土荷载不变的情况下，随时间的延长有减小的趋势。

三、桥台水平位移分析

1. 碾压方向对桥台水平位移的影响

图6-10为纵向碾压和横向碾压时桥台水平位移随填土高度变化，图6-11为纵向碾压和横向碾压时桥台水平位移沿深度分布，表6-10为纵向碾压与横向碾压时桥台水平位移之比，从图表可以

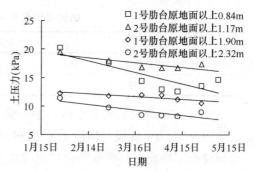

图6-9　预压期土压力随时间的变化

看出，不论桥头区填土中是否铺设土工格栅，纵向碾压时桥台水平位移均大于横向碾压时桥台水平位移，填土高度越高，桥台水平位移差值越明显，桥头区填土完成时，纵向碾压时水平位移比横向碾压时偏大30%左右，因此，横向碾压可以显著减小桥台水平位移。

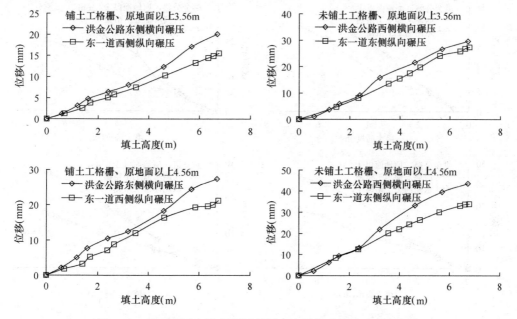

图6-10　纵向碾压和横向碾压时桥台水平位移随填土高度变化

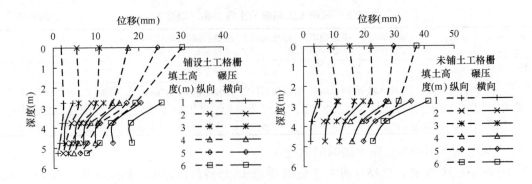

图 6-11 纵向碾压和横向碾压时桥台水平位移沿深度分布

纵向碾压与横向碾压时桥台水平位移之比   表 6-10

位置	原地面以上 3.56m	原地面以上 4.56m
铺土工格栅	1.30	1.29
未铺土工格栅	1.08	1.30

2. 土工格栅对桥台水平位移的影响

图 6-12 为未铺设与铺设土工格栅时桥台水平位移随填土高度变化，图 6-13 为未铺设与铺设土工格栅时桥台水平位移沿深度分布，表 6-11 为未铺设与铺设土工格栅时桥台水平位移之比，从图表可以看出，不论桥头区填土是横向碾压还是纵向碾压，未铺设土工格栅时桥台水平位移均大于铺设土工格栅时桥台水平位移，填土高度越高，桥台水平位移差值越明显，桥头区填土完成时，横向碾压时，未铺设土工格栅时水平位移比铺设土工格栅时偏大 44% 左右，纵向碾压时，未铺设土工格栅时水平位移比铺设土工格栅时偏大 58% 左右，因此，铺设土工格栅可以显著减小桥台水平位移。

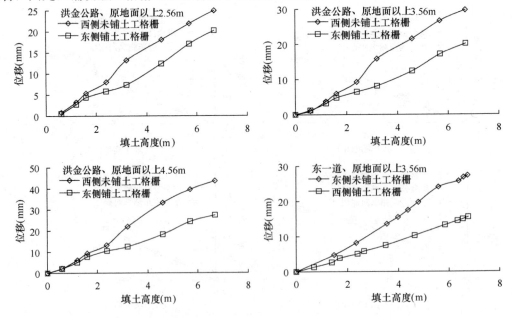

图 6-12 未铺设与铺设土工格栅时桥台水平位移随填土高度变化

第二节 宁淮路膨胀土地基桥台现场试验研究

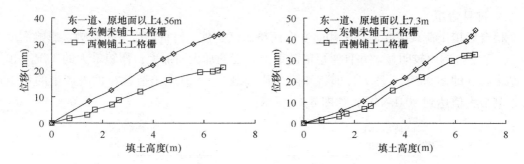

图 6-12 未铺设与铺设土工格栅时桥台水平位移随填土高度变化（续）

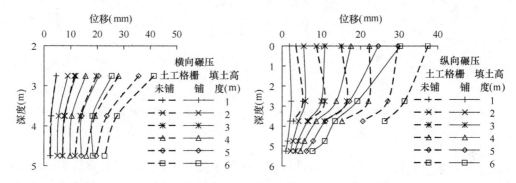

图 6-13 未铺设与铺设土工格栅时桥台水平位移沿深度分布

未铺设与铺设土工格栅时桥台水平位移之比   表 6-11

位置	原地面以上 2.56m	原地面以上 3.56m	原地面以上 4.56m	原地面以上 7.30m
洪金公路跨线桥（横向碾压）	1.24	1.48	1.60	
东一道跨线桥（纵向碾压）		1.77	1.61	1.36

四、灌注桩内力分析

桥头区填土产生的不对称堆载将对桥台桩产生较大的水平推力，使桥台桩发生水平向位移，并在桩身内产生较大的弯矩。试验通过测量在不同工况下的桩身钢筋轴力，计算出由于先进行桥台桩施工后进行桥头区填土施工在桩身内产生的轴力和弯矩，再根据计算得到的桩身轴力获得桩侧负摩擦力的大小和分布。

1. 桩身轴力

灌注桩桩身上部约 2m 长的部分由于受填土水平压力影响而受到拉力作用；桩身轴力随着填土高度的增加而逐步增大，填土高度的变化直接影响了试验桩轴力的变化；路基填土对桥台基桩轴力的影响会发生在施工完毕后相当长一段时间内，这是由软弱土层在荷载作用下固结和蠕变特性使得桩基摩阻力逐步发挥所致；桩身轴力沿深度先增大，然后减小，说明台后路基填土使桥台桩基产生了负摩阻力，桩身最大轴力断面在 6～12m 深度处，而且随着施工的进行，最大轴力断面深度逐步增大，但增长幅度变小；至 2006 年 6 月 8 日桥梁梁板架设完成后的第 20d 时测得的桩轴力值最大，其轴向压力最大值达到 3106kN，如图 6-14 所示。

2. 桩身弯矩

桥台后填土荷载引起地基土侧向变形而挤压试验桩，对桩产生弯矩影响，影响深度在约9m深度范围内较明显，并且弯矩值随填土高度的加大而加大；弯矩最大的工况是预压期结束时（即2005年5月7日即将卸除预压荷载），此时填土荷载在桩内产生的弯矩最大，其最大值达到804kN·m，如图6-15所示。

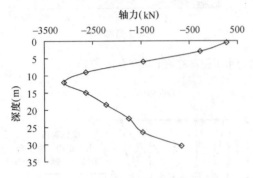

图6-14 灌注桩桩身轴力沿深度分布

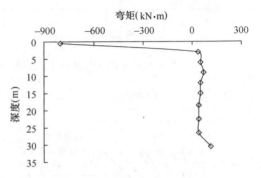

图6-15 灌注桩桩身弯矩沿深度分布

3. 桩侧摩阻力

由于采取先进行桥台桩施工，后进行桥头区填土的施工工艺，因此在桥头区填土碾压期间，在填土荷载作用下桥台桩和桩四周土体产生的竖向变形不一致，即桩土之间发生了相对位移，当桩周土向下的竖向位移大于桥台桩的竖向位移时，在桥台桩周围产生负摩擦力，当桩周土向下的竖向位移小于桥台桩的竖向位移时，桥台桩周围产生正摩擦力（图6-16）。

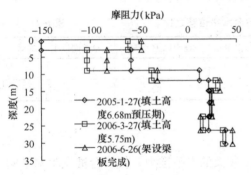

图6-16 灌注桩桩侧摩阻力沿深度分布

五、填土的压实度、含水率和温度

1. 土工格栅对填土压实度的影响

为了研究铺设土工格栅对改善填土压实度的作用，在东一道跨线桥进行了现场测试研究，东、西两侧桥头区10m范围内的压实度的最大值、最小值和平均值统计见表6-12，从此可以看出，尽管在两个桥头都达到了规范要求，但压实度分布不同，填土中铺设土工格栅后，填土压实度平均值比未铺设土工格栅的填土压实度平均值高0.5~0.9，实测压实度的主要分布区间，说明填土中分层铺设土工格栅后，相同的碾压方式下，填土的压实度得到了明显提高。在填土中分层铺设土工格栅后，碾压期间，格栅能够限制土体的侧向位移，填土的侧向变形比较小，土体强度上升快，因此更容易压实。

压实度的最大值、最小值和平均值统计　　　　表6-12

区域	东侧桥头区（未铺土工格栅）			西侧桥头区（铺设土工格栅）		
设计压实度	90区	93区	95区	90区	93区	95区

第二节 宁淮路膨胀土地基桥台现场试验研究

续表

区域		东侧桥头区（未铺土工格栅）			西侧桥头区（铺设土工格栅）		
实测压实度	测点数	20	18	17	15	13	12
	最小值（%）	90.2	93.1	95.6	90.4	93.9	95.6
	最大值（%）	93.1	94.6	97.7	92.9	95.7	98.3
	平均值（%）	91.5	93.9	96.4	92.0	94.8	97.1

2. 填土含水率变化

洪金公路桥头区填土含水率随时间变化见图6-17。由图可知，东侧桥头区填土中的含水率在经历了2005年6月9日到10日的降雨后，在填土表面以下2m处的含水率增加了2.04%，在填土表面以下3m处的含水率则无明显变化。在2005年7到8月的持续降雨的雨季中，在填土表面以下2.7m处填土的含水率又增加了3.35%，填土表面以下3.7m处的含水率还是无明显变化。2005年7月30日至8月7日降雨后，距填土表面3.7m处的填土含水率增加了2.52%，这是因为持续的降雨造成地下水位上升，而且洪金公路东侧正在施工的路堤附近就是水稻田，季节性地下水位在持续降雨后达到地表，由于表面张力作用产生的毛细水位随之升高，达到了距原地面以上1.6m处（即距填土表面以下3.7m处）。

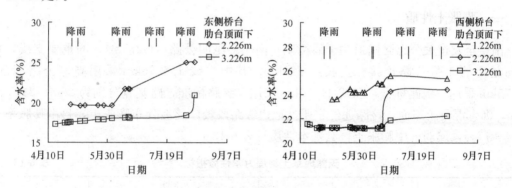

图6-17 洪金公路跨线桥桥台台背填土含水率随时间变化

西侧桥头区填土中的含水率在经历了2005年6月9日到10日的降雨后，在填土表面以下1m处的含水率增加了0.78%，由于表层填土还没来得及碾压就开始降雨了，雨水无法顺畅地排出，部分雨水留在了未碾压好的土层中并入渗到了距填土表面2m和3m处，在填土表面以下2m处的含水率增加了2.87%，3m处的含水率增加了0.42%。在2005年7月到8月的持续降雨的雨季中，在填土表面以下2.1m和3.1m处的含水率无明显变化，这是因为2005年7~8月的降雨强度虽然较大，但是因为含水率计埋设较深，上部填土覆盖层很厚达2.1m和3.1m，雨水没有入渗到该处。但是在2005年7~8月持续降雨后，距填土表面4.1m处的填土含水率增加了0.42%，这是因为持续的降雨造成地下水位上升，由于表面张力的作用产生的毛细水达到了距原地面以上1.6m处（即距填土表面以下4.1m处）。

3. 填土温度变化

洪金公路桥头区填土温度随时间变化见图6-18。从3月底到7月底气温逐渐升高，从图中可以看出，桥头区填土的温度从3月底到7月底也在逐渐升高，填土温度增加了2.6～5.3℃。桥头区填土的温度随着距离填土表面越深，温度越低，温度变化越平缓；土中温度变化比大气温度变化要小得多。

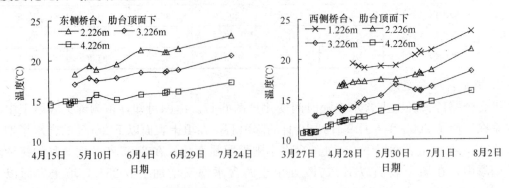

图6-18 洪金公路跨线桥桥台台背填土温度随时间变化

第三节 南友路膨胀土路堤改良和处治试验研究

一、膨胀土性质

南宁至友谊关公路是国道主干线衡阳—南宁—昆明公路（G275线）的重要支线，直接与越南的1号公路连接。全长约220km，其中主线136.46km采用高速公路标准，40.75km采用一级路标准，联线41.50km采用二级路标准，路基宽分别为26m、24.5m、12m，沥青混凝土路面。该路途经宁明盆地边缘路段较广泛地分布膨胀土，自由膨胀率为40%～77%，属弱～中膨胀土，其基本性质见表6-13。

天然地基土物理力学性质指标　　表6-13

土名	含水率（%）	密度（g/cm³）	孔隙比	饱和度（%）	液限（%）	塑限（%）	自由膨胀率（%）	快剪 凝聚力（kPa）	快剪 摩擦角（°）	压缩系数（MPa⁻¹）	压缩模量（MPa）	容许承载力（kPa）
黏土	25.6	1.84	0.856	81.5	48.4	26.5		14	30	0.72	2.58	180
粉质黏土	34.8	1.82	1.012	93.1	48.6	31.4	41	10	25	0.39	5.2	210

二、膨胀土路堤改良试验研究

1. 改良方案

南友路宁明互通立交（K134+200～K135+700.96）范围内多属于弱～中膨胀土，根据以往工程实践，要使路基压实度达到规范规定的重型击实标准，土的含水率应在最优含水率时才能实现，要达到这个目的，如果光靠工地上排水疏干、翻松晾晒，一是工序烦，投入大，效果也不理想；二是受天气制约，工期无法保证。根据现场勘探、地质调查及室内掺灰配比试验，在 C10 标段选取 EK0+150～EK0+210、DK0+300～DK0+360、AK0+265～AK0+325 分别进行石灰改良（石灰剂量为 6%）、水泥改良（水泥剂量为 5%）和石灰、水泥混合改良（石灰、水泥剂量各为 3%）膨胀土路堤改良试验，试验段断面见图 6-19。

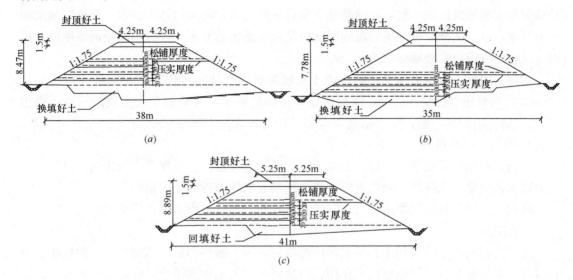

图 6-19　膨胀土路堤改良试验段断面示意图
(a) 石灰改良；(b) 水泥改良；(c) 石灰、水泥混合改良

2. 填料及添加剂选取

填筑土料取自附近挖方段处的膨胀土，改良前后的性质指标见表 6-14，改良土满足公路规范的要求。

填料土改良前后的性质指标　　　　表 6-14

取土点	添加剂	素土			改良土			
		天然含水率（%）	液限（%）	塑限（%）	最大干密度（g/cm³）	最优含水率（%）	膨胀率（%）	CBR（%）
AK0+680	石灰	32.3	59.0	28.5	1.64	19.0	2.33	62.7
K135+280	水泥	30.8	58.0	29.5	1.60	16.3	2.20	61.9
K135+300	石灰、水泥	24.8	54.6	25.2	1.67	17.3	2.32	59.2

采用Ⅲ级钙质生石灰，有效钙镁含量为 71.2% 满足规范规定Ⅲ石灰不小于 70% 的要求。生石灰粉一定要磨细（有条件的可以经过筛处理），最大粒径不得超过 0.5mm，否则会因粒径过大在土中不能充分消解，路基碾压成型后生灰块遇水会爆裂崩解，引起局部胀松鼓包，形成蘑菇状，造成路基松散，降低路基密实度和强度。另外生石灰粉细度越大，其比表面积也越大，在相同剂量下与土粒的作用愈充分，因而效果愈好，经济性愈佳。水泥强度等级为 32.5，各项指标的质量检测结果见表 6-15，达到现场试验的要求。

水泥的各项指标　　　　表 6-15

项目	抗折强度（MPa）		抗压强度（MPa）		初凝时间（h：min）	终凝时间（h：min）	烧失量（%）
	3d	28d	3d	28d			
要求值	≥2.5	≥5.5	≥11	≥32.5	≥0：45	≤10：00	≤5.0
试验值	3.7	7.2	18.8	41.4	2：48	3：45	1.70

3. 放样、松铺、粉碎过程

放样。每层土填筑前先进行测量放样,用石灰粉标出实际填筑边坡线,即按路堤设计两边分别加宽 0.5m。

松铺膨胀土填料。宜选用挖掘机配自卸车上土,根据每层土压实厚度及每车土方量,计算每车土的铺筑面积,然后在铺路基上用石灰线打格,将填料卸入格内。严格控制土的松铺厚度,以保证推土机推平后虚铺厚度满足施工路段的要求,经过不同松铺厚度的对比碾压试验可以得出,松铺厚度为 0.3m。

粉碎。用推土机将土推平,同时推土机履带将大土块初步碾碎,要求最大块不大于 20cm,尤其要注意控制好边部,既要保证有足够的填土,又要避免大土块的存在;再用"宝马"路拌机翻打两遍,要求超过 5cm 粒径的土粒含量不超过 5%。

4. 掺灰、拌和过程

摊铺。对粉碎后粗平的土层,根据测得的松铺土层密度、厚度及掺灰比例,计算每层土的添加剂用量,在路基上画出方格,将添加剂人工均匀摊铺于方格内。

拌和。摊铺石灰后立即"宝马"路拌机拌和,而后轻压焖料,使填料均匀。

5. 焖灰过程

为了使石灰与土的拌和达到最大限度的均匀,第一遍拌和后应该要有一定的轻压、闷料时间,为 24h 左右。轻压有两个作用:一是使石灰与土紧密结合,降低土的含水率;二是轻压后防治焖料过程中降雨时雨水过多侵入灰土层。焖料的作用是让石灰在水化热过程中体积发生膨胀,让生石灰粉有个充分消解的过程,防止因体积膨胀影响压实密度。但焖料时间也不宜过长,否则会由于石灰土的二次拌和及碾压而导致其已形成的强度和结构遭到破坏,CBR 值得不到提高,从而也就等于失去了石灰在土中应有的作用。

6. 整平过程

先用平地机将掺灰土层表面由边到中刮平,等压路机静压一遍后再用平地机进行精确整平,以保证碾压的均匀性及压实度的要求。整平时要注意按 4% 留设好路基面双向排水横坡。

7. 碾压

(1) 碾压前的要求

松铺厚度、平整度的控制与检测:松铺厚度不大于 30cm。采用随机抽样方式开挖检测 6 点,要求最大和最小厚度偏差不超过 5cm,如检测结果达不到要求,需再进行平地作业,直至达到要求。

灰剂量的控制与检测:碾压前对已拌和均匀的混合料,应按规定的检验频率 JTJ 057—94 规定的方法检验其灰剂量。灰剂量检测的目的是发现灰剂量离散性太大的部位,进行适当补灰。在试验路段每隔约 20m 设一个检测断面,共三个断面,每个断面三个点进行灰剂量的抽检。若剂量低于设计的最佳含量,应进行补撒处理,重新拌和均匀再经检验合格后方可进行下道工序。

含水率的控制与检测:碾压前现场同时要进行含水率的检测。根据以往工程实践,要使路基压实度达到规范规定的重型击实标准,每次碾压时含水率应严格控制在最优含水率的 ±2% 范围内。

第三节 南友路膨胀土路堤改良和处治试验研究

(2) 碾压机具

重型振动压路机：现场选用自重为200kN以上、激振力为400kN以上的压路机。工作速度控制在3~5km/h。

双轮冲击压路机：整机质量一般不小于15.5t，静态势能不低于20kJ，压实宽度不小于2×1000mm。工作速度为10~15km/h。

(3) 碾压方式

采用重型振动压路机进行碾压时，第一遍采用静压，然后采用振动碾压。碾压时严格遵循由两边向中间、先轻后重、先慢后快的原则，保证轮迹重叠不小于1/3轮宽，派专人查看、登记，确保碾压遍数与质量。直线段由两侧路肩向路中心碾压，平曲线段由内侧路肩向外侧路肩进行碾压。

采用双轮冲击式压路机进行碾压前，应检查系统管路及接头部分应无裂缝、松动和泄露现象，工作面应平整，先用重型振动压路机碾压密实，方可进行冲击压实施工。碾压时应匀速碾压，在一个碾压行程中不得变速，变速时必须停机。碾压过程中应保持正确的行驶方向，并保证不产生漏压现象，应调整转弯半径，以消除波峰及波谷。行驶2次为一压实遍，每遍的第二次行驶，其单轮从第一次行驶的两轮内边距中央通过。第二遍压实时，应向内移动0.20m，将第一遍碾压的间隙全部补充碾压。第三遍压实时，回到第一遍的位置冲击碾压，依次进行，直到最终碾压符合要求。冲击压路机按顺时针与逆时针方向，每五遍进行交替作业。冲击压实碾压遍数为20遍以上，使有效压实深度范围内的路基均匀密实。

若有的路段较长，可设施工缝。两工作段的部分应采用对接形式进行搭接，即前一段拌和后留5~8m不进行碾压，在后一段施工时将前一段留下未压部分一起进行拌和，再一起进行碾压。

(4) 碾压遍数

针对试验段振动压路机的碾压遍数，在石灰改良段第五层填土上进行1组相同含水率时的压实工艺与参数试验，按6m条带为一试验区，共进行4种碾压方式的试验。在压实完成后采用灌砂法对每一段试验区进行压实效果检测，每试验区测点不少于8个。从图6-20中碾压遍数与压实度关系曲线可以看出随着碾压遍数的增加，压实系数在有规律的增加，增加速率越趋减小。所以在最优含水率范围内碾压遍数控制在5遍以上。

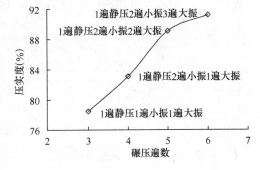

图6-20 碾压方式与压实度关系曲线

(5) 碾压平整度指标

碾压时随即用3m直尺进行量测，要控制在2cm以内。在已压成的稳定土层上，施工机械和车辆不宜"调头"，以免破坏稳定土层表面。

8. 人工修坡、护坡

在每两层土填筑后应按设计坡比1∶1.75对填筑好的边坡放线修整。路堤施工完成后，及时将路堤边坡按设计修整，并按原路堤设计方案立即进行护坡，切实做好排水设施，防止雨水直接侵蚀和沟底渗漏。

9. 质量检测

碾压完成后应进行压实度和地基承载力检测。现场采用两种方法进行压实度的检测：

(1) 灌砂法：检测频率按公路路基施工技术规范要求，每层土按路基面每 1000m² 检测点不少于 8 个。

(2) 普氏贯入仪法：普氏贯入仪又称填土密实度检测仪，用于检测填土的压密实度和均匀性。它的优点有：节省时间，避免了灌沙试验过程中工地停工等待试验结果；减小劳动强度，可节省大量人力、物力；再者贯入仪可在施工现场随时随地进行抽检，能及时发现软弱处。每层土检测频率按每 2000m² 不少于 6 个测点。

贯入仪使用前应先做与环刀的平行对比试验。在碾压好的路面上去掉表层 10cm 和底层 10cm，检测中间 10cm。在检测 10cm 的位置取 3～5 个环刀，当检验其干密度达到合格要求时，记下干密度和含水率，作为环刀标准值。同时在环刀取土点以 30cm 为直径画圆，在圆周上取 7～8 点做普氏贯入试验，深度一致取 10cm，剔出偏差较大的点，其他几点取平均值，该值即作为与环刀对应的标准贯入值。当标准贯入阻力值确定后，即可用普氏贯入仪替代环刀法，进入施工现场大面积全方位地检验填土质量。当检验结果大于标准贯入阻力值时，即认为碾压合格，否则需继续碾压。

三、膨胀土路堤处治试验研究

1. 处治方案

试验路段位于宁明互通 (K134+200～K135+700.96) 的 A 匝道线上。包盖处治。选取 AK1+770～AK1+825 段路堤采用膨胀土填芯、好土包边的处治形式，该路段长 55m，平均设计填高 6m。路基施工前先做好截水沟、排水沟及防渗设施，原地面耕植土清除后，换填 1 米左右厚度的好土。两边包边好土宽 3.5m，边坡采用 1:1.75 一坡到底的形式。路基顶面以下 1.5m (下路堤 90 区以上) 采用好土填筑。断面示意图见图 6-21。

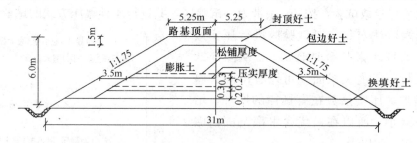

图 6-21 包盖处治试验路断面示意图

边坡加筋处治。选取 AK3+560～AK3+610 段路堤采用边坡加筋的处治形式，该路段长 50m，平均设计填高 10m。路基施工前先做好截水沟、排水沟及防渗设施，原地面耕植土清除后，换填 1m 左右厚度好土。格栅间距为 0.5m (约两层土厚)，包边宽 3m，土工格栅在边坡处需反包 1.5m，并用 φ6 钢筋制成的 U 形钉锚固，以提高其整体性和框箍作用。边坡采用 1:1.75 一坡到底的形式。路基顶面以下 1.5m (下路堤 90 区以上) 采用好土填筑。断面示意图见图 6-22。

第三节 南友路膨胀土路堤改良和处治试验研究

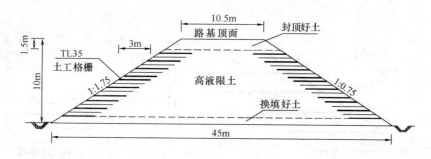

图 6-22 边坡加筋处治试验路断面示意图

2. 填料及筋材选取

填芯膨胀土取土点为 AK0+650 挖方段处，分类代号 CH；包边好土取土点为 K131+880 利用方处黏土，分类代号 CLS；加筋处治膨胀土取土点为 AK3+600 借土场，分类代号 CHS。三种土的各项性质指标见表 6-16。

填料的性质指标　　表 6-16

取土点	填筑位置	天然含水率(%)	液限(%)	塑限(%)	最大干密度(g/cm³)	最优含水率(%)	膨胀率(%)	CBR(%)
AK0+650	填芯土料	25.9	56.0	29.4	1.59	16.6	7.6	4.1
K131+880	包边土料	18.6	37.3	22.1	1.90	14.0	3.0	14.6
AK3+600	加筋土料	27.8	54.2	37.1	1.76	17.6	2.7	17.3

加筋材料采用 TL35 型单向土工格栅，其主要技术指标为：幅宽 1.3m，极限抗拉强度为 35KN/m，极限延伸率为 10%。

3. 放样、松铺、摊铺格栅过程

包盖处治的放样和松铺填料与改良方法的差不多，现主要介绍边坡加筋处治的情况。

(1) 放样：每层土填筑前先应进行测量放样，在要摊铺土工格栅的土层上用石灰粉标出边坡线和土工格栅包边线，格栅包边线为距边坡线 3m 处。

(2) 人工修坡：每 2 层土填压好后按边坡线人工将 1∶1.75 的坡比修好。

(3) 摊铺格栅：将前次摊铺土工格栅时预留的 1.5m 格栅段沿修好的边坡反包上并张紧，将 4.5m 长的土工格栅自包边线处往路堤边缘展开，见摊铺示意图 6-23。

(4) 格栅连接与搭接：将下层格栅的端部与这层格栅的适当位置用连接棒连接，要求这层格栅在张紧后其尾部在包边线处。为了保证格栅沿路中线方向的整体性，两幅格栅间需搭接，搭接宽度为 10cm。

(5) 张拉及固定：用一带排钩的工具拉住上层格栅端部，沿垂直路中线方向人工拉紧格栅使之产生 1%～2% 的伸长率，立即用 $\phi 6$ 钢筋制成的两根 U 形钉将格栅尾部在搭接处固定在包边线附近的土层上。为防止格栅因倒土产生变形或褶皱，需在搭接处沿垂直路中线方向的中部加钉两根 U 形钉。

(6) 土工格栅摊铺后要及时填筑土料，以避免阳光直接曝晒，一般情况下间隔时间不应超过 24h。

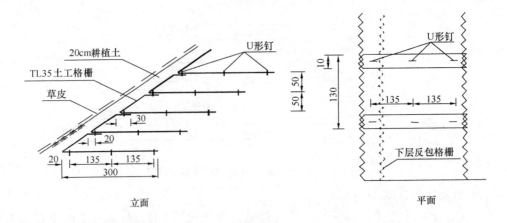

图 6-23 土工格栅摊铺示意图

（7）松铺土料：填料的摊铺与填筑可从路基中线位置开始对称地向两侧填土，机械设备不得直接在土工格栅上行走。格栅上第一层土时，土先倒在格栅旁边，待路拌机粉碎后再由轻型推土机或前置式装载机均匀推至格栅上，一切车辆、施工机械只允许沿路堤轴线方向行驶，粉碎、整平、碾压、检测与改良方法的差不多，就不赘述。

四、膨胀土路堤稳定安全监测

1. 监测仪器布置和方法

选取宁明互通 E 匝道线 EK0+150～Ek0+210 石灰改良路段中 EK0+170 作为监测断面。在清淤回填结束后，在改良处治前按要求选取断面 EK0+170 埋设各类测试仪器，测试仪器种类有：地表沉降标、土层分层沉降观测管、土层侧向位移观测管等。图 6-24 为测试仪器埋设位置示意图。

（1）地表沉降标

在清淤回填土后的路堤中间埋设一根地表沉降标。填土期每天观测一次，及时分析路堤随荷载变化的垂直变形情况，根据沉降速率可控制施工进度。为保护好沉降标不受机械损坏，可在沉降标两侧立标志杆，在沉降标周围 1m 范围内采用人工填筑夯实或用平板振动器振动碾压。

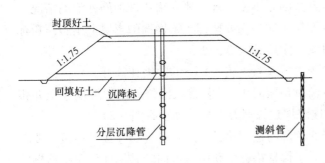

图 6-24 EK0+170 原位观测断面仪器布置示意图

（2）分层沉降观测管

在试验段路堤中间埋设一根分层沉降管，埋设深度在填筑层下 20m，根据土层的变化，在沉降管的不同深度埋设沉降环。采用电磁式沉降仪进行测量，精度为 1mm。不同深度处沉降环的高程变化可以用来推出不同深度土体的相对压缩量。

填筑期分层沉降管应随着荷载的增加不断向上延接，管周围采用人工填筑夯实或用平板振动器振动碾压。

(3) 深层侧向位移观测管（测斜管）

在试验断面坡脚外侧埋设一根深层侧向位移管，埋设深度在原地表下 18m。在预定位置用钻机钻孔，采用高压聚乙烯内十字槽型管依次用自攻螺栓连接放入孔中，用中粗砂缓缓将管壁周围回填密实，用活动式测斜仪进行测量。在施工过程中测出的地基在荷载作用下的侧向位移大小和速率，可用来控制填土速率，从而有效地控制路堤的稳定。

2. 监测结果分析

(1) 地表沉降

加荷时采取分层填筑，每层控制在 30cm 左右。截至 2004 年 9 月底已填筑荷载 6m。由于每级荷载不大，且加荷历时较长，平均每天沉降速率在 1mm/d 以内，累计沉降量在 14cm 左右。各断面加荷与沉降过程线见图 6-25，由此可知，当每级荷载加上后，土体的垂直位移变化较小，且收敛很快，说明各级荷载在分层施加时，试验段的地基土体处于稳定状态，加荷速率基本合理。

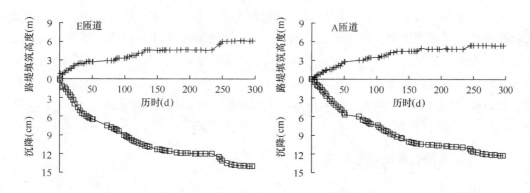

图 6-25　地表沉降及加荷过程线

(2) 分层沉降

图 6-26 是埋设在石灰改良路堤中间的分层管测得的土体分层沉降过程线，从此可以看出：①地基土压缩层深度在 11m 左右，地基沉降量绝大部分是由地表下 8m 以内的土层压缩所致，深度在 8m 以下的土层压缩量占总沉降量的比重很小，因此地基土压缩层厚度可定为 11m。②当荷载较小时，地表沉降量仅由较浅的上部土层压缩所致；随着荷载的增加，土体压缩层范围逐渐向下扩展，由此可见，在荷载分布一致的情况下，地基土压缩层的影响深度是随荷载大小而变化的。

(3) 深层土侧向位移

图 6-27 是埋设于改良路堤坡脚外侧的测斜管测得的深层土随荷载增加而发生的水平位移过程线。从水平位移过程线可知：①影响深度：地基深层土的水平向位移仅发生在原地表下 8m 以内，8m 以下土体无水平位移现象。②最大位移值：当 E 匝道试验路段施工期间荷载填筑至 4.6m 时，深层土体水平位移最大值为 27mm，发生在地表下 3～4m 处。③当每级荷载加上后，土体的水平位移收敛很快，说明各级荷载分层施加时试验段的地基土体处于稳定状态。

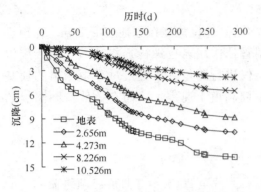

图 6-26　EK0+170 断面路堤中心分层沉降曲线　　　图 6-27　坡脚地基土体侧向位移曲线

第四节　南友路膨胀土地基构造物现场试验研究

结合南宁至友谊关公路的实际情况，对膨胀土路段桥台、灌注桩、涵洞、挡土墙等构造物的地基与基础的应力变形进行原位监测，从而掌握膨胀土中构造物地基与基础的变形和接触应力的变化规律。现场试验位于 C10 段宁明互通立交 K134+805.097 附近，试验段具体选择的构造物如下：（1）直立式桥台（K134+805.097 宁明互通立交跨线桥）；（2）桥台灌注桩（AK3+499 高岭大桥）；（3）涵洞（AK1+748 圆管涵）；（4）挡土结构（K134+272 盖板涵翼墙）。

一、直立式桥台现场试验研究

1. 设计和施工

现场试验位于 C10 段宁明互通立交跨线桥直立式桥台（K134+805.097）。桥位区覆盖层主要为第四系黏土、粉质黏土，基岩为粉砂质泥岩，粉质黏土 Q^{el} 为 V 级膨胀土地基，胀缩性为中等的，要遵照《广西膨胀土地区工业与民用建筑勘察、设计、施工和维护条例》进行设计与施工。桥梁起讫桩号为 K134+786.077～134+825.123，全长 39.046m，设计采用单喇叭 A 型，采用主线上跨形式，主线与 A 匝道的交叉角度 62°43′53″。上部为 1 孔 20m 先张法预应力混凝土简支空心梁，1 号桥台与梁衔接处设异型钢梁伸缩缝，0 号桥台与梁衔接处桥面连续，桥面宽为 27.25m，与路基相同，共架设空心梁 18 片。桥梁的下部构造采用重力式 U 形桥台，明挖扩大基础，基础置于硬塑状粉质黏土层中，容许承载力为 210kPa，因该土层属于弱膨胀土，U 形桥台基底 0.5m 范围应采取掺灰处理，并强夯坚实。

施工顺序：先进行施工准备，然后开挖两座桥台的基坑、安装基础模板、浇筑基础混凝土，接着测量放样，安装台身模板、浇筑台身混凝土，安装台帽模板、台帽钢筋、浇筑台帽混凝土，安装前墙及侧墙模板、浇筑前墙及侧墙混凝土，最后进行空心梁吊装、铰缝及桥面混凝土的施工。

2. 监测仪器布置

在两侧 U 形桥台的基础上布置沉降观测点，用于观测桥台的垂直变形情况，在 0 号

U形桥台基础底部的轴向中心位置及对应两侧分别埋设土压力观测点，在两侧U形桥台的台身上布置变形观测点，监测仪器埋设位置如图6-28所示。

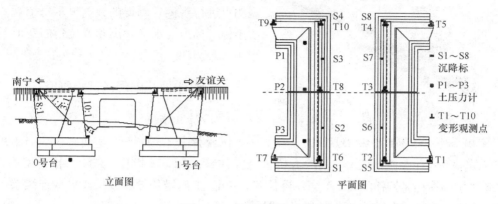

图6-28 监测仪器布置图

3. 监测结果分析

图6-29为两侧桥台基础沉降过程线，图6-30为沉降变化展开曲线，从此可以看出，0号桥台的最大沉降量为30mm，所有沉降观测点的最大差异沉降量≤3mm，1号桥台的最大沉降量为31mm，最大差异沉降量≤5mm，表明桥台基础沉降均匀、结构稳定。

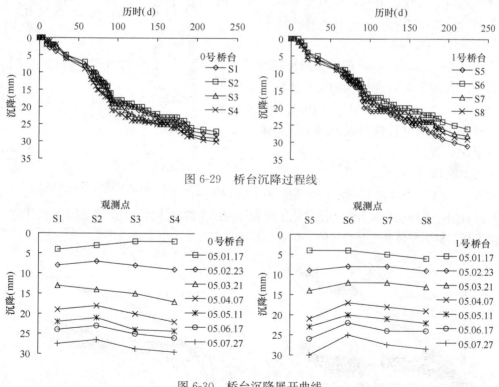

图6-29 桥台沉降过程线

图6-30 桥台沉降展开曲线

图6-31为0号U形桥台基础底部的土压力过程线，从此可以看出，0号桥台基底测得的土压力值随时间与桥台施工工序的每一步进程呈规律性的线性关系，随时间变化的有规律的过程线说明了桥台基础结构目前是处于稳定状态，桥台的设计和采用的处理方法在

第六章 公路膨胀土地基与基础现场试验研究

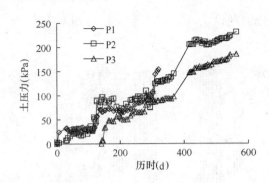

图 6-31　0 号桥台土压力过程线

现场取得了良好的效果。

经过对设置在两侧桥台台身上的 10 个变形观测点进行观测，测得的数据显示每个观测点的坐标、标高、水平距离和方位角的变形量均很小，观测期间桥台始终处于稳定状态。

二、灌注桩基础现场试验研究

1. 设计和施工

试验路段位于宁明互通（K134＋200～K135＋700.96）的 A 匝道线上，高岭大桥桥台灌注桩（AK3＋499）。高岭大桥桥型为 5～16m 预应力混凝土简支空心梁，正交，桥长 85.04m。上构墩顶处设湿接头做成连续梁，下构采用埋置式桥台，挖孔灌注桩基础，柱式桥墩，扩大基础，地基承载力要不小于 300KPa。用于本次试验的 6 号桩 $D=1.5m$，桩长 18.7m，按摩擦桩设计。

6 号灌注桩的施工顺序安排如下：先进行场地平整、测量放样，然后进行护筒埋设，冲孔机就位、冲锤复合、冲孔、清孔，接着安放钢筋笼、清孔，最后浇注混凝土，完毕后对场地进行清理。

2. 监测仪器布置

在深度 5m、12m、17m 的桩身及桩端埋设 7 个土压力计，在施工期间进行桩端反力和桩侧土压力的测试，在深度 5m、12m、17m 的桩身布置 9 个钢筋计，在施工期间进行桩身应力测试，具体布置位置见示意图 6-32。

3. 监测结果分析

图 6-33 为土压力过程线，图 6-34 为桩身应力过程线，可以看出，土压力和桩身应力随着施工进程呈现规律性的线性变化，目前 6 号灌注桩的应力情况良好，桩的整体状态是稳定的。

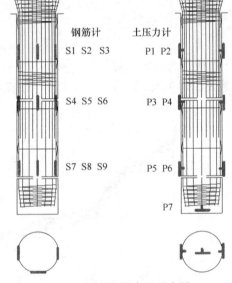

图 6-32　原观仪器布置示意图

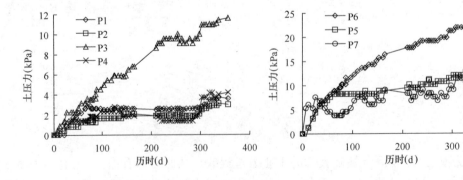

图 6-33　灌注桩土压力过程线

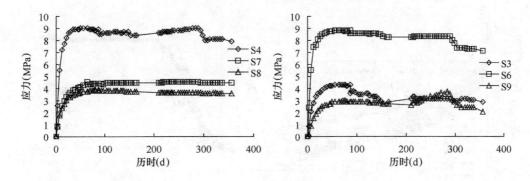

图 6-34　高岭大桥 6 号灌注桩钢筋应力过程线

三、圆管涵现场试验研究

1. 设计和施工

试验路段位于宁明互通（K134+200～K135+700.96）的 A 匝道线上（AK1+748），圆管涵长 22m，直径 1.25m，采用先填土至涵管顶面标高再开挖基坑的方法，涵台基础基坑开挖采用明挖，涵底铺砌浇注 15 号片石混凝土连成整体，管涵管节采用预制安装方法施工，涵顶铺装、防撞护栏、明涵搭板和片石混凝土涵台采用现浇法施工。

圆管涵具体施工程序安排如下：首先测量放样，然后挖掘机挖基坑、人工修整、碎石回填，接着安装管座钢模、浇筑管模，再进行测量放样，安装涵管、浇注护管混凝土，最后进行涵背回填、洞口砌筑以及涵顶回填等工序。因为属弱膨胀土，具胀缩性，基坑开挖后应用人工进行修整并尽快进行基础施工，避免因曝晒或雨淋影响地基承载力。

2. 监测仪器布置

在圆管涵底部沿轴线方向依次布置 5 个沉降观测点，观测在施工期间圆管涵的变形情况，在圆管涵基础底部中心及两侧的垫层下埋设土压力盒，观测填土期间圆管涵底部的土压力，具体布置位置见图 6-35。

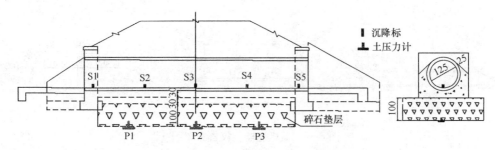

图 6-35　圆管涵监测仪器布置图

3. 监测结果分析

填土期涵管沉降过程线见图 6-36，可以看出，在近一年半的时间里圆管涵的最大沉降量仅为 26mm，这组沉降观测点的最大差异沉降量≤8mm，且每个观测点的沉降量与荷载均呈良好的线性关系，AK1+748 圆管涵在此期间是处于稳定状态的。图 6-37 为圆管涵基础底部的土压力过程线，可以看出，土压力的变化随着施工进程呈规律性的线性变化，基础始终是处于稳定状态，圆管涵的整体性设计取得了良好的效果。

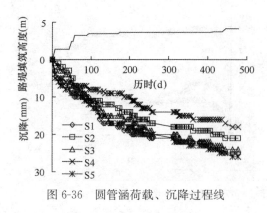

图 6-36　圆管涵荷载、沉降过程线

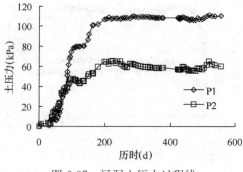

图 6-37　涵洞土压力过程线

四、盖板涵现场试验研究

1. 设计和施工

盖板涵位于 K134＋272 位置，与路基中线成正交，属盖板涵，暗涵，填土高度为 7.12m，涵长 49.0m，涵高 4.0m，盖板的厚度为 45～50cm，洞口为八字墙形式。盖板涵采用先填土至盖板顶面标高再开挖基坑的方法，涵台基础基坑开挖采用明挖，涵底铺砌浇注 15 号片石混凝土连成整体，台墙、台帽及盖板等采取现浇混凝土施工的形式。

采用先填土至盖板顶面标高再开挖基坑的方法，保证土石方施工的连续性。具体施工程序安排如下：首先进行测量放样，然后挖掘机挖基坑、人工修整，安装基础模板、浇筑基础，接着测量放样，安装台墙钢模，浇筑台墙混凝土，浇注台帽混凝土，搭设盖板支架及安装模板、安装盖板钢筋，浇注盖板混凝土，最后进行台背回填、洞口砌筑和涵顶铺设等工序。

2. 监测仪器布置

在盖板涵基础沿中轴线依次埋设 12 个沉降观测点，观测在填土期间盖板涵的垂直变形情况，在盖板涵翼墙背后上、中、下三个位置各埋设一只界面土压力盒，盒的受力面与构造物表面持平，在填筑施工过程中观测翼墙背后土压力的变化，具体布置位置见图 6-38。

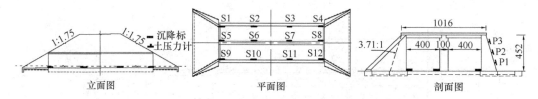

图 6-38　盖板涵监测仪器布置图

3. 监测结果分析

图 6-39 为施工期盖板涵基础沉降过程线，从此可以看出，盖板涵基础各点的沉降量均随时间均呈现规律性的线性变化，在一年多的时间里盖板涵的最大沉降量为 65mm，基础沿路基轴线方向的最大差异沉降量在 ≤7mm 以内，垂直轴线方向的最大差异沉降量在 ≤38mm 以内，说明基础是均匀沉降。在填筑施工过程中墙背土压力过程线见图 6-40，图中过程线显示，土压力值随着时间和施工进程呈规律性的线性关系，盖板涵的整体性设计取得了良好的效果。

第五节　呼集路膨胀土边坡治理现场试验研究

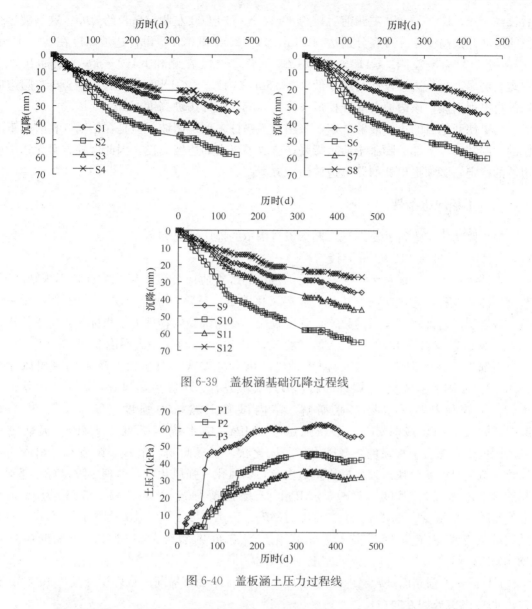

图 6-39　盖板涵基础沉降过程线

图 6-40　盖板涵土压力过程线

第五节　呼集路膨胀土边坡治理现场试验研究

一、引言

呼和浩特—集宁高速公路全长约 140km，是丹东—拉萨高速的一部分，由于该公路地处山区，在公路建设中很多路段需要进行开挖，一次边坡治理和防护是工程的重要组成部分。在最初设计方案中，设计根据当地自然边坡的现状和经验，将路堑边坡坡比设计为 1∶0.5～1∶0.75，在施工过程中，按此坡比开完的边坡基本上都出现坍塌滑落，较大的路段为 K430+900～K431+300 和 K453+200～K453+800 两段深挖方路基在施工中先后于 2002 年 8 月～11 月间出现部分路段边坡坍塌滑落，具体情况如下：K430+950 左侧前后长约70m，K431+200左侧前后长约80m，K453+500左侧前后长约30m；这些破坏路段的边坡开挖高度在9月底分别达到15m、11~25m和32m，设计边坡高度在28~43m。此外，K412+300左侧、K413+200左侧、K452+440左侧和K452+600左侧也出现开挖边坡坍塌，只是边坡设计高度较低（在15m之内）。K431+180~K431+380右侧边坡局部也出现坍塌，该边坡目前开挖最大深度30m，设计边坡高度41m。

为了使开挖后的边坡能够稳定，采用设置锚杆来稳定边坡，但是在钻锚杆孔时由于采用的是湿钻法，下部的膨胀土遇水膨胀，造成了更大的边坡失稳，因此这种方案无法维持边坡的稳定，必须提出新的路堑边坡治理方案。

二、工程地质条件

对深路堑工点进行补充勘探，勘探资料揭示的地层情况如下：

1. K430+850~K431+400路段

上部为侵入岩，褐黄色，含有钙质结核，局部铁质成分聚集形成褐红色不规则图形，节理裂隙较发育，为块状或大块状，表层风化严重，呈碎块状；表层1~2m为风化破碎带。该岩层成岩性较好，质地致密，强度较大，室内试验的物理力学指标为：饱水抗压强度57.3MPa，吸水率4.492%，天然密度23.74kN/m^3。该层最大厚度30m。

下部为三叠系泥岩、页岩、泥质砂岩。页岩呈黑灰、白灰色，微风化~弱风化状（K431+000附近强风化），层理倾斜，节理裂隙发育，出露后易风化，龟裂成网状形黏土岩，呈碎块状，遇水易膨胀崩解。室内试验天然抗剪强度（35°、45°、55°）为2.6MPa、2.5MPa、2.4MPa，干压强度4.3MPa，饱水抗压强度3.4MPa，天然密度17.5kN/m^3。泥岩呈灰绿色，微风化~弱风化状，层理倾斜，节理裂隙发育，出露后易风化、龟裂呈网状碎块。泥质砂岩呈黄白色，弱风化~强风化状，节理裂隙发育，遇水膨胀崩解；饱水抗压强度0.2~0.4MPa，天然抗剪强度（35°、45°、55°）为0.05~0.26MPa、0.08~1.23MPa、0.09~0.21MPa，天然密度15.4~16.6kN/m^3。K431+110处细砂岩呈黄白色，钙质胶结，未风化，岩芯可见裂隙，斜层理；饱水抗压强度18.6MPa，吸水率9.75%，天然密度19.61kN/m^3。

K431+220横断面页岩层理倾角为10°59′，K431+290横断面页岩层理倾角10°30′，倾向约北东15°（路线左向右）。

2. K453+200~K453+800路段

第一层为第四系黄土，最大厚度20m，天然密度19.2kN/m^3，液限27.5%，塑限18.3%。黄土层下（局部）有一层中密~密实状砾石土，最大厚度4m，K453+500附近的滑动即沿该砾石土层与下部泥岩界面发生。第二层为三叠系泥岩，灰绿色，微风化~弱风化（局部强风化，紫红色），节理发育，易破碎成碎块状，出露后龟裂呈网状。

第三层为三叠系砂岩，灰绿色，弱风化~强风化，节理发育，易破碎成碎块状，出露后龟裂呈网状；饱水抗压强度0.10MPa，天然抗剪强度（35°、45°、55°）为0.17MPa、0.16MPa、0.10MPa，天然密度16.8kN/m^3。

对于出现问题的工点取代表性土样进行了矿物成分分析，根据《膨胀土地区建筑技术规范》GBJ 112—87对膨胀土的分级，可以判定所取土样均有极强的膨胀性（蒙脱石含量大于25%即为强膨胀土）。

从以上情况说明，该工程的地质条件确实复杂，一个坡面上下的地层岩性多变，边坡土体具有极强的膨胀性；在这样的环境下开挖路堑，坡面不稳定问题极易出现。

三、边坡治理方案

1. 边坡稳定分析

计算断面分别选取 K453+500 和 K431+160 两个断面（左侧坡面）。K453+500 计算结果表明，最小安全系数为 1.18，对应的滑面在黄土与砾石土层内（见图 6-41）。如果将边坡放缓到 1∶1.5，经重新计算后的最小安全系数可以达到 1.42（滑面位置在 $K=1.18$ 对应滑面附近）。

K431+160 断面计算时（见图 6-41），如果第一层按侵入岩考虑（据试验资料），坡面安全系数高达 $k=15\sim20$（按直线破裂面）。但从现场情况看，坍塌部分为全风化土层而非燕山期侵入岩（补充地质纵断面图上所标为砂岩），如果将第一层换成粉质黏土（K431+250 上部坍塌土层），则最小安全系数为 1.65。

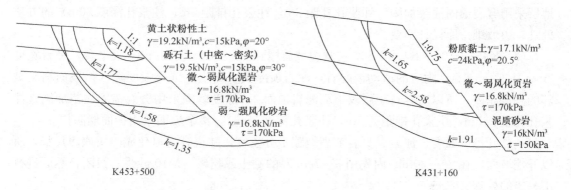

图 6-41 稳定验算示意图

分析结果发现如果将边坡放缓到 1∶1.5 以上，边坡的最小安全系数可以满足规范要求，但是膨胀土深路堑边坡设计是一个很复杂的工程地质问题，路堑边坡放缓虽然有一定的作用，但有时将边坡放缓到 1∶5～1∶8 也不一定完全稳定。这里强度指标的取值很关键，如峰值强度、残余强度、长期强度等，而且富含蒙脱石的膨胀类岩土受含水率变化的影响非常大，不通过一定的试验观测手段很难准确确定。

2. 边坡治理方案

（1）K412+300 左侧、K413+200 左侧、K452+440 左侧和 K452+600 左侧由于边坡高度较低，采用挡土墙、护面墙稳定防护。根据《公路路基设计规范》JTJ 013—95 规定，强膨胀土及中等膨胀土路堑边坡挡墙的单级墙高不宜超过 3m，故对于设计挖深＜10m 的边坡做一级 3m 高挡土墙；对于设计挖深≥10m 的边坡做二级 3m 高挡土墙，墙体采用 10 号浆砌块石砌筑（仰斜式），边坡 1∶0.25。

挡墙以上部分的边坡坡度在 K412+300 左侧和 K413+200 左侧放缓到 1∶2.5，在 K452+440 左侧和 K452+600 左侧放缓到 1∶2.0，然后采用 7.5 号浆砌片石做 40cm 等厚式护面墙防护。护面墙应在路堑边坡修整后立即砌筑，以防止雨水的直接侵蚀。

(2) K430+900~K431+400路段路堑边坡原设计为1:0.75，采用顶宽40cm浆砌片石护面墙防护。由于该段地层上硬（侵入岩）下软（泥岩、页岩），路堑挖深已有30余米，放缓边坡施工有较大难度，且K431+180~K431+380右侧边坡目前未发生坍塌破坏，故建议K431+180~K431+380右侧边坡维持原设计不变，仅对膨胀软岩（泥岩、页岩）地层采用劈裂锚固注浆加固，注浆孔孔距2m，注浆孔排距2m，注浆孔深度30m。

K430+900~K431+400路段左侧边坡大部分坍塌破坏，处理方案为：①对于已经发生坍塌的路段，采用挡土墙、护面墙、放缓边坡等综合处理措施。对于设计挖深<10m的边坡做一级3m高挡土墙；对于设计挖深≥10m的边坡做二级3m高挡土墙，墙体采用10号浆砌块石砌筑（仰斜式），边坡1:0.25。挡墙以上部分的边坡坡度放缓到1:2.5，然后采用7.5号浆砌片石做护面墙防护（护面墙防护部分的高度<10m时，做成40cm等厚式护面墙；护面墙防护部分的高度≥10m时，每10m做一级顶宽40cm，底宽140cm的护面墙）。护面墙应在路堑边坡修整后立即砌筑，以防止雨水的直接侵蚀。②未发生坍塌的路段属于地层上硬（侵入岩）下软（泥岩、页岩）段，采用对膨胀软岩（泥岩、页岩）地层采用劈裂锚固注浆加固（注浆孔孔距2m，注浆孔排距2m，注浆孔深度30m）的方法处理，边坡维持原设计不变。

(3) K453+200~K453+800左侧边坡放缓到1:2.0，每6m设一级平台，平台宽度2m。从K453+500附近的滑动情况看，泥岩顶部吸水膨胀，抗剪强度降低是坡面坍塌破坏的直接原因，所以对砾石土层及下面泥岩顶面2m厚度范围采用劈裂锚固注浆加固（注浆孔孔距2.5m，注浆孔排距2.5m，注浆孔深度30m）。整个坡面采用护面墙防护。

从已开挖剖面看，泥岩、页岩节理裂隙十分发育，并很容易风化成碎块或碎片状，所以开挖坡面应在20~30min内先用5~7cm厚的黏土或喷浆（M10砂浆）封闭，然后进行下一步的处理。

所有路段的截水沟在开挖后立即用浆砌片石防护；由于位于强膨胀土地区，截水沟至路堑边坡坡顶均采用浆砌片石防护，浆砌片石厚度可采用25~30cm。对于膨胀土地区的路基，防水、排水设计十分重要。

四、边坡治理方案的效果检验

1. 监测仪器布置

为检验边坡治理方案的效果和施工安全，在K431+020附近左侧选择了三个断面进行现场监测。考虑到该路段右侧地址情况较好，开挖没有出现坍塌，因此监测断面都设置在该路段的左侧，主要观测项目：选择一个断面埋设测斜管，深度为33m，观测路堑边坡水平位移；选择三个埋设土压力计，其中断面一和断面二埋设了5个土压力计，编号分别为P1-1、P1-2、P1-3、P1-4、P1-5和P2-1、P2-2、P2-3、P2-4、P2-5，断面三埋设了2个土压力计，编号分别为P3-1、P3-2，观测挡土墙上的土压力。仪器的具体布置见图6-42。

2. 观测结果分析

水平位移。测斜管于2003年9月中旬埋设完成，一直观测到2005年7月17日。水平位移过程线和水平位移沿深度分布见图6-43和图6-44。从图6-43可以看出，路堑边坡

第五节 呼集路膨胀土边坡治理现场试验研究

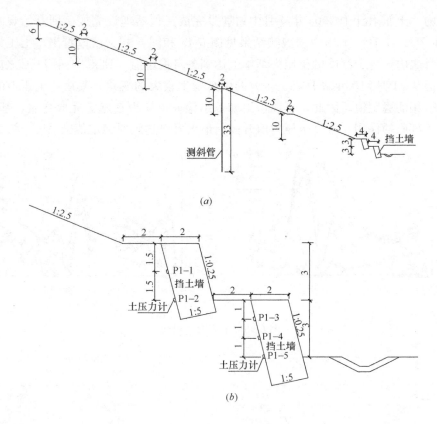

图 6-42 监测仪器布置图
(a) 测斜管；(b) 土压力计

的水平位移主要发生在坡面以下 10m 的范围内，最大值为 17mm，10m 以下的土体的水平位移在 5mm 以内；从图 6-44 可以看出水平位移是时间的变化规律，除地表 1m 处的测点外，水平位移在 2003 年冬季基本发展到稳定最大值，其后，随季节的变化，其变化范围很小，基本维持在 8mm 左右；地表 1m 处测点的水平位移随着季节的变化而变化，基本上在冬季变大，最大值达到 15mm，随着天气变暖，其值变小，达到一个稳定值 10mm 左右。初步分析认为，施工结束后，路堑边坡的水平位移基本稳定，地表处由于冻胀的原因，水平位移随季节呈有规律的变化。

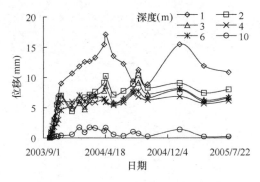

图 6-43 水平位移过程线

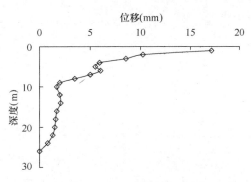

图 6-44 水平位移沿深度分布

土压力。土压力计于 2004 年 4 月中旬埋设完成，仪器埋设完成后即开始观测，一直到 2005 年 7 月 17 日。土压力的观测结果见图 6-45 和图 6-46。可以看出，土压力计埋设完成 2 个月之内，各个深度的土压力基本上达到各自稳定值，到 2004 年 11 月之前基本维持该值，但从 11 月到次年 3 月，土压力的值会发生较大的变化，其后，土压力的值逐渐恢复到前一年的稳定值。因此，可以得出如下结论，土压力在施工完成之后，基本稳定，但是，由于冻胀的作用，会使土压力值升高，最大可以达到原稳定值的 2~3 倍。

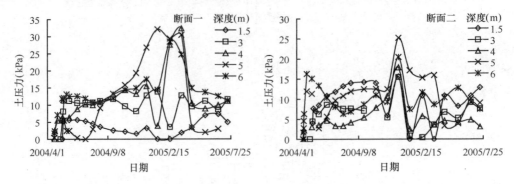

图 6-45 土压力过程线

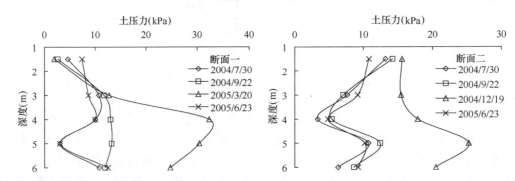

图 6-46 土压力沿深度分布

参 考 文 献

[1] 章为民,王年香. 膨胀土地区公路构造物地基与基础设计和施工技术研究总报告. 南京:南京水利科学研究院,2006

[2] 王年香,章为民. 膨胀土地区公路构造物地基与基础设计和施工技术指南. 南京:南京水利科学研究院,2006

[3] 王年香,章为民. 膨胀土地区公路构造物地基与基础设计和施工技术调研报告. 南京:南京水利科学研究院,2006

[4] 王年香,章为民,顾行文. 膨胀土地区公路构造物地基与基础设计和施工技术研究成果报告之Ⅰ-1—膨胀土公路构造物地基与基础相互作用大型物理模型试验研究. 南京:南京水利科学研究院,2006

[5] 王芳. 膨胀土地区公路构造物地基与基础设计和施工技术研究成果报告之Ⅰ-2—膨胀土强度和变形工程性质研究. 南京:南京水利科学研究院,2006

[6] 徐光明,顾行文. 膨胀土地区公路构造物地基与基础设计和施工技术研究成果报告之Ⅰ-3—膨胀土构造物地基与基础相互作用离心模型试验研究. 南京:南京水利科学研究院,2006

[7] 陈铁林. 膨胀土地区公路构造物地基与基础设计和施工技术研究成果报告之Ⅰ-4—膨胀土地基与基础非饱和计算理论与分析方法研究. 南京:南京水利科学研究院,2006

[8] 苏冬林,袁文明,黄康理. 膨胀土地区公路构造物地基与基础设计和施工技术研究成果报告之Ⅰ-6—广西南友路宁明段膨胀土构造物地基与基础现场试验研究. 南京:南京水利科学研究院,2006

[9] 杨守华,高长胜. 膨胀土地区公路构造物地基与基础设计和施工技术研究成果报告之Ⅰ-7—呼集高速(呼和浩特-集宁)膨胀土边坡治理方法及效果研究. 南京:南京水利科学研究院,2006

[10] 顾行文,章为民,徐光明. 膨胀土地区公路构造物地基与基础设计和施工技术研究成果报告之Ⅰ-8—膨胀土与挡土墙相互作用离心模型试验研究. 南京:南京水利科学研究院,2006

[11] 顾行文,章为民,王芳. 膨胀土地区公路构造物地基与基础设计和施工技术研究成果报告之Ⅰ-10—滤纸法测量吸力试验研究. 南京:南京水利科学研究院,2006

[12] 杨守华,王保田,高长胜. 膨胀土地区公路构造物地基与基础设计和施工技术研究成果报告之Ⅱ—宁淮高速(南京-淮安)路基施工工艺对结构物的影响研究. 南京:南京水利科学研究院,河海大学,2006

[13] 杨雪莲. 膨胀土地区公路构造物地基与基础设计和施工技术研究成果报告之Ⅲ-1—四川膨胀土地区公路构造物地基与基础设计与施工技术报告. 成都:四川省交通厅公路规划勘察设计研究院,2004

[14] 杨雪莲. 膨胀土地区公路构造物地基与基础设计和施工技术研究成果报告之Ⅲ-2—四川膨胀土地区公路构造物地基与基础设计和施工技术调研报告. 成都:四川省交通厅公路规划勘察设计研究院,2003

[15] 张留俊. 膨胀土地区公路构造物地基与基础设计和施工技术研究成果报告之Ⅳ-1—陕西膨胀土调研报告. 西安:中交第一公路勘察设计研究院,2006

[16] 蓝日彦. 膨胀土地区公路构造物地基与基础设计和施工技术研究成果报告之Ⅴ—广西膨胀土地区公路路基与构造物地基基础设计施工技术研究. 南宁:广西壮族自治区交通规划勘察设计研究院,2006

[17] 李献民,杨果林. 膨胀土地区公路构造物地基与基础设计和施工技术研究调研报告. 长沙:湖南省交通规划勘察设计院,中南大学,长沙金昌健交通科技发展有限公司,2003

[18] 刘义虎，杨果林，李中．膨胀土地区公路路基与构造物地基处治技术研究．长沙：湖南省交通规划勘察设计院，2005

[19] 章为民，杨守华，王年香．高液限土路基稳定技术研究总报告．南京：南京水利科学研究院，广西交通规划勘察设计研究院，广西交通基建管理局，河海大学，2004

[20] 王年香，章为民．高液限土路基稳定技术研究成果报告之一——西部地区典型高液限土路基的设计理论和施工技术指南．南京：南京水利科学研究院，2004

[21] 王年香，章为民．高液限土路基稳定技术研究成果报告之二—西部地区高液限土路基病害成因研究报告．南京：南京水利科学研究院，2004

[22] 王芳，严丽雪，顾春媛．高液限土路基稳定技术研究成果报告之三—高液限土工程特性与改良土试验研究．南京：南京水利科学研究院，2004

[23] 沈珠江．高液限土路基稳定技术研究成果报告之四—非饱和土边坡计算程序UNSATS．南京：南京水利科学研究院，2004

[24] 李国英，陈铁林．高液限土路基稳定技术研究成果报告之五—高液限土本构关系研究．南京：南京水利科学研究院，2004

[25] 李国英，陈铁林．高液限土路基稳定技术研究成果报告之六—高液限土路基稳定性及其强度与变形规律计算分析研究报告．南京：南京水利科学研究院，2004

[26] 李国英，陈铁林．高液限土路基稳定技术研究成果报告之七—高液限土路基及路堑稳定计算分析研究报告．南京：南京水利科学研究院，2004

[27] 徐光明，王年香，王国利，顾行文．高液限土路基稳定技术研究成果报告之八—高液限土公路路基与路堑定离心模型试验研究报告．南京：南京水利科学研究院，2004

[28] 杨守华，王保田，张凌，朱群峰，高长胜．高液限土路基稳定技术研究成果报告之十一—宁淮高速(南京-淮安)高液限土路基现场测试与观测报告．南京：南京水利科学研究院，河海大学，2004

[29] 杨守华，王保田，张凌，朱群峰，高长胜．高液限土路基稳定技术研究成果报告之十一—宁淮高速(南京-淮安)高液限土路基改良施工工艺与质量检测技术研究．南京：南京水利科学研究院，河海大学，2004

[30] 苏冬林，袁文明，黄康理．高液限土路基稳定技术研究成果报告之十二—南友路宁明段高液限土路堤改良试验研究．南京：南京水利科学研究院，2004

[31] 苏冬林，袁文明，黄康理．高液限土路基稳定技术研究成果报告之十三—南友路宁明段高液限土路堤稳定安全监测．南京：南京水利科学研究院，2004

[32] 苏冬林，袁文明，黄康理．高液限土路基稳定技术研究成果报告之十四—南友路宁明段包盖及加筋处治高液限土路堤试验研究．南京：南京水利科学研究院，2004

[33] 梁毅，林文岩，阮志新，等．高液限土路基稳定技术研究成果报告之十五—广西高液限土路基稳定设计方法研究．南宁：广西区交通规划勘察设计研究院，2003

[34] Akoto B K A, Singh G. Behavior of lime-stabilized laterite under repeated loading. Australian Road Research，1986，16(4)：259～267

[35] Al-Omari R R, Oraibi W K. Cyclic Behavior of Reinforced Expansive Clay, Soils and foundations，2000，40(2)：1～8

[36] Al-Rawas A A, Ingeborg Guba, McGown A. Geological and engineering characteristics of expansive soils and rocks in northern Oman. Engineering Geology，1998，50(3-4)：267～281

[37] Au Wing-cheong, Chae Yong S. Dynamic shear modulus of treated expansive soils. Journal of Geotechnical Engineering Division，ASCE，1980，106(3)：255～273

[38] Brown S F. Soil mechanics in pavement engineering. Geotechnique，1996，46(3)：383～426

[39] Estabragh A R, Moghadas M, Javadi A A. Effect of different types of wetting fluids on the behaviour of expansive soil during wetting and drying. Soils and Foundations, 2013, 53(5): 617~627

[40] Garbulewski K, Zakowicz S, Al-Helo I K. Expansion potential of compacted fine-Grained soils using suction measurements. Geotechnical Testing Journal, 1994, 17(4): 505~510

[41] KacZynski R, Grabowska-Olszewska B. Soil mechanics of the potentially expansive clays in Poland. Applied Clay Science, 1997, (11): 337~355

[42] Kassiff G, Komornik A, Wiseman G, et al. Studies and design criteria for structure on expansive clays. Proceedings of the First Region Conference on Expansive Soil, Texas, 1965

[43] Likos W J. Vapor adsorption index for expansive soil classification. Journal of Geotechnical and Geoenvironmental Engineering, 2008, 134(7): 1005~1009

[44] Naagesh S, Gangadhara S. Swelling properties of bio-enzyme treated expansive soil. International Journal of Engineering Studies, 2010, 2(2): 145~159

[45] Nalbantoglu Z, Gucbilmez E. Utilization of an industrial waste in calcareous expansive clay stabilization. Geotechnical Testing Journal, 2002, 25(1): 78~84

[46] Ng C W W, Zhan L T. Comparative study of rainfall infiltration into a bare and a grassed unsaturated expansive soil slope. Soils and Foundations, 2007, 47(2): 207~217

[47] Olivier Buzzi, Stephen Fityus, Scott W S. Use of expanding polyurethane resin to remediate expansive soil foundations. Canadian Geotechnical Journal, 2010, 47(6): 623~634

[48] Prakash K, Sridharan A. Sediment volume tests for expansive soil identification and classification. Journal of Testing and Evaluation, 2010, 38(6): 700~706

[49] Richards B G, Peter P, Emerson W W. The effects of vegetation on the swelling and shrinking of soils in Australia, Geotechnique, 1983, 33(2): 127~139

[50] Sauer E K, Weimer N F. Deformation of lime modified clay after freeze-thaw. Transportation Engineering Journal, 1978, 104(2): 201~212

[51] Wang Min, Kong Lingwei, Zhao Chong, et al. Dynamic characteristics of lime-treated expansive soil under cyclic loading. Journal of Rock Mechanics and Geotechnical Engineering, 2012, 4(4): 352~359

[52] GB/T 50145—2007 土的分类标准. 北京: 中国计划出版社, 2008

[53] GB 50112—2013 膨胀土地区建筑技术规范. 北京: 中国建筑工业出版社, 2012

[54] GBJ 2129—94 膨胀土地区营房建筑技术规范. 1994

[55] 广西膨胀土地区工业与民用建筑勘察设计施工与维护条例(试行). 1985

[56] 云南省膨胀土地区建筑技术规定(试行). 云南省城乡建设委员会, 1989

[57] 白颢, 孔令伟. 固结比对石灰土动力特性的影响试验研究. 岩土力学, 2009, 30(6): 1590~1594

[58] 包承纲. 非饱和土的性状及膨胀土边坡稳定问题. 岩土工程学报, 2004, 26(1): 1~15

[59] 曾召田, 吕海波, 赵艳林, 等. 膨胀土干湿循环过程孔径分布试验研究及其应用. 岩土力学, 2013, 34(2): 322~328

[60] 陈敬虞, Fredlund D G. 非饱和土抗剪强度理论的研究进展. 岩土力学, 2003, 24(增刊): 655~660

[61] 陈虔礼. 膨胀土地区公路路基、构造物、路面病害防止措施简介. 云南交通科技, 1999, 15(2): 11~16

[62] 陈新民, 李生林. 膨胀土判别与分类的灰关联分析法. 岩土力学, 1996, 17(4): 30~34

参 考 文 献

[63] 陈正汉. 非饱和土的工程特性和力学理论及其应用研究. 上海：上海交通大学出版社，2000

[64] 戴张俊，陈善雄，罗红明，等. 南水北调中线膨胀土/岩微观特征及其性质研究. 岩土工程学报，2013，35(5)：948～954

[65] 冯玉勇，张永双，曲永新，等. 南昆铁路百色盆地膨胀土路堤病害机理研究. 岩土工程学报，2001，23(4)：463～467

[66] 弗雷德隆德 DG，拉哈尔佐 H. 非饱和土土力学. 陈仲颐，张在明，陈愈炯，等，译. 北京：中国建筑工业出版社，1997

[67] 龚壁卫，刘艳华，詹良通. 非饱和土力学理论的研究意义及其工程应用. 人民长江，1999，(7)：20～22

[68] 郭维刚，仝桂蓉. 关于膨胀土的分析及预防建筑物受地基胀缩影响变形的措施. 工程设计与应用研究，1998，(4)：13～14，16

[69] 黄卫，钟理，钱振东. 路基膨胀土胀缩等级的模糊评判. 岩土工程学报，1999，21(4)：408～413

[70] 孔令伟. 膨胀土的基本性质与路基工程实践研究现状与展望. 中国岩石力学与工程学会第七次学术大会论文集，合肥：中国科学技术大学出版社，2002，835～837

[71] 雷胜友，惠会清. 膨胀土及其改良土静动力特性对比分析. 岩石力学与工程学报，2004，23(17)：3003～3008

[72] 李茂坤. 膨胀土地基上建筑物的变形. 建筑科学，1998，14(1)：33～37，42

[73] 李上红. 公路工程施工常见地质病害处治技术. 北京：人民交通出版社，2003

[74] 李玉花，冯晓腊，严应征. 灰色聚类法在膨胀土分类中的应用. 岩土力学，2003，24(2)：304～306

[75] 廖世文. 膨胀土与铁路工程. 北京：中国铁道出版社，1984

[76] 刘特洪. 工程建设中的膨胀土问题. 北京：中国建筑工业出版社，1997

[77] 陆忠伟，孙仲均，彭安宁，等. 苏丹某工程膨胀土地基事故调查与分析. 建筑科学，2002，18(4)：36～38，44

[78] 毛成，邱延峻. 膨胀土与改性膨胀土的动力特性试验研究. 岩石力学与工程学报，2005，24(10)：1783～1788

[79] 倪宏革，高明耀，郑益民，等. 潭邵高速公路膨胀土路基病害分析及对策. 西部探矿工程，2004，(8)：170～172

[80] 谭罗荣，张梅英，邵梧敏，等. 风干含水量 w_{65} 用作膨胀土判别分类指标的可行性研究. 工程地质学报，1994，2(1)：15～26

[81] 谭罗荣，张梅英，邵梧敏，等. 灾害性膨胀土的微观结构特征及其工程性质. 岩土工程学报，1994，16(2)：48～57

[82] 王建军.《广西膨胀土地区建筑物技术条例》修订的若干问题研究[硕士学位论文]. 南宁：广西大学，2003

[83] 王年香，章为民. 高液限土路基填料的选用与改良方法. 见：郑健龙，杨和平主编. 膨胀土处治理论、技术与实践. 北京：人民交通出版社，2004，329～333

[84] 王年香. 高液限土路基设计与施工技术. 北京：中国水利水电出版社，2005

[85] 肖荣久. 陕南膨胀土及其地质灾害研究. 西安：陕西科学技术出版社，1995

[86] 徐永福，刘松玉. 非饱和土强度理论及其工程应用. 南京：东南大学出版社，1999

[87] 杨果林. 潭邵高速公路膨胀土处治技术研究[博士后出站论文]. 长沙：湖南大学，2003

[88] 余成光. 昆明膨胀土与建筑物变形破坏初步研究. 中国地质灾害与防治学报，1994，5(增刊)：196～200

[89] 郑柯，魏中华，翁剑成，等．路基膨胀土特性及其对路面破坏的影响分析．北京工业大学学报，2002，28(14)：444～447

[90] 周葆春，白颢，孔令伟．循环荷载下石灰改良膨胀土临界动应力的探讨．岩土力学，2009，30(增刊2)：163～168

[91] Azam S, Abduljauwad S N, Al-Shayea N A, et al. Effects of calcium sulfate on swelling potential of an expansive clay. Geotechnical Testing Journal, 2000, 23(4): 389～403

[92] Bhattacharya P G. Fatigue test set-up for lime soil mixtures. Journal of the Institution of Engineering, Part CI: Civil Engineering Division, 1987, 68(3): 130～135

[93] Gardner W R. A method of measuring the capillary tension of soilmoisture over a wide moisture range. Soil Science, 1937, 43(4): 277～283

[94] Hanafy E A. Relative moisture and moisture deficiency of desiccated expansive cohesive soil deposits. Geotechnical Testing Journal, 1999, 22(4): 334～342

[95] Huang S Y, Barbour S L, Fredlund D G. A history of the coefficient of permeability function. SINO-Canadian Symposium on Unsaturated Expansive Soils, 1994, 69～71

[96] Kassiff G, Shalom A B. Experimental relationship between swell pressure and suction. Geotechnique, 1971, 21(3): 245～255

[97] Liu S H, Bai F Q. Measurement of the shear strength of an expansive soil by combining a filter paper method and direct shear tests. Geotechnical Testing Journal, 2012, 35(3): 451～459

[98] Nowamooz H, Masrouri F. Density-dependent hydromechanical behaviour of a compacted expansive soil. Engineering Geology, 2009, 106(3/4): 105～115

[99] Phani Kumar B R, Radhey S S. Effect of fly ash on engineering properties of expansive soils. Journal of Geotechnical and Geoenvironmental Engineering, 2004, 2004, 130(7): 764～767

[100] Roa S M, Reddy B V V, Muttharam M. The impact of cyclic wetting and drying on the swelling behaviour of stabilized expansive soils. Engineering Geology, 2001, 60(1-4): 223～233

[101] Subba Rao K S, Tripathy S. Effect of aging on swelling and swell-shrink behavior of a compacted expansive soil. Geotechnical Testing Journal, 2003, 26(1): 36～46

[102] Thyagaraj T, Rao S M, Suresh P S, et al. Laboratory studies on stabilization of an expansive soil by lime precipitation technique. Journal of Materials in Civil Engineering, 2012, 24(8): 1067～1075

[103] Thyagaraj T, Rao S M. Influence of osmotic suction on the soil-water characteristic curves of compacted expansive clay. Journal of Geotechnical and Geoenvironmental Engineering, 2010, 136(12): 1695～1702

[104] Tripathy S, Rao K S S, Fredlund D G. Water content-void ratio swell-shrink paths of compacted expansive soils, Canadian Geotechnical Journal, 2002, 39(4): 938～959

[105] Tripathy S, Rao K S S. Cyclic swell-shrink behaviour of a compacted expansive soil. Geotechnical and Geological Engineering, 2009, 27(1): 89～103

[106] Zalihe Nalbantoglu, Erdil Riza Tuncer. Compressibility and hydraulic conductivity of a chemically treated expansiveclay. Canadian Geotechnical Journal, 2001, 38(1): 154～160

[107] JTG E40—2007 公路土工试验规程．北京：人民交通出版社，2008

[108] SL 237—1999 土工试验规程．北京：水利水电出版社，1999

[109] 龚壁卫，包承纲，刘艳华，等．膨胀土边坡的现场吸力量测．土木工程学报，1999，32(2)：9～13

[110] 韩华强，陈生水，郑澄锋．非饱和膨胀土强度及变形特性试验研究．岩土工程学报，2008，30(12)：1872～1876

参考文献

- [111] 韩华强，陈生水．膨胀土的强度和变形特性研究．岩土工程学报，2004，26(3)：422～424
- [112] 蒋刚，王钊，邱金营．原状膨胀土吸力特性的研究．大坝观测与土工测试，2000，24(1)：36～38
- [113] 李凤起，姚建平，赵冬生，等．膨胀土地基原位膨胀力试验研究．沈阳建筑大学学报(自然科学版)，2005，21(1)：29～31
- [114] 刘国楠，吴肖茗．膨胀土吸力特性的研究．第七届全国土力学及基础工程学术会议论文集，西安：1995，263～267
- [115] 刘松玉，季鹏，方磊．击实膨胀土的循环膨胀特性研究．岩土工程学报，1999，21(1)：9～13
- [116] 刘祖德，孔官瑞．平面应变条件下膨胀土卸荷变形试验研究．岩土工程学报，1993，15(2)：68～73
- [117] 刘祖德，王园．膨胀土浸水三向变形研究．武汉水利电力大学学报，1994，27(6)：616～621
- [118] 卢再华，陈正汉，蒲毅彬．膨胀土干湿循环胀缩裂隙演化的CT试验研究．岩土力学，2002，23(4)：417～422
- [119] 马少坤，赵乃峰，周东，等．南宁膨胀土长期压缩特性研究．岩土力学，2013，34(8)：2280～2286
- [120] 缪林昌，刘松玉．南阳膨胀土的水分特征和强度特性研究．水利学报，2002，33(7)：87～92
- [121] 缪林昌，仲晓晨，殷宗泽．非饱和膨胀土变形规律的试验研究．大坝观测与土工测试，1999，23(3)：36～39
- [122] 缪林昌，仲晓晨，殷宗泽．膨胀土的强度与含水量的关系．岩土力学，1999，20(2)：71～75
- [123] 施斌，李生林．击实膨胀土微结构与工程特性的关系．岩土工程学报，1988，10(6)：80～87
- [124] 孙德安，张俊然，吕海波．全吸力范围南阳膨胀土的土-水特征曲线．岩土力学，2013，34(7)：1839～1846
- [125] 谭罗荣，孔令伟．蒙脱石晶体胀缩规律及其基质吸力关系研究．中国科学(D辑)，2001，31(2)：119～126
- [126] 王芳，严丽雪，顾春媛．广西南友路改良膨胀土的试验研究．见：郑健龙，杨和平主编．膨胀土处治理论、技术与实践．北京：人民交通出版社，2004，226～234
- [127] 王芳，严丽雪，顾春媛．广西南友路膨胀土的试验研究．见：郑健龙，杨和平主编．膨胀土处治理论、技术与实践．北京：人民交通出版社，2004，248～252
- [128] 王年香．膨胀土工程特性试验研究综述．见：郑健龙，杨和平主编．膨胀土处治理论、技术与实践．北京：人民交通出版社，2004，270～274
- [129] 王钊，杨金鑫，况娟娟，等．滤纸法在现场基质吸力量测中的应用．岩土工程学报，2003，25(4)：405～48
- [130] 王钊，邹维列，李侠．非饱和土吸力测量及应用．四川大学学报(工程科学版)，2004，(3)：1～6
- [131] 徐捷，王钊，李未显．非饱和土的吸力量测技术．岩石力学与工程学报，2000，19(6)：905～909
- [132] 杨广庆，管振祥．高速铁路路基改良填料的试验研究．岩土工程学报，2001，23(6)：682～685
- [133] 章为民，戴济群，王芳．高液限路基土改良设计方法研究．路基工程，2006，(5)：76～77
- [134] 章为民，王年香，顾行文，等．膨胀土的膨胀模型．水利水运工程学报，2010，(1)：69～72
- [135] 章为民，王年香，杨守华，等．关于高液限土路基改良工程中几个问题的探讨．公路交通科技，2005，22(8)：15～18
- [136] 周葆春，孔令伟，郭爱国．不同水化状态下的压实膨胀土应力-应变-强度特征．岩土力学，2012，33(3)：641～651

[137] 周葆春，张彦钧，冯冬冬，等．荆门非饱和压实膨胀土的吸力特征及其本构方程．岩石力学与工程学报，2013，32(2)：385～392

[138] Abduljauwad S N，Al-Sulaimani G J，Basunbul I A，et al. Laboratory and field studies of response of structures to heave of expansive clay, Geotechnique，1998，48(1)：103～121

[139] Mckeen R G. A model for predicting expansive soils behavior. Proc. 7th Int Conf. on Expansive Soils，1992，169～174

[140] Moza K K，Katti R K，Katti D R. Active pressure studies in saturated expansive soil. Proceedings of the Eighth Asian Regional Conference on Soil Mechanics and Foundation Engineering，Kyoto，Japan，1987：189～192

[141] Pufahl D E，Fredlund D G，Ranardjo H. Lateral earth pressures in expansive clay soils. Canadian Geotechnical Journal，1983，20(2)：228～241

[142] Snethen D R，Hvang G. Evalution of soil suction heave prediction methods. Proc. 7th Int. Conf. on Expansive Soils，1992，213～218

[143] Snethen D R. Characterization of expansive soils using soil suction data. Proc. 4th Int. Conf. on Expansive Soils，Denver，1976，54～57

[144] Wang Nianxiang，Zhang Weimin，Gu Xingwen，et al. Model tests on inundation swelling deformation of expansive soil foundation. Journal of Highway and Transportation Research and Development，2008，3(2)：72～76

[145] Xiao Hong-bin，Zhang Chun-shun，Wang Yong-he，et al. Pile-soil interaction in expansive soil foundation: analytical solution and numerical simulation. International Journal of Geomechanics，2011，11(3)：159～166

[146] 陈孚华著．石油化学工业部化工设计院，等译．膨胀土上的基础．北京：中国建筑工业出版社，1979

[147] 丁振洲，李利晟，郑颖人．膨胀土增湿变形规律及计算公式．工程勘察，2006，(7)：13～16

[148] 蒋忠信，秦小林．侧向膨胀压力的一种近似计算方法．见：蒋忠信，陈国亮编，地质灾害国际交流论文集，1993，137～142

[149] 李献民，王永和，杨果林，等．击实膨胀土工程变形特征的试验研究．岩土力学，2003，24(5)：826～830

[150] 卢肇钧，张惠明，陈建华，等．非饱和土的抗剪强度与膨胀压力．岩土工程学报，1992，14(5)：1～8

[151] 卢肇钧．膨胀力在非饱和土强度理论中的作用．岩土工程学报，1997，19(9)：20～27

[152] 陆忠伟．膨胀土的膨胀势系数和地基胀缩变形量的估算．工程勘察，1984，(3)：35～41

[153] 陆忠伟．膨胀土地基中桩的设计与计算．建筑结构，1992，(2)：35～40

[154] 索洛昌(苏)．膨胀土上建筑物的设计与施工．徐祖森等译．北京：中国建筑工业出版社，1982

[155] 王亮亮，杨果林．中-强膨胀土地区铁路路堑基床动静态特性模型试验．岩土工程学报，2013，35(1)：137～143

[156] 王年香，顾荣伟，章为民，等．膨胀土中单桩性状的模型试验研究．岩土工程学报，2008，30(1)：56～60

[157] 王年香，章为民，顾行文，等．浸水对膨胀土地基承载力影响的研究．工程勘察，2008，(6)：5～8

[158] 王年香，章为民，顾行文，等．膨胀土挡墙侧向膨胀压力研究．水利学报，2008，39(5)：580～587

参 考 文 献

[159] 王年香,章为民,顾行文,等.膨胀土地基浸水膨胀变形模型试验研究.公路交通科技,2008,25(5):51~55

[160] 王年香,章为民.膨胀土地基膨胀变形计算方法研究.工业建筑,2008,38(6):58~61

[161] 吴礼年.合肥地区膨胀土地基承载力的分析探讨.岩土工程技术,2001,(1):31~33

[162] 徐永福,孙连进,吴正根.膨胀土地基承载力的确定.港口工程,1996,(5):13~16

[163] 徐永福.含水量变化引起膨胀土地基沉降的计算方法.河海大学学报,1998,26(4):45~48

[164] 杨永平,周顺华.合-宁客运专线膨胀土不同高度路堤动力特性分析.岩土力学,2008,29(5):1403~1406

[165] 姚海林,程平,吴万平.基于收缩试验的膨胀土地基变形预测方法.岩土力学,2004,25(11):1688~1692

[166] 张颖均.挡墙后裂土膨胀压力分布与设计计算方法.铁道学报,1995,17(1):93~102

[167] 张颖钧.裂土侧向膨胀力国内外研究现状及述评.大坝观测与土工测试,1993,17(6):28~32

[168] 张颖钧.裂土挡墙土压力分布探讨.中国铁道科学,1993,(6):90~99

[169] 张颖钧.裂土挡土墙模型试验缓冲层设置的研究.岩土工程学报,1995,17(1):38~45

[170] 张颖钧.裂土挡土墙土压力分布、实测和对比计算.大坝观测与土工测试,1995,(2):20~26

[171] 朱志铎,刘松玉.非饱和膨胀土的主动土压力分析.公路交通科技,2001,18(5):8~10

[172] 邹越强,李永康,邵孟新.膨胀土侧压力研究.合肥工业大学学报(自然科学版),1993,(9):109~114

[173] Brackley I J A, Sanders P J. In situ measurement of total natural horizontal stresses in an expansive clay. Geotechnique,1992,42(2):443~451

[174] Craig W H, Bujang B K H, Merrifield C M. Simulation of climatic conditions in centrifuge model tests, Geotechnical Testing Journal,1991,14(4):406~412

[175] Kimura T, Takemura J, Suemasa N, et al. Failure of fills due to rain fall. Proceedings of International Conference Centrifuge 1991, Balkema, Rotterdam,1991,509~516

[176] Ling H I, Wu Min-Hao, Leshchinsky D, et al. Centrifuge modeling of slope instability. Journal of Geotechnical and Geoenvironmental Engineering,2009,135(6):758~767

[177] Ling H, Ling H I. Centrifuge model simulations of rainfall-induced slope instability. Journal of Geotechnical and Geoenvironmental Engineering,2012,138(9):1151~1157

[178] Tristancho J, Caicedo B, Thorel L, et al. Climatic chamber with centrifuge to simulate different weather conditions. Geotechnical Testing Journal,2012,35(1):119~131

[179] Zhang Ga, Qian Jiyun, Wang Rui, et al. Centrifuge model test study of rainfall-induced deformation of cohesive soil slopes. Soils and Foundations,2011,51(2):297~305

[180] 南京水利科学研究院土工研究所编著.土工试验技术手册.北京:人民交通出版社,2003

[181] 陈生水,郑澄锋,王国利.膨胀土边坡长期强度变形特性和稳定性研究.岩土工程学报,2007,29(6):795~799

[182] 陈新民,罗国煜,李生林.生石灰改良膨胀土的试验研究.水文地质工程地质,1997,(6):41~44

[183] 程永辉,程展林,张元斌.降雨条件下膨胀土边坡失稳机理的离心模型试验研究.岩土工程学报,2011,33(增刊1):409~414

[184] 程永辉,李青云,龚壁卫,等.膨胀土渠坡处理效果的离心模型试验研究.长江科学院院报,2009,26(11):42~46,51

[185] 顾行文,徐光明.膨胀土地基中薄弱渗水层对桥台构造物影响离心模型试验研究.第一届中国水

利水电岩土力学与工程学术讨论会论文集(下册),昆明,2006,1017~1020

[186] 顾行文,章为民,徐光明.挡墙后回填膨胀土深层浸水的离心模型试验研究.中国水利学会2007学术年会物理模拟技术在岩土工程中的应用分会,苏州:2007,163~169

[187] 顾行文,章为民,徐光明.离心模型土压力测量的一种新方法.第二届全国非饱和土学术研讨会论文集,杭州,2005,679~685

[188] 金峰,罗强,蔡英.砂性填土对拉式挡土墙离心模型试验.路基工程,2000,(1):14~16

[189] 康佐,谢永利,冯忠居,等.应用离心模型试验分析涵洞病害机理.岩土工程学报,2006,28(6):784~788

[190] 李浩,罗强,张良,等.衡重式加筋土路肩挡墙土工离心模型试验研究.岩土工程学报,2014,36(3):458~465

[191] 李青云,程展林,龚壁卫,等.南水北调中线膨胀土(岩)地段渠道破坏机理和处理技术研究.长江科学院院报,2009,26(11):1~9

[192] 罗强,蔡英,邵启毫.成都黏土重力式挡土墙的工程试验.西南交通大学学报,1995,30(6):270~274

[193] 钱纪芸,张嘎,张建民.降雨条件下土坡变形机制的离心模型试验研究.岩土力学,2011,32(2):398~402,416

[194] 饶锡保,陈云,曾玲.膨胀土渠道边坡稳定性离心模型试验及有限元分析.长江科学院院报,2000,(9):105~107

[195] 司文明,曹新文,魏建兵.膨胀土路堤桩板式挡土墙离心模型试验研究.路基工程,2010,(4):177~179

[196] 王国利,陈生水,徐光明.干湿循环下膨胀土边坡稳定性的离心模型试验.水利水运工程学报,2005,(1):6~10

[197] 王年香,章为民.土工离心模型试验技术与应用.北京:中国建筑工业出版社,2015.

[198] 王鹰,汉会增,韩同春.南昆线膨胀岩路堤离心模型试验研究.铁道学报,1997,19(6):103~109

[199] 吴立坚,钟发林,吴昌兴,等.高液限土的路用特性研究.岩土工程学报,2003,25(2):193~195

[200] 吴立坚,钟发林,吴昌兴,等.高液限土路基填筑技研究.中国公路学报,2003,16(1):32~36

[201] 邢义川,李京爽,杜秀文.膨胀土地基增湿变形的离心模型试验研究.西北农林科技大学学报(自然科学版),2010,38(9):229~234

[202] 徐光明,王国利,顾行文,等.雨水入渗与膨胀性土边坡稳定性试验研究.岩土工程学报,2006,28(2):270~273

[203] 杨海鸣,宫全美,周顺华.膨胀土地区铁路路基拼接离心试验分析.郑州大学学报(工学版),2008,29(1):110~114

[204] 杨和平,刘艳强,李晗峰.干湿循环条件下碾压膨胀土的裂隙发展规律.交通科学与工程,2012,28(1):1~5

[205] 姚裕春,姚令侃,王元勋,等.水入渗条件下边坡破坏离心模型试验研究.自然灾害学报,2004,13(2):149~154

[206] 岳祖润,彭胤宗,张师德.压实黏性填土挡土墙土压力离心模型试验.岩土工程学报,1992,14(11):90~96

[207] Aytekin Mustafa. Numerical modeling of EPS geofoam used with swelling soil. Geotextiles and

Geomembranes, 1997, 15(1~3): 133~146

[208] Cho S E, Lee S R. Instability of unsaturated soil slope due to infiltration. Computers & Geotechnics. 2001, 28(3): 185~208

[209] Fredlund D G, Morgenstern N R. Stress state variables for unsaturated soils. Journal of Geotechnical Engineering, 1977, 103(3): 447~466

[210] Fredlund D G. Bringing unsaturated soil mechanics into engineering practice. Proceedings of the Second International Conference on Unsaturated Soil, Beijing, 1998, 1~36

[211] Konrad J M, Ayad R. An idealized framework for the analysis of cohesive soils undergoing desiccation, Canadian Geotechical Journal, 1997, 34(4): 477~488

[212] Lee F H, Lo K W, Lee S L. Tension crack development in soils. Journal of Geotechnical Engineering, 1998, 114(8): 915~929

[213] Lioret A, Alonso E E. Consolidation of unsaturated soils including swelling and collapse behavior. Geotechnigue, 1980, 30(4): 48~60

[214] Lioret A, et al. Crack initiation in drying soils. Proc. 2nd Int. Conf. on Unsaturated Soils. Beijing: Int. Academic Publishers, 1998, II: 497~502

[215] Loret B, Khalili N. A three-phase model for unsaturated soils. International Journal for Numerical & Analytical Methods in Geomechanics, 2000, 24(11): 893~927

[216] Mohamedzein Yahia E A, Mohamed Muzamil G. Finite element analysis of short piles in expansive soils. Computers and Geotechnics, 1999, (24): 231~243

[217] Morris P H, Graham J, William D J. Cracking in drying soils. Canadian Geotechnical Journal, 1992, 29(2): 263~277

[218] Ng C W W, Zhan L T, Bao C G, et al. Performance of an unsaturated expansive soil slope subjected to artificial rainfall infiltration. Geotechnique, 2003, 53(2): 143~157

[219] Philip J R. On solving the unsaturated flow equation. Soil Science, 1973, 116(5): 328~335

[220] Potts D M, Kovacevic N, Vaughan P R. Delayed collapse of cut slopes in stiff clay. Geotechnique, 1997, 47(5): 953~982

[221] Shen Z J. Reduced suction and simplified consolidation theory for expansive soils, Proc. First Int. Conf. on Unsaturated soils. Paris, Edited by Alonso E E, Delage P, A. A. Balkema/Rotterdam/, 1995, III: 1533~1540

[222] Sun Y S, Sakajo S, Nichigaki M. Application research on a numerical model of two-phase flow in deformable porous medium. In: 9th Int. Conf. on Computer Methods and Advances in Geomechanics, Wuhan, Edited by Yuan Jian-xin, A. A. Balkema/Rotterdam, 1997, II: 1171~1176

[223] 陈建斌, 孔令伟, 郭爱国, 等. 大气作用下膨胀土边坡的动态响应数值模拟. 水利学报, 2007, 38(6): 674~682

[224] 陈铁林, 陈生水, 顾行文, 章为民. 折减吸力在膨胀土静止土压力计算中的应用. 岩土工程学报, 2008, 30(2): 237~242

[225] 陈铁林, 陈生水, 章为民, 王年香. 折减吸力在非饱和土土压力和膨胀量计算中的应用. 岩石力学与工程学报, 2008, 27(S2): 3341~3348

[226] 陈铁林, 邓刚, 陈生水, 等. 裂隙对非饱和土边坡稳定性的影响. 岩土工程学报, 2006, 28(2): 210~215

[227] 陈铁林, 米占宽, 陈生水. 膨胀土路基变形的数值模拟. 岩土力学, 2005, 26(增刊): 137~140

[228] 邓刚, 沈珠江, 杨代泉. 黏土表面干缩裂缝形成过程的数值模拟(英文). 岩土工程学报, 2006,

28(2)：241～248

[229] 蒋彭年．非饱和土工程性质简论．岩土工程学报，1989，11(6)：39～59

[230] 沈珠江，邓刚．黏土干湿循环中裂缝演变过程的数值模拟．岩土力学，2004，25(增刊2)：1～6，12

[231] 沈珠江，米占宽．膨胀土渠道边坡降雨入渗和变形耦合分析．水利水运工程学报，2004，(3)：7～11

[232] 沈珠江，孙大伟．超固结土变形和稳定的折减吸力算法．岩土工程学报，2005，27(1)：105～109

[233] 沈珠江．非饱和土简化固结理论及其应用．水利水运工程学报，2003，(4)：1～6

[234] 沈珠江．非饱和土力学的回顾与展望．水利水电科技进展，1996，16(1)：1～5，20

[235] 沈珠江．广义吸力和非饱和土的统一变形理论．岩土工程学报，1996，18(2)：1～9

[236] 沈珠江．理论土力学．北京：中国水利水电出版社，2000

[237] 吴宏伟，陈守义．非饱和土边坡降雨入渗的参数研究．岩土力学，1999，20(1)：1～14

[238] 姚海林，郑少河，陈守义．考虑裂隙及雨水影响的膨胀土边坡稳定分析．岩土工程学报，2001，23(5)：606～609

[239] 郑澄锋，陈生水，王国利，等．干湿循环下膨胀土边坡变形发展过程的数值模拟．水利学报，2008，39(12)：1360～1364，1376

[240] Al-Rawas A A, Taha R, Nelson J D, et al. A comparative evaluation of various additives used in the stabilization of expansive soils. Geotechnical Testing Journal，2002，25(2)：199～209

[241] Viswanadham B V S, Phanikumar B R, Mukherjee R V. Swelling behaviour of a geofiber-reinforced expansive soil. Geotextiles and Geomembranes，2009，27(1)：73～76

[242] Zhan L T, Ng C W W, Fredlund D G. Field study of rainfall infiltration into a grassed unsaturated expansive soil slope. Canadian Geotechnical Journal，2007，44(4)：392～408

[243] JTG C20—2011 公路工程地质勘察规范．北京：人民交通出版社，2011

[244] JTG D63—2007 公路桥涵地基与基础设计规范．北京：人民交通出版社，2007

[245] JTJ 013—95 公路路基设计规范．北京：人民交通出版社，1996

[246] JTJ 019—98 公路土工合成材料应用技术规范．北京：人民交通出版社，1999

[247] JTJ 033—95 公路路基施工技术规范．北京：人民交通出版社，1996

[248] JTJ 057—94 公路工程无机结合料稳定材料试验规程．北京：人民交通出版社，1993

[249] JTJ 059—95 公路路基路面现场测试规程．北京：人民交通出版社，1995

[250] JTJ 071—98 公路工程质量评定标准．北京：人民交通出版社，1998

[251] 贺薇，王保田．肋板式桥台填土期间的土压力和桥台位移的现场试验研究．现代交通技术，2007，4(6)：33～35

[252] 胡龙，陈璋，水中和．膨胀土路基CBR值的达标研究．武汉理工大学学报，2003，25(12)：56～58，62

[253] 黄赓祖．膨胀黏土填筑条件的控制．岩土工程学报，1983，5(1)：157～166

[254] 漆亭亭，吴向东，王保田，等．填土施工对桥台台背土压力的影响．土工基础，2007，21(5)：43～45

[255] 王保田，王永安，陈贵奇．路基施工过程中填土含水率变化规律研究．现代交通技术，2007，4(2)：1～3，10

[256] 王保田，武良金，向文俊，等．改良膨胀土筑堤技术研究．岩土力学，2005，26(1)：87～90

[257] 王保田，张福海，张文慧．改良膨胀土施工技术与改良土的性质研究．岩石力学与工程学报，

2006,25(增1):3157～3161

[258] 王波,王保田,张福海,等.膨胀土地基桥台桩基负摩阻力现场试验研究.河海大学学报(自然科学版),2006,34(4):447～450

[259] 王培清,王保田,郭进军.加筋土桥台台背土压力的试验研究.土工基础,2010,24(4):95～98

[260] 向文俊,刘爱兰,吴育琦,等.改良土二次掺灰工艺的石灰剂量检测方法.河海大学学报(自然科学版),2004,32(5):313～315

[261] 向文俊,牛宏斌,施接锋,等.宁淮高速公路改良膨胀土压实特性研究.河海大学学报(自然科学版),2004,32(4):434～436

[262] 张福海,王保田,刘汉龙.压实膨胀土路基的膨胀变形规律研究.岩土力学,2010,31(1):206～210

[263] 张福海,王保田,张文慧,等.石灰改良膨胀土的灰剂量衰减规律研究.公路交通科技,2006,23(12):50～53

[264] 张季如,管昌生.中等膨胀土填筑路堤的可行性试验研究.广西工学院学报,2002,13(4):1～4

[265] 张季如,尹光辉,李明海.弱膨胀土特性及路堤填筑控制标准的探讨.武汉理工大学学报,2003,25(1):37～39

[266] 张文慧,王保田,张福海.改良膨胀土筑堤压实度控制标准研究.河海大学学报(自然科学版),2005,33(2):198～201